21世纪法语系列教材

Les images de la France

法国国情阅读

(高级)

任友谅　编著

图书在版编目（CIP）数据

法国国情阅读（高级）/ 任友谅编著. —北京：北京大学出版社，2006. 1
（21 世纪法语系列教材）
ISBN 978-7-301-09346-7

Ⅰ. 法…　Ⅱ. 任…　Ⅲ. 法国－概况－法、汉　Ⅳ. K956.5

中国版本图书馆 CIP 数据核字（2005）第 075915 号

书　　名：法国国情阅读（高级）
著作责任者：任友谅　编著
责 任 编 辑：初艳红
标 准 书 号：ISBN 978-7-301-09346-7/G·1559
出 版 发 行：北京大学出版社
地　　址：北京市海淀区成府路 205 号　100871
网　　址：http://www.pup.cn
电 子 邮 箱：zpup@pup.pku.edu.cn
电　　话：邮购部 62752015　发行部 62750672　编辑部 62765014　出版部 62754962
印　刷　者：北京宏伟双华印刷有限公司
经　销　者：新华书店
787 毫米×1092 毫米　16 开　17.5 印张　404 千字
2006 年 1 月第 1 版　2007 年 3 月第 2 次印刷
定　　价：32.00 元

前 言

大家知道,要学好一门外语,仅仅靠几本精读教材和语法书是远远不够的。除精读教程之外,还必须通过阅读大量泛读文章,将所学语言和该国文化结合起来,把语言与该国政治、经济、宗教、教育和生活的各个方面结合起来,进一步了解该国人的思维模式,才能知其然并知其所以然地掌握这门外语。归根结底,中外文化之不同,关键就是思维模式的差异,语言是文化的载体,文化的差异也必然反映在语言的不同表达方式上。

语言不仅是交流思想和传达信息的工具,同时也是文化知识的载体,是逻辑思维模式。对于法语学习者来说,在学习法语语言知识的同时,必须全面了解法国文化,构建一个相对完整的法国知识体系,这样才能逐步形成一种思维方式,逐步学会像法国人那样思想,那样说话。只有这样,才能掌握准确、地道的法语。

《法国国情阅读》(高级)选自本人翻译的法国外交部网站上(gouv.fr)刊出的部分文章。我认为,它们是直至目前介绍法国的最权威的资料。其总标题是“Les images de la France”,“les images”是图像、画面、姿态、形象的意思,若译为“法兰西面面观”似乎更加贴切,因为它十分全面地介绍了法国各个方面的情况,但仔细琢磨一下,总有一种游记类文章之嫌,有失这套资料的权威性和严肃性;若译为“法兰西掠影”也未为不可,“影”字正好与“l'image”对应,但“掠影”有浮光掠影之虞,这些出自名家与专家之手的文章,既有见地又有深度,绝非浮光掠影的表面文章。

事实上,这套资料包括介绍法国政治机构、经济、科学技术、社会生活以及法国在世界上影响的各个方面,既有介绍,又有评述,既有详细数据,又有明确观点。专栏文章全部出自著名教授、学者、研究员和资深记者之手,经济类文章多由法国各中央部委供稿,统计数字引自全国经济研究统计中心之类的权威机构,所以文章内容翔实可靠。本书从中选出二十篇代表性文章,采取法汉对照形式提供给各个方面的读者。

这套文章集成,对于研究法国和欧盟的教学、科研人员,是一本可供查阅的工具书,对于希望了解法国情况的读者,又是一本可读性很强的知识类书籍。自

三年前法国驻华使馆在其网站上刊出这组文章以来,本人始终担任译者,译文已超过60万字。由于文章涉及天文、地理、法律、经济、社会、生活等各个领域,内容无所不包,本人时感知识欠缺,力不从心,又需查阅大量资料,委实辛苦,屡辞不准,只得勉为其难。加之翻译网上文章与译书不同,尤其要求快捷,自然错漏难免,尚请各界专家不吝赐教。

任友谅

北京大学民主楼

2005年2月

Table des matières

目　录

LEÇON 1

La République française et ses symboles

par Maurice Agulhon

La vieille nation appelée France est aujourd'hui officiellement désignée par le terme "République française". De là l'usage assez fréquent du monogramme RF, employé comme une sorte de logo.

Le régime républicain fait aujourd'hui à peu près l'unanimité dans l'opinion, mais il n'en a pas toujours été ainsi. Au XIXe siècle, dans le sillage de la Révolution française, les symboles de la République dont on va trouver ici l'énumération et le bref commentaire ont été ceux de la France révolutionnaire puis libérale (ou, si l'on veut, de la France de gauche) contre la France monarchique et conservatrice. C'est au XXe siècle qu'ils sont devenus ceux de la République française acceptée, consensuelle, et, en somme, ceux de la France tout court.

Un seul symbole visuel est officiellement consacré par son inscription dans la Constitution, c'est le drapeau tricolore, bleu, blanc, rouge, dans cet ordre, à partir de la hampe. Inventé en 1789, lié à la France révolutionnaire puis impériale, il a été violemment rejeté et remplacé par un drapeau blanc de 1814 à 1830. C'est la révolution de 1830, dite de Juillet, qui l'a définitivement ramené et reconsacré. La droite royaliste et catholique intransigeante a peu à peu transféré sa dévotion du drapeau blanc aux trois couleurs. Cependant que l'extrême gauche révolutionnaire qui, vers la fin du XIXe siècle, vouait un culte subversif au drapeau rouge s'est à son tour ralliée au tricolore (période du Front populaire puis de la Deuxième Guerre mondiale). Aujourd'hui le drapeau tricolore est unanimement reconnu comme signe de la France.

Il existe une certaine tendance à le relativiser en portant quasiment à son niveau les drapeaux d'autres ensembles territoriaux. Il n'est plus rare de voir au fronton d'une mairie un même écusson supporter trois drapeaux, le tricolore au centre, le drapeau (officieux) de la région d'un côté, et le bleu étoilé de l'Europe de l'autre.

La statue de la République et le drapeau, mairie de Saint-Pons-de-Thomières, Hérault photo: Patrice Piacenza (Dexia – Imprimerie nationale).

La même dialectique se reconnaît dans un autre symbole national officiel, *La Marseillaise*. Créé en 1792, l'hymne a été pendant près d'un siècle perçu comme révolutionnaire, donc partisan. C'est la Troisième République qui en a fait, en 1880, l'hymne national légalement consacré. Puis l'opposition de droite s'y est ralliée en même temps qu'elle acceptait le drapeau tricolore et qu'elle s'investissait dans le nationalisme. Quant à l'opposition d'extrême gauche, elle l'acceptera à son tour à la grande époque de l'antifascisme et de la Deuxième Guerre mondiale.

Aujourd'hui *La Marseillaise* reste officielle au niveau des célébrations nationales et militaires mais sa popularité "n'est plus ce qu'elle était", victime du pacifisme diffus et de l'antinationalisme implicite d'une société qui cherche à tâtons d'autres repères. Ici s'arrête d'ailleurs le parallélisme avec l'histoire du drapeau: si en effet, on l'a dit, le drapeau européen est connu et déjà popularisé, il n'a pas d'équivalent en musique, du moins au même niveau de notoriété.

La représentation de la République française par une figure allégorique, celle d'une femme, généralement coiffée d'un bonnet phrygien, n'est pas inscrite dans la Constitution, mais on ne peut lui dénier un caractère officiel puisqu'elle figure sur le sceau de l'état, ainsi que sur les pièces de monnaie et les timbres-poste, autres signes d'activité et de responsabilité publiques. Là encore, tout remonte à la Révolution qui, en rejetant la Monarchie, ses armoiries, ses emblèmes à fleurs de lys, ne pouvait se dispenser de les remplacer. Le sceau de l'état – décréta la Convention à la fin de septembre 1792 – porterait une "figure de la Liberté". Or les traités d'iconologie classiques depuis plusieurs siècles faisaient du bonnet phrygien l'attribut caractéristique de la Liberté. Par la décision de 1792, cette coiffure devenait

Marianne coiffée du bonnet phrygien Photo : Michel Castillo (Dexia – Imprimerie nationale).

donc l'emblème principal de la République française, et entrait dans l'histoire de France pour ne plus en sortir. Dès lors que la République a vaincu et a tendu à s'identifier à la France, l'allégorie de la France porte bonnet phrygien, et le bonnet se trouve en quelque sorte francisé. Cette nationalisation française du bonnet phrygien était assez évidente dès la fin du XIXe siècle pour que la Liberté universelle doive se trouver d'autres coiffures (la plus célèbre étant celle de la statue de La Liberté du sculpteur Bartholdi, à New York).

Cependant, au cours de l'histoire compliquée du XIXe siècle, il s'était trouvé des républicains pour considérer que le bonnet phrygien était trop révolutionnaire, et qu'une République légaliste et pacifique devait être représentée coiffée d'autre façon (lauriers, par exemple). C'est à cette parenthèse vite refermée de notre histoire que la symbolique républicaine doit pourtant quelques créations encore notoires, voire visibles aujourd'hui : le premier timbre-poste français, dit à la Cérès, de 1849, ou la République assise et couronnée de soleil sur le sceau de l'État et les panonceaux des notaires, ou encore la tête qui figure sur la médaille de la Légion d'honneur.

Avec ou sans bonnet, mais le plus souvent avec, les types de Républiqu française allégorique rendus officiels par les monnaies et les timbres se sont succédé en grand nombre. La plus célèbre, du fait de son originalité (figure en pied sur un petit format), du fait de sa surcharge symbolique et – tout simplement – de son charme est la Semeuse (création d'O. Roty en 1897).

Le sceau de l'État (Agence Keystone).

La représentation en femme de la République révolutionnaire, puis de la sage "République française", puis de la France a connu bien d'autres emplois et bien d'autres supports que les signes d'état que l'on vient de présenter: statues de places publiques, bustes pour orner l'intérieur d'édifices divers, œuvres libres de peintres, sculpteurs ou graveurs, allégories vivantes sur la scène ou dans la rue, bibelots pour collections et domiciles privés, enfin et surtout caricatures de presse. Tout cela libre, officieux ou contestataire.

Même liberté, hors de toute prescription légale, dans l'emploi, attesté depuis 1792, du surnom de "Marianne" pour la désigner. De nos jours, il semble que l'usage du buste de la République en femme à bonnet phrygien, avec le nom de "Marianne", se spécialise dans l'institution municipale (plutôt que dans la politique d'État) et se prête, parfois, à des jeux folkloriques et médiatiques assez éloignés de la gravité républicaine officielle.

La marque identifiant la Fonction publique d'état sur des documents officiels.

Plus récemment cependant, une *Marianne* sereine s'est officiellement mariée aux trois couleurs du drapeau français pour devenir la marque identifiant visuellement la Fonction publique d'État. Créée en 1999, elle est désormais présente sur les papiers à lettre, brochures, formulaires, affiches et supports d'information émanant des ministères, préfectures ou ambassades.

Le Coq dessiné par Decaris sur un timbre de 1962.

La même ambiguïté concernait depuis longtemps le Coq. Le Coq, symbole chrétien de la vigilance depuis le récit de la Passion, était depuis longtemps francisé dans la culture nationale par la proximité latine du Coq et du Gaulois (Gallus gallicus). Sans oublier sa flatteuse réputation de combativité et de vaillance : vertus du Coq, vertus réputées bien françaises.

Malgré cela, l'érection du Coq en symbole national officiel n'a jamais dépassé le stade des velléités, malgré des tentatives aux temps de la Révolution, de la monarchie de Juillet et de la Troisième République. Il semble que le Coq ait été refusé pour deux raisons : l'une étant que le choix d'un animal symbole aurait en soi quelque chose de héraldique, donc de "féodal", donc de mauvais; l'autre est que, de toute façon, le Coq, animal de basse-cour, ne pourrait être mis avec vraisemblance au niveau des lions et des aigles.

Le Coq a donc été réduit à deux emplois, non négligeables mais néanmoins en retrait par rapport à la dignité politique de l'état: la symbolisation de notre excellence sportive, et – parfois – celle de la vaillance militaire dans quelques monuments aux morts de la Grande Guerre.

La Deuxième Guerre mondiale a été faite et gagnée (du moins en ce qui concerne la contribution française) sous le signe de la Croix de Lorraine, emblème choisi par la France libre puis par la Résistance pour distinguer leur drapeau du tricolore gardé par Vichy. La Croix de Lorraine est donc utilisée couramment pour marquer les monuments évocateurs de l'époque 1940–1945, depuis le mont Valérien jusqu'aux plus humbles et plus rustiques lieux de combats de maquis.

Mais la Cinquième République a fait plus encore pour elle en exaltant la magistrature présidentielle et en lui donnant pour premier titulaire en 1958–1959 le général de Gaulle. Celui-ci fut le premier à remplacer, sur la médaille commémorative de son accession à l'élysée, l'image de la République en femme par celle de la Croix de Lorraine encadrée du V. L'innovation était même double: promotion de sens pour la Croix de Lorraine, et obligation faite aux successeurs du Général de se choisir à leur tour des sortes d'armoiries personnelles.

Le Panthéon à Paris
(Centre des monuments nationaux).

Y a-t-il enfin des symboles en forme de *monuments*? La Troisième République a renoncé en 1882 à faire reconstruire les Tuileries incendiées en 1871, elle a continué à faire siéger les pouvoirs publics dans les palais hérités de siècles anciens (Luxembourg, palais Bourbon, Élysée, etc.). Paris n'offre donc rien qui soit comparable au gigantesque Capitole de Washington DC, siège d'assemblées, musée et marque symbolique républicaine tout à la fois.

Ce qui se rapproche le plus d'un symbole monumental de la République à Paris est donc le Panthéon, bâti sous Louis XV comme église Sainte-Geneviève, et laïcisé-nationalisé en 1791 comme sépulture des "Grands Hommes". Au XIXe siècle, le Panthéon a véritablement polarisé l'hostilité que les forces de droite vouaient à la République: on le rendit à l'église de 1814 à 1830, puis de 1851 à 1885, ou bien on le méprisa, tant il contenait de célébrités sulfureuses (Voltaire et Rousseau, Victor Hugo et Émile Zola, Marcelin Berthelot et Jean Jaurès, etc.). On exagérerait à peine en disant qu'au milieu du XXe siècle encore le Panthéon n'était un panthéon que pour la Gauche, et que la Droite avait son véritable panthéon aux Invalides (Turenne et Vauban, Napoléon et le maréchal Foch, etc.). La France de Droite devait pourtant finir par se rallier au respect du Panthéon comme elle en était venue à accepter la République elle-même. Décisive sans doute l'année 1964 où le général de Gaulle, en faisant panthéoniser Jean Moulin, acceptait *ipso facto* de reconnaître le grand temple du Quartier latin comme national aux yeux des deux camps, donc, en principe, aussi unificateur de la France politique que l'étaient devenus en leur temps la République, son drapeau et son bonnet phrygien.

Bibliographie

Agulhon (Maurice), *Marianne au combat, l'imagerie et la symbolique républicaines de 789 à 1880*, Flammarion, 1979.

Agulhon (Maurice), *Marianne au pouvoir, l'imagerie et la symbolique républicaines de 1880 à 1914*, Flammarion, 1989.

Agulhon (Maurice), *Métamorphoses de Marianne, l'imagerie et la symbolique républicaines de 1914 à nos jours*, Flammarion, 2001.

Agulhon (Maurice) et Bonte (Pierre), *Marianne dans la cité*, (cet album de photographies est complémentaire de l'ouvrage précédent), Dexia et Imprimerie nationale, 2001.

Agulhon (Maurice) et Bonte (Pierre), *Marianne, visages de la République*, Gallimard Découvertes, 1992.

Nora (Pierre), *Les lieux de mémoire*, tome 1, La République, Gallimard, 1984.

Pastoureau (Michel), *Les emblèmes de la France*, Bonneton, 1998.

Vocabulaire

écusson	*n.m.*	盾形纹章
pacifisme	*n.m.*	和平主义
allégorique	*adj.*	寓意的
allégorie	*n.f.*	寓意
phrygien, ne	*adj.*	弗里吉亚的（Phrygie 弗里吉亚，小亚细亚西北部历史地区）
iconologie	*n.f.*	寓意画像艺术
velléité	*n.f.*	微弱的愿望

héraldique	*adj.*	纹章的
magistrature	*n.f.*	行政官员的任期
titulaire	*n.*	正式任职者,持有人
armoiries	*n.f.pl.*	纹章
Capitole	*n.m.*	某些城市作为政治中心的大厦
le Panthéon		先贤祠(巴黎名胜,名人安葬地)
ipso facto	*loc.adv.*	(拉丁语)根据事实本身,自然而然地

Questions

1. *Quels sont les symboles de la République française?*
2. *Que symbolise le bonnet phrygien ?*
3. *Pourquoi le coq est-il devenu un des symboles de la République française?*
4. *Pouvez-vous énumérer quelques personnalités connues qui ont servi de modèles à la Marianne?*

第一课　法兰西共和国及其象征

莫里斯·阿古隆

世人称为法兰西的这个古老民族,今天的正式名称是"法兰西共和国"。缩写名称 RF 已成为十分常见的标记。

今天,共和制已经成为人们几乎完全一致的共识,但在过去的岁月里,却并非始终如此。让我们简单地回顾一下这段历史吧:19 世纪时,在法国大革命的影响下,共和国的象征曾经先是革命法兰西,然后是自由法兰西(或称为左翼法兰西),其对立一方是君主制法兰西,或保守派法兰西。到了 20 世纪,经双方同意,才一致接受了法兰西共和国或简称法国为共和制象征。

被神圣地正式写入宪法中的唯一直观象征是三色国旗,从旗杆起,依次为蓝、白、红三色。这面旗帜是 1789 年法国大革命时期创造的,后来在帝国时期被沿用,但 1814 年至 1830 年间一度被弃用,而由白色国旗取代。毫不妥协的天主教右派保皇党,渐渐把对白色旗的崇敬转移到了三色旗上。然而,19 世纪末期,一直对红旗怀着某种破坏性崇拜的革命极左派,也集合在三色旗下(先是在人民战线时期,后又在第二次世界大战中)。今天,三色旗已被一致承认为法兰西的象征。

目前,有一种按其地位将三色旗与其他领土的旗帜进行比较的倾向。人们经常可以看到在市政府大门的三角楣上，在同一盾形纹章里，插着三面旗帜，三色旗居中，一侧是非官方的区旗，另一侧是欧洲蓝色星光旗。

《马赛曲》是另一个正式的民族象征。1792年创作的国歌，在近一个世纪中，一直被认为是一首革命歌曲，一支游击队歌曲。1880年，第三共和国把它正式定为国歌。后来，笃信民族主义的右翼反对派，在接受三色旗的同时，也同意把《马赛曲》作为国歌。极左反对派也在反法西斯和第二次世界大战的伟大时代里，接受了《马赛曲》。

今天，在全民族的或军事的庆典场合，总是要演奏《马赛曲》。但是，它早已不像过去那样深孚众望，因为它变成了日益扩展的和平主义的受害者，也因为在探索其他价值标准的法兰西社会里，孕育着一种反民族主义的情绪。对于国旗的历史，我们的介绍就到此为止。有人说，即使欧洲洲旗已经深深地受人喜爱，但从音乐性，至少从知名度来讲，《马赛曲》仍然是独一无二的。

代表法兰西共和国的寓意形象，是一位通常戴着一顶弗里吉亚帽的妇女，这虽未写入宪法，但我们可以赋予她某种官方特征，因为在国家印玺、硬币和邮票或其他政府行动和责任的标记上，都有她的形象。这又要上溯到法国大革命时代，在推翻君主立宪制、摈弃了它的印徽和带百合花的国徽之后。大革命不能没有自己的替代徽记。于是，1792年9月末，国民大会宣布：国家玉玺将带有"自由的形象"。然而，几个世纪以来，传统的寓意画像著述都把弗里吉亚帽视为自由的特征。根据1792年的一项决定，这顶帽子成为了法兰西共和国的主要徽记。从此，它就义无反顾地进入了法兰西历史。共和派胜利之后，力图使自己的形象得到全法国的确认，法国戴上弗里吉亚帽的寓意受到了普遍赞同，在某种程度上，这顶帽子已经法国化了。自15世纪末起，弗里吉亚帽被法兰西国有化的特征变得更加鲜明，以至全球自由的寓意，也必须为自己寻找一个头部的饰物(最著名的是巴托尔迪雕刻的纽约自由女神像)。

在19世纪错综复杂的历史中，有一些共和党人认为弗里吉亚帽过于革命化：平等与和平的共和国象征，应该用其他方式表现(例如橄榄枝)。我们共和国象征的历史故事，除经历过那些一过即逝的插曲外，还有几个更为著名、直至今天还依稀可见的创作。一个是1849年发行的法国第一枚邮票，被称为献给色列斯(译注：罗马神话中的谷物女神)。另一个是坐在国玺上，以太阳为头饰的共和国像，还有挂在公证人家门上的盾形纹章，以及荣誉军团奖章上的头像。

各种各样的法兰西共和国寓意形象，是由硬币和邮票使之官方化的，大多数是戴弗里吉亚帽的玛丽雅娜，戴帽与不戴帽的大量形象连绵不断地延续着，其中最著名的当属"播种人"(欧·罗蒂创作于1897年)，不仅形象与众不同(小幅全身像)，其深刻的寓意,或更简单一点说,她的魅力是无与伦比的。

这个妇女形象,代表革命的共和国,代表聪颖的“法兰西共和国”,代表法国。这个形象也被用做他途,变成了与以上表示国家标记完全不同的载体;如公共广场的雕像,各种建筑物的内部装饰,半身像画家、雕刻家或版画家的自由创作主题,舞台或街道上的生动寓意图像,个人收藏或私人家庭陈设,尤其是报刊上的讽刺画更为多见。这一切都是自由的、非官方的,也是可以争议的。

从1792年起,这个别名叫“玛丽雅娜”的形象,在一切法律详细规定外,以同样的自由,被有根据地使用着。到了今天,戴着弗里吉亚帽的共和国妇女半身像,连同她“玛丽雅娜”的名字,似乎专门在市政府机关里使用(更主要用于国家政治事务中),但也经常出现在民间或媒体的娱乐活动里,这与共和国官方的严肃性相去甚远。

然而,近来一位表情安详的“玛丽雅娜”,正式与法兰西三色旗结合在一起,成为最直观的识别国家公共职能的标记。从1999年起,凡省、部级或使馆发出的信件、小册子、表格、广告和信息载体都必须有此标记。

很久以来,关于公鸡的说法总是莫衷一是。从耶稣受难的故事讲起,公鸡是基督教义中警惕性的象征,但长时期以来,由于公鸡和高卢拉丁文化的亲近关系(高卢人、高卢鸡),公鸡的象征已融入了法兰西民族文化。当然,也不应忘记公鸡勇敢和勇于战斗的好名声:公鸡的品格,就是非常法国化的著名品格。

尽管如此,把公鸡定为正式的民族象征,从来不过是一种微弱的愿望而已,在大革命年代、七月王朝和第三共和国时期,都先后作过几次尝试。公鸡被拒绝的原因,可能有两个:其一,选择一个动物作为象征,这种选择本身就有某种纹章的意味,也就是“封建”的东西,所以不好。其二,无论如何,公鸡也是家禽饲养场中的动物,不能与狮子、雄鹰置于同一水平线上。

鉴于上述原因,公鸡仅被派上了两种用场,尽管这也是不容忽视的,但至少与国家的政治尊严相比,只能屈居次席:一种是它象征着我国优秀的体育事业,另一种是在某些纪念世界大战中阵亡将士的建筑上,用做勇敢作战的象征。

在洛林双十字的旗帜下,法国参加并赢得了第二次世界大战的胜利(至少是在法国分担的地区)。自由法国和后来的抵抗运动之所以选择洛林双十字作为象征,就是因为要区别于当时维希政权继续使用着的三色旗。现在,洛林双十字通常用做回忆1940—1945年这段时期的建筑物标志,从瓦列里山到极不知名的村野地区,大凡游击队战斗过的地方,均有此标记。

第三共和国的第一任总统戴高乐将军,通过提高总统任职(1958—1959)的地位,为洛林双十字旗做了更多的工作。在纪念他入主爱丽舍宫的纪念章上,用了字母“V”框起洛林双十字的形象,取代共和国妇女形象的第一人就是戴高乐将军。对于洛林双十字标记,将军的这一创意具有双重推动的含义,这必将迫使戴高乐的继承人也要为自己选择各种个人纹章。

那么,法国有没有建筑物形式的象征呢?第三共和国放弃了重修1871年被大火烧毁的杜伊勒利宫计划,继续把政府机关放在几世纪前修建的宫殿里(卢森堡宫、波旁宫、爱丽舍宫等)。宏伟的华盛顿议会大厦,既是博物馆,同时又是共和国的象征性标志,巴黎却没有任何建筑物可与之相比。

与它最近似的共和国象征性建筑物,当属巴黎的先贤祠。它原是路易十五时代建成的圣热内维耶瓦教堂,1791 年被收归国有脱离宗教后,改为埋葬“伟人”的墓地。19 世纪,先贤祠变成了反对共和国的右翼势力集中火力进行攻击的靶子。1814 年到 1830 年间,它被归还教会。1851 年到 1885 年间,因为这里埋葬着叱咤风云的历史名人而受唾弃(伏尔泰、卢梭、维克多·雨果、爱弥尔·左拉、马塞兰·贝托洛和让·饶勒斯等)。有人不太夸张地说,到 20 世纪中期,先贤祠依然只是左派的先贤祠,右派真正的先贤祠,是巴黎残老军人院(蒂雷纳、沃邦、拿破仑、福煦元帅等)。但是,法国右翼大约像过去自己曾经主动接纳共和国那样,最终也向先贤祠表示了尊敬。1964 年无疑是关键的一年,这一年,戴高乐将军将让·穆兰的遗体放入了先贤祠。按照两大阵营的观点,这件事实本身,已经表示同意承认拉丁区的这个伟大祠院是全民族的,也就是说,原则上,也像过去共和国和她的旗帜及其弗里吉亚帽一样,先贤祠也是实现法兰西政治统一的一个象征。

Les principes de la Constitution française

par Maurice Agulhon

La République française a explicitement un principe et un seul, énoncé au quatrième alinéa de l'article 2 de la Constitution et directement emprunté à Lincoln: "gouvernement du peuple, par le peuple et pour le peuple". Mais, si bien exprimé et exaltant soit-il, ce principe est celui que la République s'est donné, sans d'ailleurs toujours se soucier avec une égale efficacité de sa mise en œuvre. Mais le principe de la République n'est pas celui de la Constitution. Cette dernière, sagement, se garde bien, au demeurant, de se résumer en une formule. Et ce sont des principes, au pluriel, qu'elle exprime, tantôt avec ostentation, tantôt avec discrétion, qu'elle consacre explicitement ou qui se déduisent d'elle implicitement.

Ces principes sont, somme toute, assez simples, et c'est cette simplicité même qui les rapproche des meilleures traditions démocratiques européennes.

Une constitution doit assurer la garantie des droits

D'abord, les droits fondamentaux, ceux sans le respect desquels aucune Constitution n'est digne de ce nom. Tandis que des pays nombreux ont choisi d'en dresser une liste complète, actuelle, la France a préféré puiser dans son passé. Le préambule de la Constitution du 4 octobre 1958, en effet, renvoie explicitement à deux textes antérieurs, auxquels le peuple français proclame solennellement son attachement. Il s'agit de la Déclaration des droits de l'homme et du citoyen de 1789, et du préambule de la Constitution de 1946.

Le premier de ces deux textes a traversé le temps. Parce qu'il est une véritable charte de la liberté individuelle, il est à la fois impérissable et incomplet. Impérissable puisque rien ne peut durer qui ne soit fondé sur les droits imprescriptibles de tout être humain. Incomplet puisque lui manque la dimension des droits collectifs, ceux, précisément, que l'on trouve, un siècle et demi après 1789, dans le préambule de la Constitution de 1946, élevé au même niveau.

Liberté et égalité sont consacrées, dans leurs affirmations générales comme dans certaines déclinaisons particulières, enrichies, à l'expérience, du principe de la dignité humaine, que traduisent et consolident des droits à caractère économique et social, et à usage collectif autant qu'individuel.

Ainsi, dix-sept articles d'un côté (1789), dix-huit alinéas de l'autre (1946), et le tour est joué. Voici la France et les Français dotés des droits et libertés fondamentaux, définis de façon suffisamment précise pour être protectrice, suffisamment ouverte pour se prêter aux évolutions de la conscience collective ou, plus prosaïquement, du progrès technique : malgré la métamorphose phénoménale des médias, les termes dans lesquels a été consacrée la liberté d'expression, dès 1789, n'ont pas pris une ride.

Il ne restait plus, alors, qu'à garantir ces droits en toutes circonstances, ou à peu près. C'est chose faite depuis 1971, depuis que le Conseil constitutionnel contrôle le respect, par les lois adoptées au Parlement, de ces textes de valeur constitutionnelle.

Elle doit aussi assurer la séparation des pouvoirs

Mais si, comme le rappelle l'article 16 de la Déclaration de 1789, une Constitution doit assurer la garantie des droits, elle doit aussi, fidèle à Montesquieu, organiser la séparation des pouvoirs. Encore faut-il les former, avant de les distinguer.

Le pouvoir exécutif a deux têtes. Ce bicéphalisme est troublant pour l'observateur étranger, comme il l'est parfois pour le citoyen français lui-même, qui ne comprend pas toujours la logique des rapports qu'entretiennent le président de la République et le Premier ministre.

Le président de la République, chef de l'État, incarne la Nation, son histoire, son unité et son intégrité. Il dispose de pouvoirs importants, comme celui de nommer le Premier ministre, puis, sur proposition de celui-ci, les autres membres du Gouvernement, de convoquer un référendum, de dissoudre l'Assemblée nationale, de négocier et ratifier les traités ou encore de prendre l'initiative d'une révision de la Constitution. Le plus important est néanmoins ailleurs. Il est dans son mode d'élection,au suffrage universel direct. Si un candidat y obtient la majorité absolue (plus de la moitié des suffrages exprimés), il est aussitôt élu. Sinon, un second tour est organisé, auquel ne participent que les deux candidats arrivés en tête au premier tour. L'un des deux, arithmétiquement, atteindra donc forcément la majorité absolue.

Ainsi, le fait d'avoir réuni, sur son seul nom, les votes de plus de la moitié des électeurs donne au chef de l'État une puissance politique incomparable. Chef indiscuté de son camp, il est activement secondé par le Gouvernement qu'il nomme et par la majorité parlementaire qui le soutient. En conséquence, il peut non seulement user de ses pouvoirs propres, mais aussi recourir à ceux du Gouvernement et du Parlement qui, par solidarité politique, les mettent à sa disposition.

Il reste que si le Président est l'inspirateur de la majorité parlementaire, c'est le Premier ministre qui en est quotidiennement le chef. Le régime, en effet, demeure formellement parlementaire, en ceci que le Gouvernement est responsable devant l'Assemblée nationale qui a, en principe, le pouvoir de le renverser à tout moment, comme au Royaume-Uni, en Allemagne ou en Espagne, par exemple.

Dans ces conditions, lorsque la majorité parlementaire appartient au même camp que le président de la République, le Premier ministre est un trait d'union entre les deux. C'est lui qui dirige l'action du Gouvernement, oriente celle du Parlement, mais c'est le chef de l'état qui, en fait, trace les grandes lignes de la politique à suivre, au moins sur les sujets les plus importants. C'est donc le Président qui détient l'essentiel du pouvoir exécutif et a l'essentiel du pouvoir législatif à sa disposition, même indirecte.

Tout change, naturellement, lorsque ce Président perd le soutien de la majorité parlementaire.

Cette situation, que la France a connue de 1986 à 1988, de 1993 à 1995 et depuis 1997, est dénommée cohabitation parce qu'elle force à cohabiter, à la tête de l'exécutif, un Président et un Premier ministre opposés l'un à l'autre, avant, souvent, d'être candidats l'un contre l'autre à l'échéance suivante. Dans cette situation, le Président est ramené à l'exercice de ses seuls pouvoirs propres dont, politiquement, il ne peut faire un grand usage, aussitôt après avoir été personnellement désavoué par les Français dans les élections législatives qui ont vu

la victoire de ses opposants. C'est le Premier ministre, en revanche, qui devientalors le véritable patron politique du pays.

Le système est donc à géométrie variable. Il assure normalement la primauté présidentielle, mais cette primauté est toujours strictement proportionnée au soutien parlementaire. Si le Président bénéficie d'un soutien inconditionnel de cette majorité, sa primauté est inconditionnelle. Si le soutien est conditionnel, la primauté l'est aussi. Et si le soutien disparaît, la primauté disparaît avec lui.

Mais le plus important, dans cet aménagement étrange, c'est que les variations en question sont toujours décidées par les citoyens eux-mêmes, et par eux seuls. Ce sont eux qui se choisissent directement un Président, puis eux encore qui, à l'occasion des élections législatives, lui donnent ou lui refusent une majorité parlementaire. Sachant que, désormais, le chef de l'État sera élu pour la même durée – cinq ans – que les députés, il est probable que les Français seront conduits à exercer ces deux choix à peu près au même moment, ce qui devrait logiquement apaiser un rythme électoral jusqu'ici trépidant. Le pouvoir sera attribué, sauf accident, une fois pour toutes et pour cinq ans.

Si l'on se tourne vers le pouvoir législatif, c'est pour constater qu'il est partagé, de manière inégalitaire, entre deux chambres, l'Assemblée nationale et le Sénat.

L'Assemblée nationale est élue au suffrage universel direct. Le mode de scrutin, proche de celui retenu pour l'élection présidentielle, a des effets majoritaires efficaces. Les 577 députés sont élus chacun dans une circonscription, au scrutin majoritaire à deux tours. Ce système a contraint les forces politiques à se souder, à se rapprocher, pour finalement donner naissance à deux grandes coalitions, entre lesquelles les électeurs ont toujours le choix, ce qui permet généralement de désigner clairement un vainqueur et un vaincu à l'issue des élections législatives.

Grâce à cela, c'est une majorité identifiée qui exercera l'essentiel du pouvoir législatif et soutiendra le Gouvernement. Elle le fera sous le contrôle vigilant de l'opposition, à laquelle, à défaut d'un statut formel, sont reconnus des droits devenus nombreux. Mais c'est surtout, de nouveau, devant les Français eux-mêmes que la majorité sera responsable, puisqu'ils détiennent la possibilité de la juger lors des élections suivantes, le cas échéant de la sanctionner par la défaite, ce qu'ils ne se sont pas privés de faire depuis plus de vingt ans.

Le Sénat est dans une position différente. Où les députés représentent le peuple, les 321 sénateurs représentent le territoire, de métropole et d'outre-mer (ainsi que les Français résidant à l'étranger). Ils sont en effet élus, au suffrage universel indirect, par les élus locaux. Le mandat est de neuf ans et le Sénat, renouvelé par tiers tous les trois ans, ne peut être dissous. En contrepartie, le Gouvernement n'est pas responsable devant lui, qui ne peut le renverser.

Dans l'exercice du pouvoir législatif, il a, à priori, les mêmes pouvoirs que l'Assemblée, mais ce bicaméralisme devient inégalitaire en ceci que, si un désaccord persiste entre les deux chambres, le Gouvernement peut demander aux députés de statuer définitivement. C'est donc l'Assemblée qui a le dernier mot (sauf s'il s'agit d'une révision constitutionnelle, ou d'une loi organique intéressant le Sénat). Du fait des particularités de son mode d'élection, la seconde chambre offre des positions inexpugnables à la France conservatrice et garantit à la coalition correspondante d'y demeurer majoritaire en toutes circonstances.

Un parlementarisme rationalisé

Dans les relations entre Gouvernement et Parlement, le premier détient beaucoup de moyens pour forcer la décision du second. C'est ce que l'on a appelé le "parlementarisme rationalisé", grâce auquel l'exécutif est toujours en mesure de placer le législatif devant ses responsabilités et, ainsi, de lui interdire de les éluder. La solidarité politique fait le reste, qui assure de la sorte l'existence d'une discipline majoritaire sans laquelle aucun pays n'est durablement gouvernable.

Les parlementaires en ressentent parfois une sorte de malaise, parce qu'ils s'estiment abusivement contraints par leur devoir de loyauté au Gouvernement. Mais ce n'est certes pas là un phénomène propre à la France, et un regret comparable monte, variant seulement dans sa vivacité, de toutes les assemblées similaires.

La Constitution prévoit une autre assemblée, mais qui n'appartient pas au Parlement. Il s'agit du **Conseil économique et social**, où siègent ceux que l'on a coutume d'appeler les représentants des "forces vives de la Nation", c'est-à-dire des personnalités issues de la société civile, des associations, syndicats, organisations patronales. Il n'a de pouvoirs que consultatifs.

Le troisième pouvoir, le judiciaire, n'en est pas un, puisque la Constitution le baptise plus restrictivement "autorité judiciaire". Traditionnellement, la conception française cantonne le juge dans le rôle de simple "bouche de la loi". C'est elle qu'il doit strictement interpréter et appliquer, sans pouvoir s'en écarter ni être lui-même reconnu comme un véritable créateur de droit.

La Constitution garantit son indépendance, et un statut particulier la met en œuvre, qui offre effectivement aux magistrats qui souhaitent en user les moyens d'une totale indépendance.

Toujours par tradition, cette magistrature, en France, est en quelque sorte double puisque coexistent, séparés, l'ordre judiciaire, au sommet duquel se trouve la **Cour de cassation**, et l'ordre administratif, composé des juridictions compétentes pour juger tous les litiges entre les pouvoirs publics et les particuliers, que domine le **Conseil d'État**. À cela s'ajoute encore la **Cour des comptes**, qui exerce ses responsabilités éminentes en matière budgétaire et financière.

Mais c'est, à l'inverse, en rompant avec les traditions françaises que l'actuelle Constitution a créé, en 1958, **le Conseil constitutionnel**. Celui-ci, composé de neuf membres nommés pour un tiers par le président de la République, un tiers par le président du Sénat et un tiers par celui de l'Assemblée nationale, veille à la régularité de l'élection présidentielle, au bon déroulement des référendums et juge les élections parlementaires. Mais son rôle essentiel, le plus novateur, est le contrôle de constitutionnalité, par lequel il veille au respect de la Constitution par les lois.

Il ne peut pas être saisi par n'importe qui mais, depuis 1974, l'opposition parlementaire a reçu le pouvoir de lui soumettre toute loi adoptée au Parlement. Il est fréquent, en conséquence, qu'il soit ainsi mobilisé, fréquent aussi qu'il annule, comme contraires à la Constitution, des dispositions votées par le Parlement, de sorte qu'est ainsi imposée une limite stricte – celle du respect de la Constitution – au pouvoir majoritaire qu'exercent ensemble Gouvernement et Parlement.

Quoique, *à priori*, son mode de recrutement n'offre aucune garantie sérieuse d'autonomie, au point qu'on pourrait penser sa composition saugrenue, le statut des membres, nommés pour neuf ans, irrévocables et insusceptibles d'être renommés, leur a donné les moyens de l'indépendance, et l'évolution de l'institution leur a donné l'envie de s'en servir, au point que ce Conseil a progressivement conquis le respect de l'opinion, grâce auquel il est en mesure d'imposer son autorité, finalement pacificatrice de nombreux conflits politiques ou juridiques.

Dans l'ordre international, enfin, la France reconnaît formellement les règles du droit public international, ce qui devrait bien être la moindre des choses pour un membre permanent du Conseil de sécurité des Nations unies. Sur le plan européen, sa Constitution comporte, depuis 1992, des articles (88-1 à 88-4) qui authentifient la construction communautaire, et les partages de souveraineté auxquels elle a donné lieu, en même temps qu'elle la limite pour l'avenir, puisque tout nouveau transfert d'éléments essentiels de la souveraineté doit être préalablement autorisé par une révision de la Constitution.

Cette révision, comme toute autre, ne peut être décidée, en tout état de cause, que si les deux assemblées y consentent séparément. Une fois cette première étape franchie, un choix peut exister, pour ratifier définitivement une réforme, entre le référendum des Français ou, plus légère, l'adoption, à la majorité des trois cinquièmes, par les deux assemblées réunies ensemble en Congrès.

En la forme, ce texte est ainsi des plus courts, puisque la Constitution ne compte que 88 articles (auxquels il convient de rajouter ceux de 1789 et 1946).

Trois caractéristiques majeures

Au fond, il garantit finalement le fonctionnement d'un système qui présente trois caractéristiques majeures: les gouvernés choisissent effectivement les gouvernants, puisque la décision électorale se traduit directement et instantanément en dévolution du pouvoir au(x) vainqueur(s) désigné(s); les gouvernants ont effectivement les moyens de gouverner, puisque le parlementarisme rationalisé assure la stabilité et la puissance du bloc majoritaire; les gouvernants sont effectivement responsables devant les gouvernés, puisque ces derniers disposent toujours d'une solution alternative, aux élections suivantes, s'ils sont mécontents de la majorité sortante.

Ainsi résumés, les principes de la Constitution la rapprochent beaucoup plus qu'on ne croit des systèmes qui fonctionnent dans des pays aussi différents que le Portugal ou la Suède, l'Espagne ou l'Allemagne ou encore la Grande-Bretagne. Par-delà les différences qui ne sont que superficielles, ces éléments fondamentaux sont présents dans tous les cas cités.

Il ne reste alors qu'à rappeler la solidité de l'État de droit et la garantie effective des libertés, pour conclure que l'on est bien en présence d'une démocratie moderne.

Vocabulaire

préambule	*n.m.*	(法律、条约等的)序言
impérissable	*adj.*	不朽的,不灭的
ride	*n.f.*	皱纹
bicéphalisme	*n.m.*	双头主义
constitution	*n.f.*	宪法
cohabitation	*n.f.*	共治
l'Assemblée nationale		国民议会
le Sénat		参议院
révision	*n.f.*	修改

Questions

1. *La Constitution française reflète-t-elle le principe "gouvernement du peuple, par le peuple et pour le peuple" ? Pourquoi ?*
2. *Quels sont les pouvoirs du président de la République française?*
3. *Dans quelle situation le Premier ministre devient-il le véritable patron politique du pays?*

第二课 法兰西宪法的原则

莫里斯·阿古隆

法兰西共和国在宪法的第二条第四款明确宣告：她有一个原则，也只有一个原则,这就是她直接引用林肯的那句名言“人民的政府,由人民管理,为了人民”。可是,共和国赋予了自己这项表达如此清楚、又如此激动人心的原则,却并不时时刻刻考虑如何将它有效地付诸实施。共和国的原则,不是法兰西宪法的原则。宪法,总是明智地尽量不把自己概括为某种格式化的誓言,而只提出一些原则。其表述方式,也是有时毫不掩饰,清晰透彻;有时谨慎严密,暗含推断。

总而言之,这些原则相当简单,也正是这种简单本身,使这些原则靠近最优良的欧洲民主传统。

宪法

宪法首先讲的是基本权利，如果没有对基本权利的尊重，任何一部宪法都不配称做宪法。很多国家都选择了一整套现代的宪法条文，而法国却更喜欢从她的过去汲取营养。1958 年 10 月 4 日颁布的宪法前言，实际上明确地参照了过去法国人民庄严宣告其仰慕的两份“文献”，这就是 1789 年的人权及公民权宣言和 1946 年的宪法前言。

第一份文献已经历过漫长的岁月，因为它是一个真正的个人自由宪章，所以说，它既永远不会过时，又不够完整全面。永不过时，是因为任何不建立在每个人不受时效约束的权利基础上的东西都不会持久。不够完整，是因为它缺少集体权利的内容，准确地说，是缺少 1789 年后经历了一个半世纪的变化之后，已经上升到同一水平的 1946 年宪法的前言中我们所看到的那些权利。

自由和平等，这是两项人类尊严的原则，在宪法前言的一般陈述中，在实践经验丰富了这两项原则的某些章节中， 把集体和个人都要使用的经济和社会权利充分反映出来。

这样，一方面(1789 年宪法)十七条，另一方面(1946 年宪法)十八条，全部写进了宪法。这就是法兰西和法国人享有的权利和基本自由，它们以相当准确的方式进行阐述，以求得到保证，以足够开放的方式进行定义，以求适应集体意识的演绎，或更通俗一点说，更能适应技术进步。尽管媒体发生了惊人的变化，1789 年以来，言论自由的表述方式依然极具时代感。

那么剩下的事，就是要使这些权利在任何情况下都要大致不差地得到保护。自从 1971 年宪法委员会依据议会通过的有关法律， 对有宪法价值的条文实施监督检查以来，这件事就算落实了。

执法权

正像 1789 年人权宣言第十六条提出的那样，假如一部宪法应该实施权利保障，就应该实行孟德斯鸠主张的权利分开原则。当然，在分权之前，先要立权。

执法权有两个头，这个双头主义往往使外国观察家感到茫然无措，就连法国公民也时感不解，对共和国总统和总理之间的逻辑关系不是总能理解清楚。

共和国总统，国家元首，代表民族和它的历史，也代表国家的统一和完整。他握有重大权力，如任命总理，然后在总理的建议下，任命其他政府成员。他有权召集公民投票，解散国民议会，谈判和批准条约，还有建议修改宪法的权力。然而，最重要的是在别的地方：总统的选举方式是直接普选。如果一名总统候选人在直接普选中，得到绝对多数选票(超过选票半数以上)，则可以立即当选。否则，第一轮得票最多的前两名候选人还要参加第二轮选举，二者之一获得的选票，从算术上讲，必然会达到绝对多数。

在他一个人的名字上集中了全体选民半数以上选票的事实，会给国家元首一种无可比拟的政治力量。作为他阵营中无可争议的首领，必然会受到他任命的政府和支持他的议会多数的积极协助。所以，他不仅能使用总统自身的权力，还能使用政府和议会的权力，政府和议会为了政治团结一致，都要把权利交付他使用。

如果说总统是议会多数的启示者，总理就是议会日常的魁首。事实是，形式上始终是议会制。在这一点上，政府要对国民议会负责。原则上，议会有随时推翻政府的权利，这和英国、德国、西班牙的原则毫无二致。

在这些条件下，当议会多数与共和国总统同属一个阵营时，总理就是两者之间的连字符。他领导政府行动，引导议会行动。但实际上，是由国家元首来制定将要实施的政策主线，至少在最重要的问题上如此。如此看来，总统不仅握有最主要的执法权，也拥有为他服务的主要立法权或是间接听他指挥的立法权。

当然，一旦总统失去了议会多数的支持，一切就都改变了。

从 1986 年到 1987 年，从 1993 年到 1996 年，以及从 1997 年以来，法国多次经历了这种共治的局面，这种局面使互相对立的总统和总理同时处在执法的最高领导位置上，共同治理国家，而往往在下一个任期时，他们又可能是相互敌对的候选人。总统一旦看到在立法选举中反对派取得了胜利，自己不再受到法国人的承认，他就要回到自己仅有的那些权利范围之内。从政治上讲，这些权利没有什么太大用场。相反，这时候，总理就成了全国名副其实的政治主人。

机制是可变的。一般说来，机制要确保总统的首席位置，但是这种优先权总是严格地和议会支持程度成正比。如果总统受到这个多数无条件的支持，他的优先权也是无条件的。如果支持是有条件的，优先权也是有条件的。如果支持不复存在，优先权也就要随之而去。

在这种奇怪的安排中，最关键的是，这种变动永远由公民自己决定，而且仅仅由他们决定。是他们直接为自己选择一位总统，在立法选举的时候，还是他们给他或拒绝给他一个议会多数。既然知道今后选出的总统任期和议会代表任期都是五年，法国人进行的这两次选择可能会在几乎同一时刻，这样就会合乎逻辑地使直至目前依然令人心烦的选举节奏放缓。如果没有意外情况，五年任期的权利交付一次就可以完成。

立法权

如果转过来看一下立法权就会发现，在国民议会和参议院两院之间，权利分配是不平等的。

国民议会是全民直接选举出来的，采用和总统选举类似的无记名投票方式，这种方式具有产生有效多数的效力。577 名议员都要各自在自己的选区，通过两轮无记名投票，获得多数票当选。这个制度迫使各派政治力量互相靠拢、组合，最后产生出两大竞选联盟。选民始终有权在两者之间进行选择，一般情况下，司法选举结束时，总能明确决出胜负。

因此，这是由一个选民认同的多数派来行使主要立法权并支持政府。这个多数派的全部行动，都是在反对派的严格监督下进行的。后者没有正式地位，但有变为多数并且得到承认的权利。多数派必须对法国人民负责，因为，人民握有下届选举时对多数派进行评审的权力，他们可以用失败来惩罚现在的多数派。二十多年来，这种情况屡见不鲜。

参议院处于完全不同的地位 。众议员代表人民,而321名参议员代表国土,包括法国本土和海外省(包括居住在国外的法国人)。事实上,他们是通过地方当选人间接普选产生的,任期九年,每年改选三分之一。参议院不能被解散。政府对它不负有任何责任,但也不能推翻它。

在行使立法权方面,原则上,参议院和国民议会有同等的权力。可是,这个两院制在下述情况下就要变得不平等了。假如两院之间有某个分歧久争不下政府可以要求国民议会作出最后裁决。这样看来,还是国民议会说了算(但是修改宪法或涉及参议院的组织法除外)。从它特殊的选举方式看,参议院为法国保守派提供了一个难以攻克的堡垒,在任何情况下,都可以保证保守派联盟在参议院里保持多数地位。

合理化的议会制

在政府与议会的关系中,政府有很多办法影响议会的决定。这就是人们过去所说的"合理化的议会制"。因此,执法者总有办法让立法者承担其责任,而且不让它回避自己的责任。剩下的事再由政治联合来完成。这种连带关系造成了一种多数派纪律,如果没有这种纪律,任何国家都难以长治久安。

议员们时常会感到困惑,因为从效忠政府的义务出发,他们觉得自己总是过分地受到钳制。当然,这并不是法国独有的现象。世界上全部类似的议会都发出相同的抱怨,区别只在于激烈程度不同而已。

宪法设想组织另一种代表大会,但它并不属于议会性质,名称是"经济与社会参议会",议会代表是那些人们习惯上称为"民族有生力量"的人,也就是来自民营企业、协会、工会和雇主组织等的各界人士。这个参议会只有协商的权利。

第三种权力,就是司法权,由于宪法更限制性地称它为"司法机关",所以它并不是只有一个部门。传统上,法国把法官的概念限制在简单的"法律代言人"的角色里,法官必须严格地解释和执行法律,既不允许偏离它,也不能自认为是法律的真正创造者。

法国历来有两类法官,一类属司法范畴,最高的职务在最高法院;另一类属行政范畴,负责审理政府机关和个人之间的纠纷,最高的职务在国家法院。还有一个审计法院,行使预算和金融方面的最高职责。

1958年,根据现行宪法设立了宪法委员会。和法国传统做法完全不同的是:这个委员会由九名委员组成,三名由共和国总统任命,三名由参议院主席任命,其余三名由国民大会主席任命。宪法委员会负责监督总统选举的正常举行,负责公民投票的顺利进展,以及对参议院的选举进行评判。但其主要功能,最富创新的功能,是监督法律的符合宪法性,并通过法律来保证遵守宪法。

任何人都不能向宪法委员会提出审理案件的请求,但1974年以来,参议院反对派取得了向它提交该院通过的任何法律的权力。结果,宪法委员会经常被动员起来,也经常取缔一些参议院已经通过,但不符合宪法的条款。这样,政府和议会共同行使的多数派权力,就被严格限制在遵守宪法的范围内。

尽管从理论上看,该委员会的选聘方式没有任何自主的保证。甚至有人认为,它的组织荒唐可笑,委员任期九年,既不能被撤销,也不能连任。但是这种地位却给了他们一些独立的手段,宪法委员会的演变又让他们产生了使用这些手段的愿望,因而逐步取得了舆论界的尊重,所以宪法委员会有能力使用其权威,最终平息大量的政治和法律冲突。

国际方面,法国最终正式承认了国际公众法。对于一个联合国常任理事国来说,这是理所应当的。欧洲方面,1992年以来,法国宪法包容了共同体建设的条款(88-1至88-4)和宪法允许同时又加以限制的主权分享内容,因为任何主权基本成分的新转移,都必须事先得到修改后的宪法的批准。

这样的修改,像其他内容一样,不论出于什么原因,只能分别取得众议院和参议院的同意。一旦通过了这第一步,为了最终批准一项改革,后面就有两种选择,一是采取全体法国人的公民投票方式,二是比较简单地,在两院联席大会上取得五分之三多数的批准。

目前,该宪法文本仅包括88条,篇幅较少(1789年的条款和1946年的条款应作为其补充)。

法国宪法的三大特征

实际上,法国宪法保证了具有三大特征的制度得以正常运转:第一个特征是,国家的管理者确实是由被管理者选择的,因为选举结果立刻直接地确定政权归属于胜利者。第二个特征是,管理者确实有办法执政,因为合理化的议会制能够保证多数派力量的稳定。第三个特征是,管理者确实要为被管理者负起责任,因为被管理者在下届选举时,如果对任期期满的多数派不满,他们永远掌握着一种轮流执政的解决办法。

把法国与管理制度很不相同的一些国家相比,如葡萄牙、瑞典、西班牙、德国,甚至和英国相比,宪法的原则都十分近似,这远比人们想象的差异要小得多。除去那些仅仅是表面上的不同之处,这些基本原则都写在各国的宪法之中。

所以,应该再说一遍,法制国家的坚不可摧和自由的切实保障,都与我们享有的现代民主密不可分。

LEÇON 3

par Guy Desplanques

Au 1er janvier 2001, la population de la France s'élève à 60,7 millions d'habitants : 59 millions vivent en métropole et 1,7 million dans un des quatre départements d'outre-mer. En 1950, la France métropolitaine était peuplée d'un peu moins de 42 millions d'habitants. En près d'un demi-siècle, la population s'est donc accrue de plus de 40 % (figure 1). Croissance lente si on la compare à celle de la population mondiale, qui est passée de 2,5 à 6 milliards d'habitants dans le même temps, soit une augmentation de 140% ; mais croissance relativement forte comparée à celle des pays voisins depuis 1950, le gain de population de l'ensemble des pays qui constituent aujourd'hui l'Union européenne a été de 27 % environ.

1 – La population de la France dans le monde et l'Europe

Zone	Population (en millions)				Taux de variation annuel (%)		
	1900	1950	1975	2000	1900–1950	1950–1975	1975–1998
France métropolitaine	40,6	41,6	52,6	59,2	0,05	0,94	0,48
Part dans L'Union europ. (en %)	nd	14,1	15,1	15,7	nd	0,28	0,17
Part dans le monde (en %)	2,5	1,7	1,3	1,0	-0,79	-0,96	-1,12
Union européenne (15 pays)	nd	295,8	348,6	376,5	nd	0,66	0,31
Monde	1650,0	2521,0	4050,0	6050,0	0,85	1,91	1,62

Sources : ONU et Eurostat.

Croissance forte également par rapport à celle du demi-siècle précédent, puisque la population de la France métropolitaine (dans le découpage actuel) était de 40,6 millions en 1900.

Trois quarts de la croissance sont dus à l'excédent naturel

Très forte au cours des années 1950–1975, époque du baby-boom et période de développement économique rapide, la croissance démographique s'est nettement ralentie depuis. Au cours de la décennie passée, la population s'est accrue de près de 250 000 personnes chaque année : de l'ordre de 200 000 par excédent des naissances sur les décès et de 50 000 par excédent dû aux migrations avec l'extérieur (figure 2). En 2000, l'excédent naturel avoisine 240 000 et représente les deux tiers de l'excédent naturel de l'ensemble de l'Union européenne, dont la croissance démographique doit surtout à l'excédent migratoire ; en 2000, il est estimé à 800 000 pour une augmentation de population de 1,16 million.

2 – Évolution de la population de la France métropolitaine depuis 1950

Période	Population en début de période	Variation moyenne annuelle	Nombre moyen annuel			Solde migratoire annuel	Contribution du solde migratoire (en %)
			Naissances vivantes	Décès	Excédent naturel		
1950-1959	41 570 000	382 200	816 000	527 700	288 300	93 900	24,6
1960-1969	45 354 800	515 300	845 200	535 000	310 300	205 000	39,8
1970-1979	50 528 200	319 800	796 000	548 800	247 200	72 600	22,7
1980-1989	53 731 400	283 400	776 300	542 800	233 500	49 900	17,6
1990-1999	56 577 000	264 900	536 300	530 400	205 900	59 000	22,3
2000	59 225 700						

Sources : INSEE–Estimations.

Une fécondité au-dessus de la moyenne européenne

En près de 30 ans, la fécondité, mesurée par l'indice synthétique de fécondité, a fortement chuté : de près de 3 enfants par femme en 1964, cet indice est descendu à 1,65 en 1994 (figure 3). Cette évolution n'est pas propre à la France. Dans tous les pays développés d'Europe occidentale ou d'Amérique du Nord, le début des années soixante a été une période de forte fécondité. Vers 1970, dans la plupart de ces pays, à l'exception des pays méditerranéens, les femmes ont réduit leur fécondité, souvent plus fortement qu'en France. Au cours des années quatre-vingts, l'Italie, puis l'Espagne, le Portugal et la Grèce ont emboîté le pas. Dans ces pays, Espagne et Italie en particulier, la fécondité est aujourd'hui parmi les plus faibles au monde, avec moins de 1,2 enfant par femme.

3 – Indice synthétique de fécondité dans quelques pays

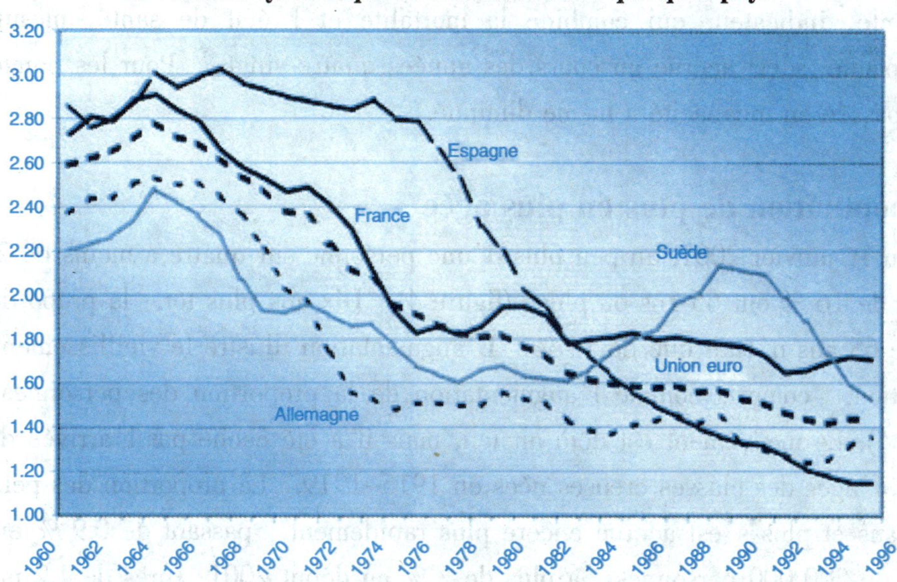

Depuis le milieu des années quatre-vingt-dix, l'indice synthétique de fécondité est remonté à 1,89 en 2000, année où près de 780 000 bébés sont nés en France métropolitaine. La reprise s'observe dans certains pays de l'Union européenne ; elle y est moins marquée. En même temps que la fécondité baissait, les tailles des familles se sont resserrées autour de deux enfants. D'autre part, l'âge à la maternité s'est relevé : en 2000, il est en moyenne de 29,4 ans.

L'espérance de vie continue d'augmenter

Pour l'année 2000, l'espérance de vie des hommes est de 75,2 ans, celle des femmes de 82,7 ans. Au début du siècle, l'espérance de vie était voisine de 50 ans. Dans le dernier quart de siècle, le gain a été de 6 ans pour les hommes, de 5,6 ans pour les femmes, à un rythme voisin de trois mois chaque année. Avec 82,7 ans pour les femmes, la France arrive en tête des pays européens, alors qu'elle est en position moyenne pour les hommes. Même s'il a baissé depuis une dizaine d'années, l'écart entre les deux sexes reste plus important que dans de nombreux pays européens. La mortalité infantile est descendue à des niveaux très bas : moins de 5 décès avant un an pour mille naissances. Les gains récents d'espérance de vie sont surtout dus à la baisse de la mortalité aux âges adultes. La baisse de la mortalité s'est accompagnée d'une amélioration de la santé. L'espérance de vie sans incapacité, indicateur qui combine la mortalité et l'état de santé, mesuré par l'incapacité, s'est accrue au cours des années quatre-vingts①. Pour les hommes, la durée passée en incapacité a même diminué.

Une population de plus en plus âgée

Au 1er janvier 2001, un peu plus d'une personne sur quatre a moins de 20 ans, et près de 16 % ont 65 ans ou plus (figure 4). Dix ans plus tôt, la proportion des plus de 65 ans n'était que de 14 %. L'augmentation illustre le vieillissement de la population, compris comme l'augmentation de la proportion des personnes âgées (figure 5). Le mouvement est déjà ancien, mais il a été caché par l'arrivée dans ce groupe d'âges des classes creuses nées en 1915–1919. La proportion des personnes de 85 ans et plus s'est accrue encore plus rapidement, passant de 0,9 % en 1975 (moins de 500 000 personnes) à plus de 2 % au début 2001 (près de 1,2 million). Aujourd'hui, la baisse de la mortalité aux âges élevés joue un rôle majeur dans le vieillissement : non seulement, dans une génération, la proportion des personnes atteignant 60 ans augmente, mais ces personnes vivent plus longtemps au-delà de cet âge.

---

① *On ne dispose pas encore de données pour la décennie quatre-vingt-dix.*

4 – Répartition de la population totale par sexe et âge au 1er janvier 2001

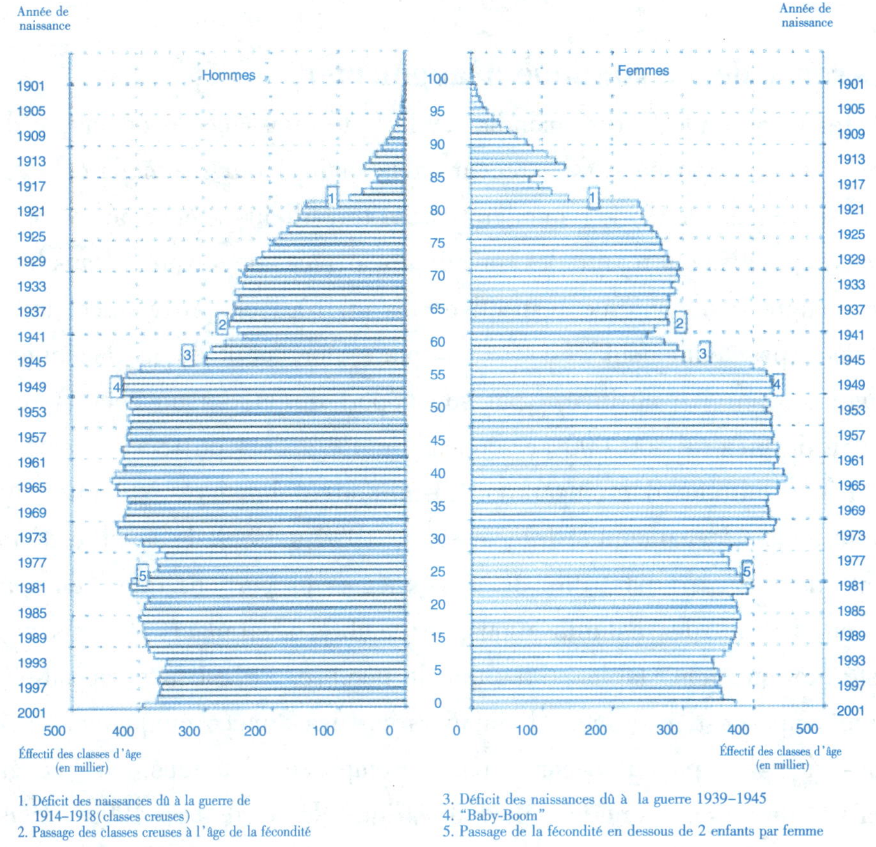

1. Déficit des naissances dû à la guerre de 1914–1918 (classes creuses)
2. Passage des classes creuses à l'âge de la fécondité
3. Déficit des naissances dû à la guerre 1939–1945
4. "Baby-Boom"
5. Passage de la fécondité en dessous de 2 enfants par femme

Sources : Estimation INSEE.

5 – Évolution de la structure par âge en %

Âge	Années			
	1960	1980	1990	2000
0–19 ans	32,2	30,6	27,8	25,6
20–39 ans	28,2	29,0	30,3	28,2
40–59 ans	23,0	23,4	22,9	25,7
60 ans ou plus	16,7	17,0	19,0	20,5
dont 75 ans ou plus	4,3	5,7	6,8	7,1
dont plus de 85 ans	0,6	1,1	1,5	2,1
Total	100,0	100,0	100,0	100,0

Sources : recensements et estimations INSEE.

Au 1er janvier 2001, il y a à peu près autant de femmes que d'hommes dès 30 ans ; à 84 ans, il y a deux fois plus de femmes.

L'espérance de vie continue d'augmenter

Après la Seconde Guerre mondiale, la forte croissance économique des Trente Glorieuses s'est appuyée sur un recours à la main-d'œuvre immigrée. Lorsque la crise est survenue, en 1974, l'immigration de travailleurs a été interrompue, mais de nombreuses familles ont rejoint des travailleurs arrivés auparavant. Dans les dernières années, malgré une politique restrictive, les arrivées en provenance de l'étranger n'ont donc pas totalement cessé. Au total, au cours de la décennie écoulée, l'immigration aurait contribué, par son apport direct, à un accroissement de la population de près de 500 000 personnes. En 1999, lors du recensement, la France comptait 3,26 millions d'étrangers et 4,3 millions d'immigrés[①], une part d'entre eux ayant acquis la nationalité française. De 1990 à 1999, le nombre d'immigrés a augmenté de 3 %, c'est-à-dire dans les mêmes proportions que l'ensemble de la population. Du fait des naturalisations, le nombre d'étrangers de plus de 18 ans[②] est resté pratiquement stable. Plus que le nombre, c'est la composition de cette population qui s'est modifiée. L'immigration des années cinquante, soixante ou soixante-dix était, pour une bonne part, composée d'Italiens, d'Espagnols, de Portugais et de ressortissants des pays d'Afrique du Nord. En 1999, trois groupes comptent environ 500 000 ressortissants : les Portugais, les Algériens et les Marocains. Viennent ensuite les Turcs, les Italiens, les Espagnols et les Tunisiens, ainsi que l'ensemble des pays d'Afrique noire. En termes d'immigrés, l'Italie et l'Espagne sont davantage représentées, mais une grande partie d'entre eux ont acquis la nationalité française. Dans les années quatre-vingt-dix, l'apport en provenance des pays de l'Union européenne s'est réduit, même si, avec l'ouverture des frontières, nombre de ressortissants des pays de l'Union viennent en France passer quelques années. Ce sont en majorité des originaires des pays d'Afrique noire, de Turquie ou de pays d'Asie qui sont arrivés en France, souvent dans le cadre d'une demande d'asile ou d'un regroupement familial.

---

① *On appelle immigré une personne née à l'étranger et qui était de nationalité étrangère à la naissance.*

② *Lors des recensements, la nationalité des enfants est parfois mal déclarée, probablement par méconnaissance de la loi sur la nationalité. En outre, les changements apportés à cette loi, mais aussi la formulation des questions permettant d'appréhender la nationalité, nuisent à la comparabilité des données sur le nombre d'étrangers mineurs.*

Croissance du littoral ouest et des régions méditerranéennes

Avec un peu plus de 100 habitants par km², la France métropolitaine se distingue des pays qui l'entourent par son faible peuplement. À l'exception de l'Espagne, tous ces pays, depuis la Grande-Bretagne au nord-ouest jusqu'à l'Italie au sud-est, offrent des densités de population bien supérieures, entre 200 et 400 hab/km². À elle seule, l'île-de-France rassemble près de 11 millions d'habitants sur un territoire de 12 000 km², soit près de 19 % de la population et une densité supérieure à 900 habitants. À l'opposé, dans six régions, la densité est inférieure à 60 hab/km². Les régions de faible densité s'étendent le long d'une ligne qui va de la région Midi-Pyrénées, près de la frontière espagnole, à la région Champagne-Ardenne, incluant l'ensemble du Massif central. Le peuplement est plus dense en île-de-France bien sûr, mais aussi dans l'ouest de la Bretagne et des Pays de la Loire – le long de la frontière continentale au nord et à l'est et dans le sud-est. Entre 1990 et 1999, les tendances des décennies passées se maintiennent à peu près. Bien que ralentie, la croissance reste la plus forte dans les régions méridionales. Cependant, les Pays de la Loire bénéficient d'une augmentation sensible. De manière générale, il en va de même des zones littorales des façades atlantique et méditerranéenne, le sud-ouest connaissant un regain de faveur. À l'opposé, les régions du nord-est, ainsi que le Limousin et l'Auvergne, enregistrent une stagnation ou même une baisse de leur population.

Extension urbaine, mais regain des villes-centres

En 1999, dix agglomérations urbaines comptent plus de 500 000 habitants (figure 6). L'agglomération parisienne rassemble un peu moins de 10 millions d'habitants. Trois autres villes sont millionnaires : l'ensemble Marseille-Aix-en-Provence, Lyon et Lille.

6 – Les principales villes en 1999

Ville	Nombre habitants
Paris	9 645 000
Marseille-Aix-en-Provence	1 350 000
Lyon	1 349 000
Lille	1 001 000
Nice	889 000
Toulouse	761 000
Bordeaux	754 000
Nantes	545 000
Toulon	520 000
Douai-Lens	519 000

Source : recensement de population de 1999.
(Population sans double compte de l'agglomération urbaine)

Au cours du demi-siècle passé, l'urbanisation a connu plusieurs phases. Au cours des années cinquante et soixante, l'afflux profite surtout aux villes-centres et, dans le cas de Paris, aux communes de la proche banlieue : c'est l'époque des grands ensembles. Au cours des années soixante-dix et au début des années quatre-vingts, les agglomérations continuent de se développer, mais par l'extension des banlieues et la croissance des communes périurbaines. De nombreuses villes-centres perdent des habitants. Au cours des années quatre-vingt-dix, les espaces à dominante urbaine continuent de se développer : les zones situées en périphérie des villes bénéficient d'une croissance, parfois nette, accueillant des populations qui, chaque jour, se rendent dans la ville voisine pour travailler. D'autres espaces ruraux, plus éloignés des centres urbains, continuent de perdre de la population. Dans son ensemble, l'espace rural ne se dépeuple plus. Dans le même temps, les villes-centres retrouvent souvent le chemin de la croissance, suivant une tendance qui se manifestait parfois dans la décennie précédente : opérations de réhabilitation, reconquête de la ville, nouveaux transports en commun redonnent à certains la possibilité et le goût de vivre au centre-ville.

Bibliographie

Fanouillet (J.-C.) et Madinier (C.), *Recensement de la population de 1999–La population des régions (métropole)*, INSEE Première n° 664 Juillet 2000.
Boëldieu (J.) et Borrel (C.), *Recensement de la population 1999–La proportion d'immigrés est stable depuis 25 ans*, INSEE, Première n° 748 Novembre 2000.
Robine (J.-M.), Mormiche (P.), Sermet (C.), *Vie et santé s'allongent: un effet conjoint de meilleures conditions d'existence et de progrès médicaux?* INSEE, Données sociales 1996, pp. 283-291.
Doisneau (L.), *Bilan démographique 2000*, INSEE, Première n° 157 Février 2001.

Vocabulaire

excédent naturel		人口自然增长
fécondité	*n.f.*	生育率
indice	*n.m.*	指数
emboîter le pas		跟上步伐
l'espérance de vie		平均寿命
la mortalité infantile		婴儿死亡率
le vieillissement de la population		人口老龄化
naturalisation	*n.f.*	入籍
ressortissant, e	*n.*	国民，侨民
littoral	*n.m.*	沿海地区

Questions

1. *Quelle est la population de la France en 2000?*
2. *Quelle est la tendance de la fécondité française au cours des années 1960–1990? D'après vous, quelles en sont les causes?*
3. *Quelles sont l'espérance de vie des français et celle des françaises en 2000?*
4. *Est-ce que le vieillissement de la population peut produire des problèmes?*

第三课　2000年初的法国人口

居伊·德普朗克

据2001年1月1日的统计数字,法国人口已增加到6070万:其中5900万人生活在法国本土,170万人生活在四个海外省。1950年,法国本土人口不足4200万,而在大约半个世纪之中,人口增长了40%以上(表1)。全世界的人口在同期内,由25亿增长到60亿,增加了140%,与此相比,法国的增长速度并不算快;但是,与1950年以来邻国的人口增长速度相比,法国的速度仍然是比较快的,因为,今天组成欧盟的所有国家在这一期间,人口仅增长了27%。

表1　法国人口在全世界和欧洲的比例

地区	人口(百万)				年变化率(%)		
	1900	1950	1975	2000	1900—1950	1950—1975	1975—1998
法国本土	40.6	41.6	52.6	59.2	0.05	0.94	0.48
在欧盟的比率(%)	无	14.1	15.1	15.7	无	0.28	0.17
在世界上的比率(%)	2.5	1.7	1.3	1.0	-0.79	-0.96	-1.12
欧盟(15国)	无	295.8	348.6	376.5	无	0.66	0.31
世界	1650.0	2521.0	4050.0	6050.0	0.85	1.91	1.62

资料来源:联合国和欧洲统计局

法国人口增长的速度快于前半个世纪,因为本土的人口(根据当前的划分)1900年只有4060万。

四分之三的人口属于自然增长

在1950—1975年间,人口的增长非常迅速,这是婴儿潮和经济的高速发展期,此后,增长速度明显减缓。最近十年中,每年增加25万人左右:其中,约20万人是出生人数超过死亡人数的自然增加值,另外,来自国外的移民每年约五万人(表2)。2000年,人口自然增加近24万人,相当于欧盟中人口自然增长的2/3,欧盟的人口现状主要是由于移民增加的结果;2000年,在增加的116万人口中,移民约占80万。

表 2　1950 年以来法国本土人口的变化

时期	初期人口数	年均变化数	年平均数			年移民量	移民量所占比率(%)
			新生人口数	死亡人口数	自然增长数		
1950—1959	41570000	382200	816000	527700	288300	93900	24.6
1960—1969	45354800	515300	845200	535000	310300	205000	39.8
1970—1979	50528200	319800	796000	548800	247200	72600	22.7
1980—1989	53731400	283400	776300	542800	233500	49900	17.6
1990—1999	56577000	264900	536300	530400	205900	59000	22.3
2000	59225700						

资料来源：全国统计及经济研究所

生育率超过欧洲的平均水平

近三十年中，根据生育率综合指数统计，生育率下降很大：1964 年平均每位妇女有 3 个左右子女，1994 年这一指数下降为 1.65(表 3)。这种变化并非绝无仅有。所有西欧和北美发达国家，60 年代初期都是生育的高峰期。1970 年前后，除地中海国家以外的大多数国家中，妇女的生育率普遍下降，并且降低的幅度超过了法国。到了 80 年代，先是意大利，接着是西班牙、葡萄牙和希腊，也出现了同样的变化。在这些国家中，特别是西班牙和意大利，现在的生育率是全世界最低的，平均每位妇女的子女少于 1.2 名。

表 3　几个国家的生育率综合指数

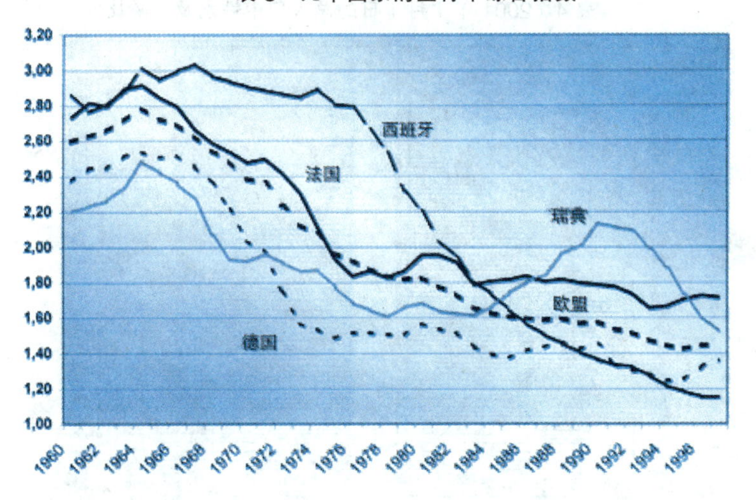

从 90 年代中期开始，生育率综合指数回升，2000 年达到 1.89。这一年，共有 78 万名婴儿在法国本土出生。这种回升现象在好几个欧盟国家中都出现了，但法国的情况最为明显。在生育率下降的同时，家庭规模也缩小到只有两个孩子左右。另一方面，妇女的生育年龄也增大了：2000 年，平均生育年龄是 29.4 岁。

平均寿命持续增加

在2000年，男性的平均寿命是75.2岁，女性为82.7岁。而在本世纪初，平均寿命仅在50岁左右。最近二十五年中，男性的平均寿命增加了6岁，女性增加了5.5岁，并以每年三个月左右的速度继续增加。法国的女性平均寿命为82.7岁，在欧洲国家中高居榜首，而法国男性的平均寿命在欧洲国家中仅居中游水平。虽然近十年以来，法国男女之间平均寿命的差距有所减小，但是这个差距仍然高于多数欧洲国家。婴儿的死亡率已经下降到非常低的水平：在1000名新生儿中，只有不到5名在一岁前死亡。平均寿命增加的主要原因，是由于成年人死亡率的下降。当然，死亡率下降也与健康状况的改善密切相关。80年代，有生活自理能力的人的平均寿命①也在增加，这是综合了死亡率和有生活自理能力为标准的一个健康状况指标。对于男性来说，丧失生活自理能力的时间也缩短了。

人口日益老龄化

2001年1月1日，20岁以下的人口数目略超过总人口的四分之一，而年龄在65岁以上的人口占16%(表4)。10年以前，65岁以上的人口比例只有14%。这个增长显示了人口的老龄化和老年人口比例的增加（表5）。这种变化早已有之，只是因为在1915—1919年这几个出生率异常低的年份出生的人，渐渐加入老年人的行列，这种变化被掩盖了起来。85岁以上人口的增长速度更快，1975年仅为0.9%(不足50万人)，到2001年初，已经超过2%(接近120万人)。今天，老年人死亡率的降低，是人口老化的主要原因：不仅在一代人中，60岁的人口比例继续增加，而且他们还会活很长时间。

表4　2001年1月1日的总人口中性别及年龄比例

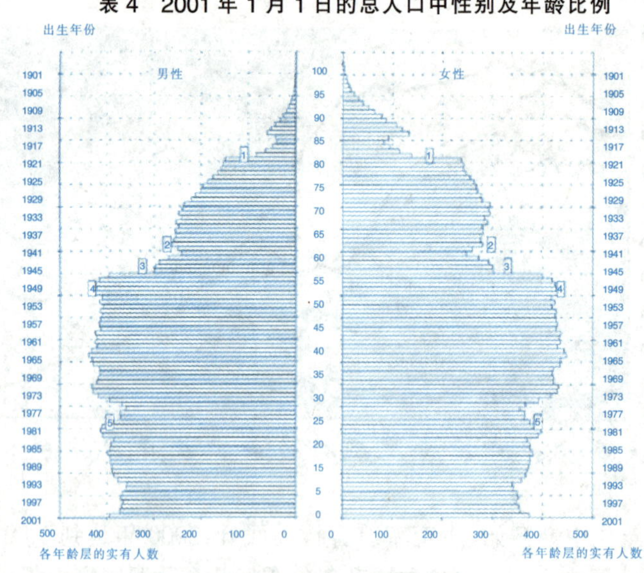

1. 1914—1919年间，第一次世界大战造成的出生赤字(低谷时期)　2. 从低谷期向高生育时期过渡
3. 1939—1949年间，第二次世界大战时期的出生赤字　4. 婴儿潮时期
5. 从出生高峰期向每家两个孩子以下过渡

资料来源：全国统计及经济研究所的调查

① 此时还没有提供90年代的数据。

表 5 年龄结构的变化(%)

年　　龄	年		份	
	1960	1980	1990	2000
0—19 岁	32.2	30.6	27.8	25.6
20—39 岁	28.2	29.0	30.3	28.2
40—59 岁	23.0	23.4	22.9	25.7
60 岁以上	16.7	17.0	19.0	20.5
其中 75 岁以上	4.3	5.7	6.8	7.1
其中 85 岁以上	0.6	1.1	1.5	21
总计	100.0	100.0	100.0	100.0

资料来源:全国统计及经济研究所的调查和人口普查

2001 年 1 月 1 日,30 岁的男性和女性人数大致相等;而 84 岁的女性是男性的两倍。

法国继续接纳大量外来人口

第二次世界大战以后,"辉煌三十年"的经济强劲发展依靠了大量外来劳工。1974 年经济危机之后,劳动力的入境虽然暂时中断,但是许多法国家庭是与先前到来的劳工共同组成的,他们依然不断来到法国与家庭团聚。在最近这些年,虽然采取了限制性的政策,外国移民并没有完全停止进入法国。从总数上看,在过去的 10 年里,根据海关的报告,入境移民使法国人口增长了近 50 万。1999 年的人口普查显示,法国境内共有 326 万外国人和 430 万移民[①],他们之中的一部分人已经获得了法国国籍。在 1990 年至 1999 年间,外来移民的人数增加了 3%,也就是说,移民人口在总人口中占的比例不变。根据入籍的实际情况,18 岁以上[②]的外国人口数量几乎稳定不变。除数量外,这些人口的构成情况也发生了改变。50 年代、60 年代或 70 年代的入境移民,大部分是由意大利人、西班牙人、葡萄牙人和来自北非国家的侨民组成。1999 年,以下三部分移民总计约有 50 万人:葡萄牙人、阿尔及利亚人和摩洛哥人,其次是土耳其人、意大利人、西班牙人和突尼斯人,以及来自整个黑非洲国家的人。从侨民的意义上说,意大利人和西班牙人最为典型,他们之中的很大一部分人已经获得了法国国籍。90 年代,来自欧盟的侨民人数有所下降,实行了边界开放以后,许多欧盟的侨民只是来法国生活几年。以政治避难和家庭团聚为由入境的,多数来自黑非洲、土耳其和亚洲国家。

西海岸和地中海地区的增长状况

法国本土的人口密度为每平方公里一百余人,这样的低人口密度不同于周边国家。除西班牙外,从西北部的英国到南部的意大利,所有国家的人口密度远远高于法

① 我们把那些在外国出生和出生时为外国国籍的人称为移民。

② 人口普查时,可能由于对国籍法律的误解,孩子的国籍有时统计得不准。另外,国籍法的修改以及令人对国籍产生担忧的一些问题的表达,妨碍了少数外国人数量方面数据的可比性。

国：200 至 400 人/平方公里。只有在巴黎大区，12000 平方公里的地区之中，聚集了19%的全国人口，密度超过了 900 人/平方公里。与此相反，在六个行政大区中，人口密度竟低于 60 人/平方公里。这些低密度地区是沿着中比利牛斯山区，沿着西班牙边界直到香槟-阿登高原地区，其中也包括整个中央高原。当然，人口密度在巴黎大区是最高的，但在西布列塔尼和卢瓦尔地区，沿着北部和东部的大陆边境和东南部地区，人口密度也较高。在 1990 至 1999 年间，前 10 年的增长趋势大致保持下来。虽然速度有所放缓，但南方的增长速度依然最快。在卢瓦尔河流域，人口增长也相当显著。从总体上看，大西洋及地中海沿岸，以及西南部地区的人口增长较快。相反，在东北部地区、利穆赞和奥弗涅地区，人口增长停滞不前，甚至还出现了下降趋势。

城区扩大，城市中心重新崛起

1999 年，超过 50 万人的郊区居民点总共有 10 个(表 6)。巴黎的居民点聚集了近 1000 万居民，另外还有三个城市人口也超过百万：它们是马赛-埃克斯、里昂和里尔。

表 6　1999 年主要城市

城市	居民数
巴黎	9 645 000
马赛-埃克斯	1 350 000
里昂	1 349 000
里尔	1 001 000
尼斯	889 000
图卢兹	761 000
波尔多	754 000
南特	545 000
土伦	520 000
杜艾-朗斯	519 000

资料来源：1999 年人口普查(市区居民点的人口没有双重计算)

过去的半个世纪中，城市化的进程经历了多个阶段。五六十年代，人口向大城市汇集，如在巴黎主要是向市郊附近的社区汇集：这是(统一建筑式样的)建立居民点阶段。70 年代和 80 年代初，居民点继续发展，这一时期是通过郊区的扩展，向城市周围的社区发展。许多市中心的居民数量渐渐减少。90 年代，主要城区继续发展：城市周边区域的发展相当明显，每天去邻近城市上班的人口陆续增加。远离市中心的郊区人口持续减少。从总体上说，近郊地区人口增长最快。与此同时，出现了一种新的趋势，在过去 10 年中，这种趋势也时有显露，这就是：城市中心重新找到了发展的道路：逐步恢复了昔日的地位，由于新公共交通工具的发展，使不少人又有了在市中心生活的可能和兴趣。

LEÇON 4

L'État et la politique culturelle

par Philippe Poirrier

La naissance d'une véritable politique publique de la culture est contemporaine en France de la création en 1959, à l'aube de la Ve République, d'un ministère des Affaires culturelles, confié par le général de Gaulle à l'écrivain André Malraux. Pourtant, la jeune administration peut s'appuyer sur une histoire déjà longue, fondée sur un large corpus théorique et législatif. Un héritage loin d'être négligeable.

Objet aujourd'hui d'un large consensus au sein de l'opinion publique, la politique culturelle est souvent présentée comme un élément constitutif de "l'exception française". Après avoir mis en perspective les caractéristiques de la décennie Malraux, il est nécessaire de signaler les principaux infléchissements enregistrés par cette politique au cours des trente années suivantes.

Une intervention ancienne

Cinq régimes se succèdent, non sans violences et ruptures révolutionnaires, de 1815 à 1875. Si la recherche d'une forme stable de gouvernement est difficile, en revanche une large continuité marque la politique menée en faveur du développement des arts et de la culture. Le patrimoine des arts et de la culture est considéré, par-delà les régimes et les modalités de gestion du secteur considéré, comme un puissant facteur de cohésion nationale et d'identification ; et bénéficie à ce titre du soutien constant des pouvoirs publics.

Aux XVIIe et XVIIIe siècles, l'État avait déjà pesé sur la production culturelle avec la création des Académies (de musique, de peinture...) et des manufactures royales (tapisseries, porcelaines), la pratique du mécénat royal et l'usage de la censure. Mais c'est surtout la décennie révolutionnaire qui fonde la spécificité de la politique culturelle française. La dialectique entre protection et "vandalisme" (destruction des œuvres d'art) suscite l'invention du "patrimoine national". La politique artistique, partie prenante de la volonté de régénération de la nation, est un échec. Pourtant, certains thèmes, comme le culte des grands hommes, et certaines pratiques, comme les concours publics, sont à l'origine d'une tradition artistique républicaine. Avec le Consulat et l'Empire, la culture se place entièrement sous la coupe et au service de l'empereur Napoléon 1er. L'héritage révolutionnaire n'est certes pas totalement récusé, mais en sort fortement infléchi.

Cette première politique du patrimoine est réinterprétée par la monarchie de Juillet (1830-1848). La mise en place d'une administration des "monuments historiques" constitue un moment clef dans la construction d'une administration culturelle étroitement contrôlée par l'État. Son essence n'est pas d'origine démocratique et vise surtout à conforter une culture nationale en construction.

La IIIe République privilégie une approche libérale qui vise à développer "l'amour du beau", et à consacrer le génie artistique national. Deux tendances s'affirment. Le retrait de l'État de la sphère privée et commerciale de l'art conduit à une reconnaissance à la fois de la pluralité de la vie artistique et du marché de l'art comme principale instance de légitimation. L'État, dans une perspective toujours centralisatrice, se voue essentiellement aux tâches artistiques de service public en privilégiant le soutien à l'enseignement et la protection du patrimoine.

Le Front populaire (1936-1938) infléchit cette logique libérale en soulignant la légitimité de l'intervention publique et en affichant une perspective de "popularisation" de la culture des élites. Une politique volontariste est facilitée par le soutien du Parti communiste français et d'un vaste et dense mouvement associatif. Le régime de Vichy (1940-1944) intègre ces tendances dans le programme réactionnaire de la Révolution nationale : il conforte la construction administrative et la présence de l'État. À la Libération, l'inscription du droit à la culture dans la Constitution pèse peu face au maintien de la fragilité administrative et de la faiblesse budgétaire des Beaux-Arts qui demeurent sous la tutelle du ministère de l'éducation nationale.

La période 1935-1958 est un moment charnière dans la prise de conscience par les contemporains de la nécessaire présence de l'État dans les questions culturelles. La mise en administration de la culture se renforce sous les trois régimes successifs.

Surtout, la culture apparaît comme indissociablement liée à la régénération politique et civique de la nation. L'idée est portée par quelques minorités agissantes, plus ou moins liées à l'appareil d'État, souvent proches ou issues des réseaux de l'éducation populaire. Pourtant, les plus hautes autorités de l'État et les partis politiques d'une IVe République agonisante sont loin de faire de la politique culturelle une véritable priorité. Aussi, André Malraux, écrivain célèbre, antifasciste notoire, hérite d'une sédimentation de pratiques et d'institutions culturelles, qui ancrent son action dans une indéniable continuité.

L'invention de la politique culturelle, 1959–1969

L'année 1959 est essentielle pour la formalisation du ministère des Affaires culturelles. Le décret du 3 février 1959 transfère à Malraux des attributions précédemment dévolues au ministère de l'Industrie et au ministère de l'éducation nationale. Le 22 juillet 1959, André Malraux prend le titre de ministre d'État chargé des Affaires culturelles. La rupture avec les Beaux-Arts s'inscrit d'abord dans les missions attribuées au ministère. Le décret du 24 juillet 1959 stipule que : "Le ministère chargé des Affaires culturelles a pour mission de rendre accessibles les œuvres capitales de l'humanité, et d'abord de la France,. au plus grand nombre possible de Français ; d'assurer la plus vaste audience à notre patrimoine culturel, et de favoriser la création des œuvres d'art et de l'esprit qui l'enrichissent."

La revendication démocratique triomphe donc par les attendus de ce décret fondateur. En ce sens, la politique impulsée par Malraux s'inscrit incontestablement dans la postérité du Front populaire. Le souci égalitaire et la volonté de démocratisation culturelle sont essentiels. La politique culturelle de Malraux s'inscrit dans la logique de l'État-providence. Il s'agit d'assurer à tous le même accès aux biens culturels. Deux politiques concourent à matérialiser cette volonté : faire accéder tous les citoyens aux œuvres de la culture, et étendre aux artistes les bienfaits de la protection sociale. De surcroît, la politique culturelle est affectée par la logique de modernisation portée par la République gaullienne. L'État joue un rôle moteur de direction, d'impulsion et de régulation. L'utilisation du Plan à partir de 1961 participe de cette logique.

Pour Malraux, seul l'art a la vertu de rassembler dans le cadre d'une société dominée par le rationalisme. Dès le mois de décembre 1959, à la tribune du Sénat, il souligne la rupture idéologique qu'il souhaite incarner : "Où est la frontière ? L'éducation nationale enseigne : ce que nous avons à faire, c'est de rendre présent. Pour simplifier, [...] il appartient à l'Université de faire connaître Racine, mais il appartient seulement à ceux qui jouent ses pièces de les faire aimer. Notre travail, c'est de faire aimer les génies de l'humanité et notamment ceux de la France, ce n'est pas de les faire connaître. La connaissance est à l'Université ; l'amour, peut-être, est à nous." Un double refus marque ainsi la rupture avec l'éducation nationale : le refus d'une démocratisation qui passe par la connaissance artistique et le refus, concomitant, de tout pédagogisme. L'accès à la culture passe par la présence directe, véritable révélation et communion, de l'œuvre d'art et du public. L'impératif de la création culturelle d'excellence écarte le didactisme et l'amateurisme que pratiquent les associations d'éducation populaire. Une troisième rupture avec les Beaux-Arts est matérialisée dans le soutien des avant-gardes et la volonté d'affaiblir les courants académiques.

Le ministère des Affaires culturelles demeure pourtant fragile. Il se construit dans un contexte difficile marqué par la faiblesse du budget et la lutte permanente contre les ministères des Finances et de l'Éducation nationale. Les événements de Mai 1968 déstabilisent le ministère des Affaires culturelles. La critique gauchiste pointe le mythe de la démocratisation culturelle ; les partisans de l'ordre dénoncent le soutien public à des artistes soupçonnés de subversion. L'alliance est en partie rompue entre les créateurs et le ministère. De surcroît, à l'heure de l'affirmation de la consommation et de la culture de masse, le ministère des Affaires culturelles n'a pas accordé une attention suffisante aux industries culturelles. Par ailleurs, le divorce avec l'éducation populaire conforte une logique de diffusion de la culture des élites, peu en prise avec les pratiques culturelles de la majorité des Français. Trop centralisé, le ministère des Affaires culturelles est faiblement représenté sur l'ensemble des territoires, même si les quelques "maisons de la culture" amorcent – et non sans vicissitudes – un partenariat avec les collectivités locales.

Sous le signe du développement culturel, 1969–1981

Les années 70 sont un temps de forte instabilité ministérielle dont pâtissent les Affaires culturelles. En 1971, le rapport pour le VIe Plan enregistre l'échec de la démocratisation culturelle et souligne à la fois la faiblesse des moyens du ministère et des innovations qui se font à la marge. Dans ce contexte, le concept de "développement culturel" présente la capacité de répondre à cet échec et à la déstabilisation suscitée, en 1968, par le mouvement de mai. Le ministère Duhamel (1971–1973) tente de moderniser l'État culturel : il favorise la transversalité au sein du ministère et les perspectives interministérielles, obtient une croissance significative du budget, et reconnaît le rôle des collectivités locales.

Troisième volet de la "nouvelle société" du Premier ministre, Jacques Chaban-Delmas, le développement culturel comme philosophie d'action conduit à une profonde rupture par rapport à la doctrine de l'action culturelle chère à André Malraux.

Si la démocratisation de la "culture" reste présente, son concept est infléchi par deux approches nouvelles : l'acception universelle de la haute culture est remise en cause et la reconnaissance de la diversité des voies pour atteindre la démocratisation remplace la nécessité du choc esthétique. L'état conserve un rôle éminent : il doit faciliter la diffusion culturelle et refuser les procédés de l'économie de marché. Pour fondatrice qu'elle soit, la politique culturelle du ministère Duhamel est affectée par l'échec politique de Jacques Chaban-Delmas.

À partir de 1974, l'introduction d'une logique libérale suscite un relatif désengagement financier de l'État, alors même que le président de la République, Valéry Giscard d'Estaing, s'investit moins dans ce dossier. Malgré le passage de Michel Guy au secrétariat d'État à la Culture (1974–1976) vécu comme un "printemps culturel" par les professionnels, le primat d'une logique libérale contribue à affaiblir les missions de service public du ministère. L'heure est surtout au développement de politiques culturelles par les villes, plus ou moins liées selon les cas aux orientations préconisées par l'État. À la fin du septennat, "l'État culturel" demeure faible et s'affirme surtout dans la protection du patrimoine. La politique culturelle n'est pas une priorité gouvernementale, ce qui suscite un fort mécontentement au sein des professionnels de la culture.

L'impératif culturel, 1981-1993

En 1981, l'arrivée de la gauche au pouvoir conduit à une triple rupture. L'essentiel est la rupture quantitative qui se traduit par un doublement du budget du ministère de la Culture. De plus, le ministre de la Culture, Jack Lang, qui bénéficie du soutien jamais démenti du président de la République, François Mitterrand, sait incarner ce changement d'échelle. Enfin, la synergie revendiquée entre la culture et l'économie peut se lire comme une révolution copernicienne qui affecte la culture politique socialiste. Toutes les politiques sectorielles bénéficient de ces ruptures quantitatives et qualitatives. La politique des Grands Travaux témoigne également de l'affirmation du volet présidentiel de la politique culturelle : seront ainsi réalisés le musée du Grand Louvre, l'Opéra Bastille, la Cité de la musique... Le décret fondateur est, pour la première fois, officiellement retouché. Le texte du 10 mai 1982 infléchit considérablement les missions du ministère de la Culture : "Le ministère de la Culture a pour mission : de permettre à tous les Français de cultiver leur capacité d'inventer et de créer, d'examiner librement leurs talents et de recevoir la formation artistique de leur choix ; de préserver le patrimoine culturel national, régional, ou des divers groupes sociaux pour le profit commun de la collectivité tout entière ; de favoriser la création des œuvres d'art et de l'esprit et de leur donner la plus vaste audience ; de contribuer au rayonnement de la culture et de l'art français dans le libre dialogue des cultures du monde."

Ce texte s'inscrit certes dans la filiation de l'œuvre de Malraux, mais conduit à de très nets infléchissements : pour l'essentiel, la démocratisation culturelle s'efface au profit du libre épanouissement individuel par la création dans le respect des cultures régionales et internationales, voire même sociales. Il permet la reconnaissance controversée de pratiques culturelles jugées jadis comme mineures (bande dessinée, musique rock...). Si l'élargissement du champ culturel a surtout retenu l'attention des observateurs, l'association entre la culture et l'économie est tout autant centrale. Le soutien aux industries culturelles confère à la politique culturelle une dimension de politique économique et industrielle. L'administration centrale se présente de plus en plus sous un double visage : d'une part, un ministère des artistes, des institutions et des professions artistiques, d'autre part, un ministère des industries culturelles. Au début des années 90, la politique culturelle de la gauche est l'objet de vives critiques.

La part du budget de la Culture* dans le budget de l'État* (1980–2001)

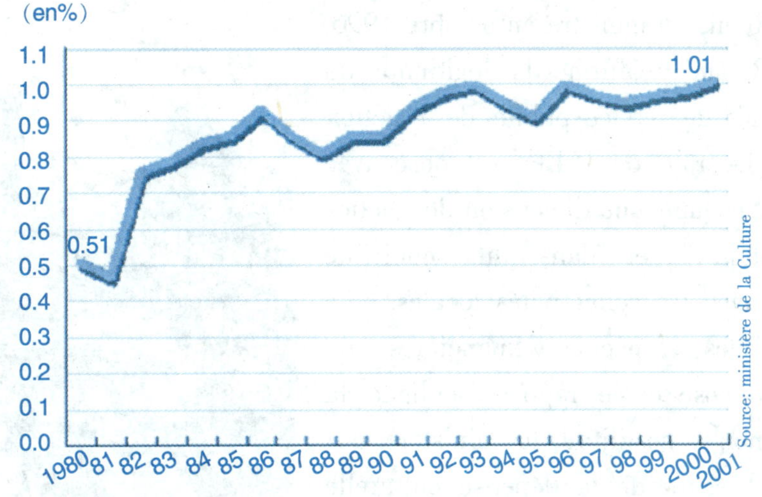

*Il s'agit du budget du ministère de la Culture. Des crédits provenant d'autres ministères contribuent à l'effort de l'État en faveur de la culture (Affaires étrangères, éducation nationale). Le budget du ministère de la Culture s'élève à 16,72 milliards de F en 2001 (soit 2 549,18 millions d'euros). Il était de 145 millions de F en 1957.

La refondation de la politique culturelle, 1993–2001

Après les législatives de 1993 gagnées par la droite, la pratique ministérielle impulsée par Jacques Toubon s'inscrit bien rapidement dans les pas de Jack Lang. Le ministre développe trois axes : l'aménagement du territoire qui est l'une des priorités affichées par le gouvernement, la formation et la sensibilisation de tous les publics à la culture, et l'accroissement de l'action culturelle de la France à l'étranger.

Le débat de l'automne 1993 autour de "l'exception culturelle" participe d'un consensus, partagé par une large part de l'opinion publique et de la classe politique, selon lequel les biens et services culturels ne peuvent pas être traités comme des marchandises. Aussi, le retour de la droite s'inscrit dans la continuité, même si l'heure n'est plus à l'embellie financière et à la priorité gouvernementale. En second lieu, l'absence de soutien présidentiel fragilise le ministère de la Culture qui n'est plus en mesure de faire face aux exigences du ministère des Finances. On lit mieux a contrario les deux avancées majeures des années Lang : la croissance budgétaire et le soutien du président de la République.

Quant à la campagne présidentielle de 1995, elle laisse dans une large mesure de côté la question de la politique culturelle. Philippe Douste-Blazy, ministre de la Culture du nouveau gouvernement situé à droite, engage une réflexion sur une nécessaire refondation de la politique du ministère. Remis au ministre en octobre 1996, le rapport Rigaud réaffirme la légitimité du modèle français de service public de l'action culturelle. Le rôle de l'État est posé avec force, mais comme une dimension de l'action gouvernementale, et dans un souci de concertation avec les collectivités locales. La restauration des capacités financières du ministère s'impose et le rapport souligne la méfiance, sinon l'hostilité, du ministère des Finances à l'égard de la dépense culturelle des pouvoirs publics. Plusieurs propositions visent à réorganiser l'administration centrale du ministère. L'éducation artistique et culturelle est présentée comme une "cause nationale". Enfin, la mise en cohérence des politiques des industries culturelles est une priorité. Au printemps 1997, des élections et l'arrivée d'un gouvernement de gauche, interrompent le processus de "refondation".

Catherine Trautmann, nouvelle ministre de la Culture et de la Communication, inscrit sa pratique dans la démarche entreprise par son prédécesseur. La modernisation administrative accompagne un "budget de reconstruction". Le ministère accélère la déconcentration – c'est-à-dire la délégation de responsabilités et de financements aux services décentralisés de l'état en région et renforce la contractualisation avec les collectivités territoriales qui assument les deux tiers des investissements publics de la culture. Cette politique se traduit dans des contrats (contrats de plan État-régions, contrats d'agglomération, contrats de pays) ou par de nouvelles formules de partenariat (chartes des missions de service public du spectacle vivant).

Les antennes régionales du ministère

Créées à partir de 1977, les directions régionales des affaires culturelles (DRAC), aujourd'hui au nombre de 28, sont les antennes du ministère de la Culture dans les régions. Elles distribuent les aides de l'État, offrent conseils et expertises dans les domaines suivants : musées, patrimoine, archives, livre et lecture, musique et danse, théâtre et spectacles, arts plastiques, cinéma et audiovisuel. Elles coordonnent sur le terrain les grandes manifestations culturelles nationales. Elles sont les interlocuteurs des collectivités territoriales (communes, départements, régions) avec lesquelles l'État peut mener des opérations cofinancées, qu'il s'agisse d'enseignement artistique, de festivals, de construction et de gestion d'équipements (théâtres, bibliothèques, médiathèques, conservatoires, musées, opéras, centres d'art...).

Face à la résurgence d'attitudes populistes de certains élus locaux (aides réservées à certaines activités dites de tradition française, suppression des subventions aux établissements culturels qui ne suivraient pas cette ligne...), Catherine Trautmann, à l'image de son prédécesseur, intervient pour réaffirmer le rôle de l'état dans le maintien du pluralisme culturel.

Après mars 2000, Catherine Tasca, qui lui succède, poursuit son action dans trois directions : promouvoir la diversité culturelle, favoriser l'accès à la culture, et approfondir la décentralisation (avec la signature de "protocoles de décentralisation culturelle").

La scène médiatique demeure occupée par le dialogue entre contempteurs et hagiographes de "la politique culturelle à la française". Sur le terrain, les principaux débats témoignent des nouveaux défis, liés peu ou prou à la "mondialisation", auxquels est confrontée la politique culturelle française. Car, le service public de la culture est aujourd'hui malmené par des logiques économiques qui priment pour le large secteur – de plus en plus transnational – des industries culturelles.

La décennie soixante reste le moment central dans la formulation d'une politique publique de la culture en France. Pour autant, "l'État culturel" n'a pas en France le poids que veulent lui accorder ses détracteurs. Même pendant l'embellie des années Lang, la forte mobilisation des collectivités locales conduit à nuancer la seule présence de l'État. La situation française se traduit par l'omniprésence d'une économie mixte culturelle, certes plus forte dans les secteurs patrimoniaux et des spectacles vivants que dans celui des industries culturelles. Le soutien à la "diversité culturelle" dans le cadre de la mondialisation, la volonté de favoriser l'accès à la culture au sein d'une société multiculturelle sont aujourd'hui autant de défis pour un ministère, fort d'un passé assumé, d'une administration étoffée, et dont l'action est mieux répartie sur l'ensemble du territoire.

Bibliographie

Dubois (Vincent), *La politique culturelle : genèse d'une catégorie d'intervention publique*, Paris, Belin, 1999.

Looseley (David L.), *The Politics of fun. Cultural Policy and Debate in Contemporary France*, Oxford-Washington, Berg Publishers, 1995.

Poirrier (Philippe), *L'État et la culture en France au XXe siècle*, Paris, Le Livre de Poche, 2000.

Poirrier (Philippe) et Rioux (Jean-Pierre) (sous la direction de), *Affaires culturelles et territoires*, Paris, La Documentation française, 2000.

Urfalino (Philippe), *L'invention de la politique culturelle*, Paris, La Documentation française, 1996.

Waresquiel (Emmanuel de) (sous la direction de), *Dictionnaire des politiques culturelles de la France depuis 1959*, Paris, Larousse-CNRS Éditions, 2001.

Vocabulaire

consensus	*n.m.*	同意，一致
au sein de qch.		在……内部，在……中间
constitutif, ve	*adj.*	组成的，构成的
mettre en perspective		看一眼
infléchissement	*n.m.*	小修正，小变动，小变化
modalité	*n.f.*	(行为、思想的)方式
manufacture	*n.f.*	手工工场
mécénat	*n.m.*	(有财势者)对文学、艺术或学术事业的资助、奖励或庇护(这个词源自 Mécène 一词，Mécène[梅塞纳]是古罗马政治家、诗人、文学及艺术事业的庇护者。)
censure	*n.f.*	(对戏剧、电影、出版物等的)审查
dialectique	*n.f.*	[哲] 辩证法
régénération	*n.f.*	复兴，改革
sous la coupe de qn.		在某人的控制(支持)下
récuser	*v.t.*	[罕]弃绝，摈弃；否认，不服；拒绝(接受)
pluralité	*n.f.*	多样，众多
instance	*n.f.*	恳求，迫切请求

légitimation	*n.f.*	承认,承认合法
centralisateur, trice	*adj.*	集中的,集中领导的
se vouer à		专心于,献身于
popularisation	*n.f.*	普及,推广,大众化
volontariste	*adj.*	唯意志论的,意志主义的
réactionnaire	*adj.*	反动的
être sous la tutelle de		受……的保护
charnière	*n.f.*	(用做同位语)中间的,转换期的
indissociablement	*adv.*	不可分开地
agissant, e	*adj.*	积极的,有效的
agonisant, e	*adj.*	临死的,濒于灭亡的
sédimentation	*n.f.*	沉淀(作用);沉降(现象)
ancrer	*v.t.*	使根深蒂固
attributions	*n.f. pl*	职权,权限
attendu	*n.m.*	(多用复数) [法]理由
postérité	*n.f.*	后代,后世
matérialiser	*v.t.*	实现,落实
porter	*v.t.*	支撑,支持
concomitant, e	*adj.*	相伴的,相随的
impératif	*n.m.*	迫切需要,绝对必要
didactisme	*n.m.*	教导的性质
amateurisme	*n.m.*	业余的身份
patir	*v.i.*	吃苦,受罪;不景气
transversalité	*n.f.*	横向联合
préconiser	*v.t.*	提倡,主张
septennat	*n.m.*	七年任期
synergie	*n.f.*	协同,合作
Copernicien, ne	*adj.*	(支持) 哥白尼学说的 (Copernic 哥白尼[1473—1543],波兰天文学家,曾创立"日心说"。)
contempteur, trice	*n.*	轻视、鄙视……的人
hagiographe	*n.*	美化传记主人公的传记作者;赞美者

Questions

1. *Comment l'Etat a-t-il pesé sur la production culturelle aux XVIIe et XVIIIe siècles?*
2. *Selon Malraux, où est la frontière entre la mission de l'Education natinale et celle du ministère des Affaires culturelles?*
3. *Enumérez quelques missions du ministère de la culture selon le décret du 10 mai 1982.*

第四课　国家及其文化政策

菲力普·布瓦里叶

1959年,第五共和国刚成立不久,戴高乐将军把法国新设立的文化事务部委托给作家安德烈·马尔罗。与此同时,一项真正的国家文化政策诞生了。这个管理机构虽然年轻,但它仍然可以依靠这一令人无法忘怀的宝贵遗产,即"建立在理论和法典基础上的悠久历史"。

今天,在公众舆论中,文化政策已经得到广泛认同。它经常作为法国特色的一个组成部分,展示在世人面前。我们首先看一下马尔罗10年中推行的这项政策的特点,再来研究此后30年中这一政策发生的主要变化。

昔日的国家干预

从1815年到1875年，在革命的暴力和破坏下，出现了五个政体频繁更替的状况。尽管组建一个稳定的政府困难重重,但历届政府都始终不渝地坚持了有利于发展文化艺术的政策。超越于政治制度和这一部门的管理模式之上的艺术和文化的财富,被看做是实现民族团结和同一性的强有力的保证，因此得到了历届政府的不懈支持。17世纪和18世纪时,在成立艺术院校(音乐、美术……)和皇家手工艺工场(壁毯、瓷器)的时候,国家采取皇家庇护和资助以及审查的手段,对文化产品施加影响。大革命的10年奠定了法国文化特殊性的基础。在保护和"破坏"(毁坏艺术品)之间的辩证关系中,诞生了"民族财富"这一概念。试图改造民族意志的艺术政策遭到了失败。然而,某些主题，例如崇拜伟人，某些实践，例如国家会考，本来就是共和制的传统。在1799—1804年的执政府时期和帝国时期,文化被置于皇帝拿破仑一世的控制之下,完全听命于他的意旨。革命的遗产虽然没有被全部摈弃,但已受到严重破坏。

第一个民族财富政策被七月王朝(1830—1848)进行了新的诠释。在建设一个由国家严密控制的文化机关的过程中,设立一个"历史遗迹"管理部门一度成为了一切问题的关键。它的主要目的在于巩固建设中的民族文化,实质上其初衷并不是要实施民主。

第三共和国崇尚自由的艺术方式,这种方式致力于发展美感,并使国家的艺术天才受到尊重。两种倾向得到了确认:国家从私人和商业的艺术领域撤出,承认艺术生活的多元性,承认艺术市场是衡量艺术品价值的主要途径。在一个永远是权力集中化的国家中,文化政策应该优先支持艺术教育和保护民族财富,力求实现为公众服务的艺术使命。

人民阵线(1936—1938)对这种自由化的逻辑,作了一些修正,强调了国家进行干预的合法性,并且提出使精英文化走向大众化的前景。它的唯意志论的政策,得到了法国共产党和为数众多的社团运动的广泛支持。维希政权(1940—1944)把这些倾向纳入了国民革命的反动纲领:加强行政建设,扩大国家的影响力。法国光复时,面对形同虚设的行政管理,以及教育部监管下艺术部门预算拮据的局面,即使把文化权利写入宪法,也只是一纸空文。

当代人认识到在文化问题上,国家必须具有影响力,这种认识是在1935—1958年之间的转折期形成的。在上述三个时期,设立文化管理部门的意图得到了加强。

文化与全民族的政治与国民意识的觉醒是紧密相关的。这一观念是由几个强有力的少数派人物提出来的,他们或多或少都与国家机器有关,经常是接近或来自人民教育系统的。然而奄奄一息的第四共和国的最高权力机关和政党,根本没有把文化政策放在真正的优先地位。所以,著名作家安德烈·马尔罗——这位著名的反法西斯英雄——承袭了文化机构中长期积淀的营养和无比丰富的实践经验。

文化政策的创立(1959—1969)

1959年,国家主要在组建文化事务部方面做了工作。1959年2月3日的总统令,把原属工业部和全国教育部的职权交给了马尔罗。1959年7月22日,安德烈·马尔罗接受了法国文化事务部长职务。最初,交给部长的使命中没有艺术部门。1959年7月24日的总统令指出:“负责文化事务的部门机关,其任务是使人类的、首先是法国的主要成就,让尽可能多的法国人受益,确保我们的文化财富具有最广泛的支持者,对艺术作品的创造和丰富创造艺术的精神应该给予有利支持。”

通过这项奠基性的总统令所指明的方向,对于民主的要求最终取得了辉煌胜利。在这个意义上,马尔罗推动的政策,无疑被保留在了人民阵线者的心里。最根本的方面是,对平等的关注和文化民主的愿望已深入人心。马尔罗的文化政策符合福利国家的逻辑,即“要使人人都能平等地进入、参与并融入文化福利的环境中去”。为了实现这一愿望,文化部实施了两项政策:使全体公民进入文化事业,加大对艺术家的社会福利保护范围。更进一步的是,戴高乐共和国式的现代化逻辑影响了文化政策,国家通过领导、促进和规范,发挥它的领导作用。从1961年起开始实施的计划便源自这一逻辑。

马尔罗认为,把人们聚集在一个以理性为主导的社会中,是只有艺术才拥有的美德。1959年12月,他在上议院的讲台上强调,他希望实现与意识形态的决裂。他说:“分界线在什么地方?国家教育部告诉我们:我们应该做的,是要使它存在。简而言之,使人们知道拉辛,那是大学教育的事,使人们喜爱拉辛的戏剧,是戏剧工作者的事。我们的工作，是要让人们热爱人类的天才，尤其是法国的天才，而不是让人家知道这些天才。介绍这些天才的事应该由大学去做。可以说，爱，属于我们。”一个双重的拒绝，标志着与国家教育的分野。一个拒绝是艺术认知的民主化，另一个拒绝是一切从属于教学范畴的事务。进入文化，要通过艺术作品和公众的直接参与，才能获得真正的发现和融合。优秀的文化创作，必须摈弃教导的性质以及人民教育社团那种业余爱好者不认真的态度。另外，与美术院校的决裂，表现为对先锋派的支持和对学院派思潮的抵制。

然而，文化事务部依然是实力不强的部门。在组建方面遇到的困难，一方面是预算不足，另一方面是要和财政部及教育部进行连续不断的斗争。1968 年的五月风暴动摇了文化事务部。极左派把矛头指向文化民主化的神话，现行秩序的维护者指责国家支持一些有颠覆国家嫌疑的艺术家。在艺术创作者和文化部之间的同盟中产生了一定程度的破裂。更为不利的是，在确认大众文化和消费的时刻，文化事务部对文化企业没有给予足够的重视。另外，和人民教育的脱钩加强了传播精英文化的逻辑，而这种精英文化与绝大多数法国人的文化活动几乎毫无关系。过于集中的文化事务部在全国各地影响甚微，即使有几家“文化之家”，也是在历经曲折之后，才与地方政府建立某种伙伴关系。

笼罩着文化发展的氛围(1969—1981)

20 世纪 70 年代，中央各部动荡不安，文化事务部也处于风雨飘摇之中。1971 年，第四个国家发展规划报告记录了文化民主的失败，它指出了文化部资金不足的问题，也强调了在能力有限范围内所进行的创新努力。在这种状况下，“发展文化”的概念要求应对这一失败以及 1968 年五月运动所引起的动荡问题进行反思。杜阿梅尔部长(1971—1973)为法国文化现代化作出了努力：他支持部内横向联合，部际之间进行前景合作，从而使文化事务部的预算获得显著提高，并同时确认了地方政府的地位。

总理雅克·沙邦-戴尔马“新社会”的第三部分和安德烈·马尔罗所钟爱的文化行动理论发生了深刻的决裂。如果说“文化”的民主化依然存在，但它的概念已被两种新的理念所修正：普遍接受精英文化的观念受到质疑，承认达到民主化有多种途径，代替了美学冲突的必然性。国家应该保持至高无上的地位，支持文化传播而拒绝市场经济的做法。杜阿梅尔的文化政策，虽然起到了奠基的作用，但雅克·沙邦-戴尔马的政治失败，使这项政策大打折扣。

1974 年起，一种自由主义逻辑的导入使国家对文化事业的投资大为减少，甚至连共和国总统瓦烈里·吉斯卡尔·德斯坦也对这一新政策表示漠不关心。虽然，在米歇尔·纪担任文化国务秘书时期(1974—1976)，专业人士称这一时期为“文化之春”，但无形之中，自由至上的逻辑削弱了文化部为广大公众服务的使命。这一时期，城市的文化政策得到了发展，这些城市在不同程度上都和国家强调的发展方向不无关系。在总统七年任期结束的时候，“文化国家”依然相当虚弱，只在保护民族文化方面做了一些工作。使文化界专业人士深为不满的是，政府不再把文化政策放在优先地位。

文化的必要性(1981—1993)

1981 年,左派上台引起了三重分裂,主要表现在文化部预算额度翻了一番。文化部长雅克·朗得到了共和国总统弗朗索瓦·密特朗始终不渝的支持,他知道如何去实现这种巨变。此外,在文化和经济之间进行合作的要求,可以被视为涉及社会主义文化政策的一场哥白尼革命。各个地区的政策都从这些数量与质量的分裂中获益。“大工程计划”也是文化政策得到总统首肯的证明:大卢浮宫博物馆、巴士底歌剧院、音乐城……都是在这一时期建成的。当年具有奠基意义的戴高乐总统令,首次被正式更改。1982 年 5 月 10 日颁布的总统令,对文化部的使命作出了重大修正:“文化部的使命是:使全体法国人培养发明创造能力,使他们能够自由地验证自己的才华,并能按其志愿受到艺术培训。为了整个集体的共同利益,保护全国和地方以及不同社会集团的文化财富,为艺术作品和艺术思想的创造提供支持和帮助,并使这些作品具有广大支持者,在世界文化的自由对话中,促进法国文化艺术的发展。”

这项新法令,无疑承袭了马尔罗的精神,但又作了十分明显的修正:主要表现在文化民主化让位于个人自由发展,在尊重地方、国际或社会文化遗产的前提下进行创作,对过去认为是不入流的文化活动(连环画、摇滚音乐……)给予有争议的承认。如果说,文化范畴的扩大引起了观察家们的注意,在文化和经济之间的结合,也同样引人瞩目。对文化企业的支持,赋予文化政策一种与经济和企业政策同样的规模。中央管理机关逐渐以某种双重面目出现:一方面,是艺术家、艺术单位和艺术行业的部机关,另一方面,也是文化企业的部机关。90 年代初,左派的文化政策受到了十分激烈的批评。

国家预算中的文化预算份额①(1980—2001)

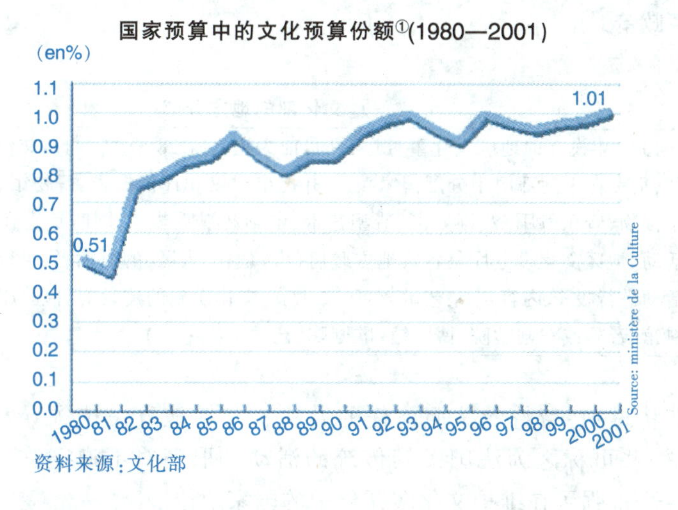

资料来源:文化部

文化政策的重新制定(1993—2001)

1993 年右派重掌立法权之后,雅克·杜朋推行的文化部政策,很快就步了雅克·朗的后尘。其政策有三条纲要:领土整治是政府公布的一项优先政策,使全体国民关注文

① 文化部预算来自其他部(外交部、教育部)的资金,用以支持国家在文化方面的投入。2001 年,文化部的预算高达 1 672 000 万法郎(即 254 918 万欧元),而 1957 年,却仅有 14 500 万法郎。

化事业和受到文化教育，加强法国在国外的文化活动。

1993年秋，在大多数公众舆论和政党广泛认同的基础上，展开了关于"文化特殊性"的讨论。人们普遍认为，文化财富和文化服务不能按商品那样对待。由此我们可以看出，即使当时的财政状况已大不如前，文化也不再受到政府的优先关注，但是右派上台并不影响文化政策的连续性。可是，得不到总统支持的文化部，财政状态每况愈下，已经无法应对财政部的要求。这种状况与雅克·朗部长的两年辉煌时期相比，实在不可同日而语：当年文化部的预算与日俱增，又得到了总统的鼎力相助。

1995年总统大选后，文化政策问题被抛到九霄云外。新上台的右派政府文化部长菲力普·杜斯特–布拉吉声言，要考虑对文化部的政策进行必要的重建。1996年10月，呈报部长的里格报告，再次确认文化行动为大众服务的法国模式的合法性。国家的地位被有力地提了出来，但它是在考虑到与地方政府进行协调的条件下，以政府行为的方式提出来的。恢复文化部的财政能力也势在必行。报告指出，财政部对政府的文化开支采取的敌对或不信任态度是完全错误的。文化和艺术教育，作为一项"民族事业"被提到日程上来。报告最后指出，当务之急是要协调好各项针对文化企业的政策。1997年春，立法选举和左派政府的到来，终止了"重建"文化政策的进程。

文化与通讯部的新部长卡特琳·特劳特曼女士，承袭了前任部长开展的活动。管理现代化伴随着一项"重建预算"。同时，文化部也加快了"地方分权"的步伐，即把职责和经费分散到大区中的地方部门，同时，加强了与各级地方政府间的合同式协作，从而使地方政府管理三分之二的国家文化投资。在各类合同中(国家和大区计划合同、居民聚集区合同、国家合同、在新的伙伴形式中与演出单位签订的使命公约)，都体现了这一政策。

文化部的地方分部

1977年设立的地区文化事务厅，到目前为止已有28个。它们是文化部设在大区中的分部，负责在下列部门中分配国家拨款，并提出建议和评价报告：博物馆、文化遗产、文献、书籍读物、音乐舞蹈、戏剧演出、造型艺术、电影和视听艺术，同时负责在当地协调大型文化活动。地区文化事务厅是各级地方政府(市镇、省、大区)的对话者，可以和国家联合对一些活动进行投资，内容包括：艺术教育、文化节、文化设施的建设与管理(剧场、图书馆、音像资料馆、音乐或戏剧学院、博物馆、歌剧院、艺术中心……)

卡特琳·特劳特曼按照前任的做法，支持地方民选领导对于民间艺术的态度(资助一些可称之为法国民族传统的活动，取消对不遵循这一路线文化机构的补贴……)，加强了在维护文化多元化中的国家地位。

2000年3月，卡特琳·塔斯卡接任文化部长，在三个方向上推进她的工作：促进文化多元性，创造进入文化的条件，推动地方分权化向纵深方向发展(签订了"文化地方分权意向书")。

针对法兰西式的文化政策，"在轻蔑者和赞美者之间进行的对话"始终占据着媒体的舞台。当前进行的主要论战，都在不同程度上与"世界一体化"有关，对法国的文化政策提出了新的挑战。因为,今天的文化部门,饱受大多数文化企业领域中经济至上逻辑之苦,而在这一领域中,跨国企业的数量与日俱增。

在法国文化政策形成过程中,20 世纪 60 年代,始终是一个关键时期。然而,法国“文化之国”的地位,没有因为诋毁者企图加在它身上的不实之词而受到动摇。即使在雅克·朗部长那些辉煌的岁月里,地方政府的高昂积极性导致对国家唯一影响力表现出细微的区别。法国的特征是,文化与经济的混合状态无时不在、无处不在,这在民族遗产和演出部门中,比在文化企业中表现得更为突出。在世界一体化的框架内对文化多样性的支持,在多元文化社会中对参与文化进入的支持,在今天对于具有悠久历史的法国文化部似乎更具挑战性。依靠异常丰富的管理经验,它的文化行动已经更加合理地遍及全部法国领土。

LEÇON 5

La politique de la famille

Les premiers débats sur la nécessité d'une politique de la famille sont apparus en France dès le XIXe siècle. Ils ont abouti en 1939, à la formulation du code de la famille qui, pour la première fois, a institutionnalisé l'existence d'une réelle politique familiale et, notamment, la réforme des allocations familiales. Cette politique sera intégrée dans le système de Sécurité sociale et considérablement élargie par les ordonnances de 1945. Aux objectifs natalistes et "traditionalistes" d'avant-guerre viennent progressivement s'ajouter des préoccupations sociales, avec la création du quotient familial dans la loi de finances du 31 décembre 1945, qui répond à un souci de justice redistributive, puis en 1946, lorsque les allocations familiales sont indexées sur un salaire de référence et massivement majorées. Plus tard, les années 70 marquent un nouveau tournant avec l'introduction de la mise sous conditions de ressources de certaines prestations sociales. Dès lors, la politique familiale s'adresse prioritairement aux familles les plus démunies.

Aujourd'hui, la politique familiale a dû s'adapter aux changements profonds que connaît la famille. En effet, le modèle des années 60, fondé sur le mariage et les enfants s'est progressivement modifié et tend à s'effacer au profit de plusieurs modèles, issus des mutations de la société, à l'œuvre depuis 30 ans. Il s'agit, en premier lieu, de la baisse du nombre de mariages et de l'augmentation des unions libres. En effet, le nombre de mariages a diminué de 39 % entre 1972 et 1992, si bien que le taux de nuptialité est passé de 6,2 pour mille en 1980 à 4,9 en 1997. Parallèlement le nombre de couples non mariés est devenu considérable (4,2 millions de personnes sur les 29,4 personnes vivant en couple). L'augmentation des divorces et des séparations constitue le second trait majeur des deux dernières décennies : on compte 22,5 % de divorces en 1980 pour 38,3 en 1996.

Ces deux évolutions s'accompagnent d'une augmentation des familles monoparentales, c'est-à-dire des ménages constitués par un parent et un ou plusieurs enfants, et des familles recomposées, c'est-à-dire des ménages constitués par un couple dont l'un des conjoints au moins a un passé matrimonial et la garde d'un de ses enfants. D'après une étude de l'INSEE de 1996, il existe en France 15 % de familles monoparentales, dont l'écrasante majorité est dirigée par une femme. Ces femmes isolées avec des enfants connaissent une précarité importante, avec un taux de chômage de plus de 20 % et de faibles revenus pour celles qui ont un emploi.

D'autre part, la baisse de la fécondité (1,9 enfant par femme en 1980 ; 1,7 en 1999) et l'augmentation du nombre de naissances hors mariage (11,4 % des naissances en 1980 ; 37,6 en 1996) constituent également des changements importants.

Enfin, l'augmentation du travail salarié des femmes et par conséquent des couples où les deux conjoints ont une activité professionnelle est venue bouleverser le modèle conjugal, par l'accès progressif des femmes à un statut d'égalité avec les hommes au sein du couple et à l'atténuation du lien systématique effectué entre l'homme et le chef de famille.

La politique familiale française d'aujourd'hui se doit de tenir compte des visages divers de la famille en étant présente dans l'ensemble des politiques publiques. C'est la raison d'être du ministère délégué à la Famille et à l'Enfance créé en mars 2000 et précédé par la Délégation interministérielle à la famille.

Les dispositifs existants visent à aider toutes les familles, tout en concentrant des efforts particuliers sur les familles à faibles ressources et sur les familles nombreuses, avec trois objectifs majeurs : l'équité sociale, par des aides fiscales ou sociales de compensation des charges de famille ; la redistribution par le développement de prestations sous conditions de ressources et le renouvellement des générations.

Ainsi, les prestations familiales, que gèrent les caisses d'allocations familiales (CAF), constituent, en quelque sorte, un revenu de complément compensant une partie des charges supportées pour élever les enfants. En outre, l'action sociale des caisses, qui s'inscrit dans la politique familiale, est centrée sur la famille et les enfants.

Toutefois, les prestations familiales, composantes peut-être les plus visibles et donc les plus connues de la politique familiale, sont loin d'en constituer le seul élément.

D'autres dispositions ont des conséquences importantes en matière de redistribution des revenus entre ménages de caractéristiques différentes : le quotient familial conduit à ce que le calcul de l'impôt dépende de la composition familiale. Les pensions de vieillesse peuvent faire l'objet de majorations pour les mêmes raisons. Enfin, l'aide sociale, qui constitue l'essentiel des dépenses départementales d'action sociale, apporte une aide aux familles et aux enfants en difficulté.

Au cours de ces dernières années les priorités de la politique de la famille se sont inscrites à l'occasion des Conférences annuelles de la famille. Ces rendez-vous ont permis d'annoncer des mesures concrètes et d'ouvrir des chantiers et perspectives de travail pour répondre aux préoccupations majeures des familles :

- aider les parents à mieux concilier vie familiale et vie professionnelle ;
- faciliter le retour vers l'emploi des mères désirant retravailler ;
- aider les familles à mieux se loger ;
- soutenir les parents dans leur rôle ;
- adapter le droit aux évolutions des familles.

Aider les parents à mieux concilier vie familiale et vie professionnelle

La conciliation entre l'activité professionnelle et la vie familiale est devenue une question réelle au cours de ces dernières années, du fait de l'augmentation de l'activité des femmes, mais aussi de l'évolution du marché du travail. La naissance et l'éducation d'un enfant entraînent évidemment des changements dans les modes de vie d'une famille, tant au plan financier qu'organisationnel.

La politique familiale consiste ici à aider les parents à réussir dans le même temps l'éducation de leurs enfants et leur parcours professionnel. Ainsi, les sommes importantes consacrées par les prestations sociales pour la petite enfance sont-elles destinées, soit à diminuer les frais de garde, soit à permettre aux parents d'assurer eux-mêmes la garde de leurs enfants.

L'Allocation parentale d'éducation, qui représente 18 milliards de francs, est versée sans condition de ressources lorsqu'un des parents ayant exercé une activité professionnelle d'au moins deux ans décide de l'interrompre pour élever ses enfants, et à condition que l'un des enfants ait moins de 3 ans. 9 milliards de francs sont affectés à l'Aide à la famille pour l'emploi d'une assistante maternelle agréée qui s'adresse aux parents dont les enfants de moins de 6 ans sont gardés au domicile d'une personne qu'ils emploient à cet effet. 1,6 milliard est dépensé pour l'Allocation de garde d'enfant à domicile qui prend en charge une partie des cotisations sociales et patronales pour les parents qui emploient une garde d'enfant à domicile.

En outre, en 1999, la Caisse nationale des allocations familiales a dépensé 5,3 milliards pour les modes d'accueil collectifs en 1999.

Enfin, l'Allocation pour jeune enfant, de 991 francs par mois, est versée sous conditions de ressource et représente au total 17 milliards de francs par an. D'autres aides spécifiques existent, ainsi l'Allocation de rentrée scolaire, également versée sous conditions de ressources, et le Complément familial qui est versé aux familles nombreuses dont les enfants ont plus de 3 ans ; il a représenté 9,6 milliards de francs en 1999.

Toutefois, la question de la garde d'enfant en bas âge demeure souvent un problème car l'offre d'équipements d'accueil qui leur sont destinés reste insuffisante. 9 % seulement des 2,2 millions d'enfants de moins de trois ans, bénéficient des dispositifs d'accueil collectif et près d'un quart d'entre eux, soit 500 000, a recours à d'autres modes de garde tels que par le voisinage ou la famille (au sens large). Enfin, parmi ceux dont les deux parents (ou le parent unique) travaillent, moins de 20 % peuvent accéder à une place d'accueil.

Dans ce contexte, un plan de soutien à la création de places dans les établissements d'accueil collectifs de la petite enfance vient d'être lancé. Une enveloppe de 1,5 milliard de francs d'aides à l'investissement permettra l'accueil de 40 000 enfants supplémentaires dans des crèches, haltes-garderies, ou autres modes de garde innovants. Ce plan s'accompagne de la publication d'un décret concernant l'amélioration de l'accueil collectif des jeunes enfants. Il valorise le rôle des parents, clarifie les procédures d'agrément, favorise l'élargissement des horaires d'ouverture et améliore la capacité d'accueil et d'encadrement.

Le Gouvernement vient aussi de décider une réforme de l'Aide à la famille pour l'emploi d'une assistante maternelle agréée (AFEAMA) qui permettra aux familles modestes, les plus exposées aux emplois précaires et flexibles, d'avoir accès aux modes de garde individuels par nature plus souples. La réforme consiste en une augmentation modulée de la prestation en faveur des familles à revenus modestes ou moyens (soit une dépense nouvelle de 500 MF en 2001). Ce sont ainsi 100 000 à

120 000 familles qui devraient bénéficier d'une aide plus avantageuse sur les 490 000 familles actuellement allocataires. Le nombre de familles utilisatrices de ce mode de garde devrait augmenter à terme de 30 à 40 000.

Faciliter le retour à l'emploi des mères désirant retravailler

La progression de l'activité professionnelle féminine est une des mutations qui a le plus influencé les modes de vie familiaux depuis plusieurs décennies. Ce phénomène est une donnée irréversible du fait de la conjonction de multiples facteurs (hausse des niveaux de formation, maîtrise de la fécondité, évolution des mentalités, évolution des rôles des parents, nature des activités exercées...) et concerne toutes les classes d'âge et les catégories socio-professionnelles.

La progression de l'activité des femmes ayant plusieurs enfants en bas âge est forte et l'image de la "femme-mère au travail" constitue aujourd'hui une réalité.

Dans un contexte où le taux de chômage des femmes est plus élevé que celui des hommes, des difficultés sont constatées à la fin du congé parental ou de l'allocation parentale d'éducation. C'est pourquoi la Conférence de la famille du 7 juillet 1999 avait décidé de permettre aux femmes qui reprennent une activité professionnelle, après une interruption liée à la maternité, de bénéficier d'un accompagnement personnalisé ; cette mesure est effective depuis le début de l'année 2000.

Puis, la Conférence de la famille du 15 juin 2000 a décidé de mettre en place une aide incitative à la reprise d'activité des femmes qui souhaitent retravailler. Cette mesure est effective depuis le 15 juillet 2000. Elle prend la forme d'une prime de 2 000 à 3 000 F versée par l'ANPE au moment de la reprise d'un emploi salarié, de la création d'une entreprise ou d'une entrée en formation. Temporaire, elle est destinée à celles qui ont au moins un enfant de moins de six ans dont elles assuraient elles-mêmes la garde et dont la rémunération n'excède pas 8 500 F par mois. Cette aide concerne également les femmes demandeuses d'emploi non indemnisées, dont les bénéficiaires de minima sociaux (RMI, allocation de parent isolé, allocation veuvage), les femmes bénéficiaires de l'allocation spécifique de solidarité ou de l'allocation d'insertion.

En outre, l'Allocation parentale d'éducation, est maintenue temporairement en cas de reprise d'activité. Pour faciliter le retour à l'emploi grâce à une durée d'éloignement moindre du marché du travail, ce dispositif est fondé sur le cumul de l'allocation et d'un revenu d'activité, pendant une durée de deux mois entre le 18e et le 30e mois de l'enfant.

Aider les familles à mieux se loger

Parce que le foyer est indispensable à une vie de famille équilibrée, le Gouvernement a pris des mesures pour aider les familles à mieux se loger et pour simplifier les aides au logement.

Les aides personnelles au logement (versées à 6,3 millions de ménages pour un coût annuel de 80 milliards de francs) permettent d'alléger la dépense de logement des ménages défavorisés ou modestes. Toutefois, elles étaient fondées, jusqu'à une période très récente, sur un dispositif complexe et inéquitable, les revenus du travail étant traités de façon moins favorable que ceux des minima sociaux. Ainsi par exemple, un célibataire ayant un emploi à temps partiel, dont le salaire est équivalent au niveau du Revenu minimum d'insertion (RMI) perçoit une allocation inférieure à celle d'une personne sans emploi, bénéficiant du RMI.

Aussi, dans le cadre de la Conférence de la famille du 15 juin 2000, le Gouvernement a-t-il décidé d'instituer un barème unique des aides au logement qui fera bénéficier les ménages modestes d'une amélioration sans précédent de ces aides. Ce barème unique permettra un traitement unifié des ressources quelle que soit leur nature.

Pour 1,2 million d'allocataires, le gain mensuel sera supérieur à 200 F. Il sera compris entre 50 et 200 F pour 1,6 million d'entre eux. En moyenne, le gain annuel sera d'environ 1 300 F par allocataire, soit une augmentation de plus de 10 % de l'aide versée.

Près de 4,8 millions de locataires seront concernés par cette mesure dont le coût total est estimé à 6,5 milliards de francs.

Aider les parents à mieux exercer leurs responsabilités

Le rôle des parents est capital dans l'épanouissement des enfants, dans la construction de repères et dans la transmission de valeurs qui leurs sont indispensables. Ce rôle est difficile à tenir, en particulier lorsqu'il se conjugue avec des difficultés d'ordre financier, social ou personnel. Aussi, les pouvoirs publics français ont-ils mis en œuvre une série de mesures afin d'aider les familles à remplir ce rôle éducatif dans les meilleures conditions possibles, parce qu'au-delà de l'école, l'éducation repose sur la spécificité de la relation entre chaque parent et chaque enfant.

Lors de la Conférence de la famille du 12 juin 1998, le Gouvernement s'est ainsi engagé à développer des "réseaux d'écoute, d'appui et d'accompagnement des parents" dont l'objectif est de répondre aux besoins concrets des familles et de soutenir les parents dans l'exercice de leurs responsabilités éducatives. Ces réseaux ont été mis en œuvre par la circulaire et la charte du 9 mars 1999. Il s'agit de structures permettant aux parents d'échanger leurs expériences et de bénéficier du soutien de professionnels (psychologues, puéricultrices, assistantes sociales, enseignants, etc.), notamment pour la prise en charge de certains dysfonctionnements familiaux ou des difficultés de l'enfant, mais aussi afin de développer la médiation familiale. Les premiers bilans montrent que ces réseaux répondent bien aux objectifs qui leur avaient été fixés.

Aider les parents, c'est aussi veiller à faciliter l'implication des familles dans l'école. Depuis 1989, les parents sont considérés comme "membres de la communauté éducative" et sont, à ce titre, partenaires de l'institution scolaire grâce à leur participation effective dans les instances administratives et pédagogiques. Depuis 1999, des dispositifs se mettent en place afin d'informer les parents et de mieux les associer au suivi et à l'orientation scolaires, à la lutte contre l'échec scolaire, mais aussi aux politiques de prévention de la violence à l'école. La santé scolaire et l'aménagement des temps scolaires et périscolaires sont également des domaines où l'intervention des parents est favorisée.

Le contact entre les parents et les services publics qui accueillent des enfants ne doit cependant pas se limiter à l'école. Depuis la conférence de la famille du 7 juillet 1999, une dimension "politique familiale" est intégrée à la politique de la ville, à la formation des travailleurs sociaux et dans le fonctionnement de la Protection judiciaire de la jeunesse.

D'autre part, le fait de pouvoir accorder du temps à ses enfants est, dans tous les cas de figure, une exigence première. Cet aspect prend un caractère impératif dans les cas extrêmes, notamment lorsqu'un enfant tombe gravement malade. La présence d'un de ses parents à ses côtés, de façon permanente ou quasi permanente est souvent indispensable.

C'est pourquoi, la Conférence de la famille du 15 juin 2000, a proposé de créer "un congé de présence parentale" assorti d'une allocation, dans les cas d'enfants gravement malades nécessitant des soins et une présence auprès de l'enfant. Son montant sera de 3 000 F par mois en cas de suspension totale de l'activité, de

1 500 F, en cas de passage à une activité à 80 % et de 2 000 F en cas de passage à une activité à 50 %. La durée du congé et de l'allocation serait de trois mois renouvelables. À ce terme, l'allocation d'éducation spécialisée, qui existe déjà prendra le relais.

Enfin, la Conférence de la famille du 15 juin 2000 a décidé de mettre en œuvre de manière effective le principe de l'autorité parentale partagée et la valorisation du rôle des pères, qui bien que juridiquement établis, rencontrent des difficultés d'application sur le terrain.

Adapter le droit aux évolutions des familles

Le Gouvernement présentera avant la fin de l'année 2000 les projets de loi nécessaires à une réforme du droit de la famille pour l'adapter aux évolutions de la cellule familiale. Il répondra ainsi, aux attentes des juristes et des justiciables pour rendre le droit de la famille plus simple et plus lisible, plus adapté aux modes de vie sociaux et familiaux et pour fixer des repères pour les évolutions à venir.

Les propositions sont le fruit des rapports d'experts et de parlementaires et des consultations faites par le ministère de la Justice, dans les milieux judiciaires et associatifs. Elles porteront sur quatre grands domaines : la filiation ; le mariage ; le divorce et l'organisation de la vie familiale.

En matière de filiation, il s'agira d'aboutir à une égalité totale des droits entre les enfants, en supprimant les distinctions entre filiations légitime, naturelle et adultérine. Ainsi, le statut des enfants ne résultera plus des choix de vie de leurs parents au moment de la naissance.

Il conviendra aussi de faciliter l'établissement de la filiation de l'enfant, notamment en valorisant les reconnaissances d'enfants nés hors mariage (privilégier les reconnaissances conjointes, consacrer l'acte de reconnaissance) et en harmonisant les délais applicables aux actions judiciaires relative à la filiation.

En matière de mariage, le changement de régime matrimonial ne serait plus soumis à homologation judiciaire, tandis que les libéralités entre époux seraient dorénavant irrévocables.

En matière de divorce, la réforme tendrait à simplifier la procédure et à supprimer ce qui, en cours d'instance, génère des conflits entre époux.

En matière d'organisation de la vie familiale, les accords entre parents ou entre époux seraient valorisés, par exemple, par le biais d'un plus fréquent recours à la médiation familiale et par la possibilité de décider de la résidence alternée des enfants de parents séparés.

Par ailleurs, en ce qui concerne la recherche des origines, le ministère délégué à la Famille et à l'Enfance poursuivra la réflexion et les consultations entreprises sur la réversibilité du secret des origines, sur les cas et conditions dans lesquelles pourraient être organisés, limités, ou levés ces secrets. Un Conseil national des origines pourrait être créé. Cette réflexion, indépendante de la question de l'établissement de la filiation est effectuée en relation avec les associations de pupilles, des femmes ayant accouché sous X (c'est-à-dire dont le nom n'apparaît pas sur l'acte de déclaration de la naissance de l'enfant), des familles adoptives, des juristes, sociologues et ethnologues...

En conclusion

La politique familiale française d'aujourd'hui est transversale et multiforme. Elle a, au-delà d'un ensemble de prestations, d'allocations et de mesures de redistribution, l'ambition d'aider tous les parents à assumer leur rôle. Elle s'adresse aux familles en prenant en compte la réalité de leur diversité et de leurs mutations.

Outre l'État, la politique familiale implique les organismes de Sécurité sociale, les collectivités territoriales (communes, départements, régions), les associations et les partenaires sociaux. Elle est mise en œuvre, aussi, par de nombreux professionnels. Tous sont impliqués dans une politique partenariale, sous l'impulsion d'un Gouvernement qui constitue une force de propositions et de réformes d'envergure.

Vocabulaire

institutionnaliser	*v.t.*	使制度化;巩固
ordonnance	*n.f.*	法令,条例
nataliste	*adj.*	鼓励生育的
majorer	*v.t.*	提高,增加(金额)
majoration	*n.f.*	价格的提高
prestation	*n.f.*	(由国家拨付的)补助金
nuptialité	*n.f.*	结婚率
équité	*n.f.*	公正性,公道

le quotient familial		[税] 家庭人口商数(计算所得税时使用)
halte-garderie	*n.f.*	半日制托儿所
puéricultrice	*n.f.*	保育员
implication	*n.f.*	结果,影响;参与
filiation	*n.f.*	亲子关系
adultérin, e	*adj.*	婚外的
homologation	*n.f.*	[法] 认可
libéralité	*n.f.*	慷慨,大方;赠送品
irrévocable	*adj.*	不可收回的,不能改变的
médiation	*n.f.*	调解
réversibilité	*n.f.*	[法] (年金、地产等的)可转换性,可复归性
pupille	*n.f.*	由政府或社会团体收养的儿童

Questions

1. *Quelles sont les grandes évolutions que connaît la famille au cours des deux dernière décennies en France?*
2. *Quelles mesures ont été prises par le gouvernement français pour aider les parents à mieux exercer leurs responsabilités?*

第五课　家庭政策

早在 19 世纪，关于制定一项家庭政策的必要性问题，已经在法国开展过讨论。1939 年,终于出台了一部家庭法典。这部法典把真正的家庭政策,特别是改革家庭补贴问题,第一次纳入制度化轨道。这项政策,后来被纳入社会保险制度。1945 年颁布的有关条例又大大扩展了它的范围。不断的社会关注,逐步推进了战前传统的鼓励生育政策。1945 年 12 月 31 日颁布的金融法中,首先提出了家庭商数,这是符合再分配合理性原则的。1946 年,家庭的补贴数额开始以工资作为指数计算,因而得到大幅度的提高。后来,由于把社会补贴也列入部分家庭收入的措施出台,70 年代成为了新的转折点。从此之后,家庭政策优先考虑的对象就是最贫困的家庭。

今天的家庭政策,不得不适应家庭经历过的深刻变化。事实上,60 年代那种结婚生孩子的模式已逐步发生变化,社会变革造成的多种模式,已经成为当前的主要趋势。

这种社会变革实际上已经延续了三十年。首先,是结婚的数量下降和自由结合的增长。1972年到1992年间,结婚人数下降了39%,以至于结婚人数千分率从1980年的6.2‰下降到1997年的4.9‰。同期,非婚伴侣的数目剧增(420万被调查的人中有29.4%未婚同居)。第二个引人注目的特点是,近二十年中,离婚和分居的人数增加很多。1980年离婚率为22.5%,1996年升至38.3%。

这两种变化伴随着单亲家庭的增多(即父母一方带着一个或几个孩子)和重组家庭的增加(即组成家庭的伴侣,至少其中一方已婚并带着至少一个孩子)。据1996年全国统计及经济研究所的调查,法国有15%的单亲家庭,其中绝大部分是由妇女带领的。这些单身女人带着孩子,过着朝不保夕的日子。这些女人的失业率在20%以上,那些有工作的人收入也微不足道。

另外,重要的变化表现在怀孕率下降(1980年每个妇女有1.9个孩子,1999年为1.7个孩子)和婚外出生儿童数量增多。

最后是工薪妇女人数增加,所以夫妇都有职业活动的数目增加,打乱了传统的家庭模式,妇女逐步在家庭内部取得和男人平等的地位,削弱了男人与家长之间的传统联系。

今天的法国家庭政策,必须考虑到在全部国家政策中,体现出家庭多种面孔的特点。因此,2000年3月,国家设立了家庭儿童部,其前身是部署家庭专门委员会。

国家的现行机制是帮助全部家庭,重点支援低收入多子女家庭,其中要达到三个主要目标,即:通过税收和社会援助,补偿家庭负担,达到社会公正的目标;通过有条件地发展津贴制度,实现社会资源的再分配;最后是更新换代。

由家庭补助银行管理的家庭津贴,从某种意义上讲,是补偿培育子女所付出的部分负担之补充收入。上述银行的社会行动,要集中在家庭和孩子身上,这一点已写入家庭政策。

然而,家庭津贴可能最令人瞩目,因而也最为著名,但它远不是家庭政策的唯一内容。

为了在不同特点的家庭之间进行收入再分配,其他措施也产生了重大影响。出于同一原因,可能会提高养老金金额。最后一点是,各省在社会行动方面,开支的主要部分是社会救援,它确实为困难家庭和儿童提供了有效的帮助。

近几年中,家庭年度大会已把家庭政策列为首要议程,可以借此机会宣布将要采取的具体措施和即将开展的工作及其前景,以便回答全体家庭的热切关注:

- 帮助父母协调好家庭生活和职业生活,
- 帮助渴望工作的母亲重新找到工作,
- 帮助家庭改善住房条件,
- 支持父母履行义务,
- 使法律适应家庭的发展变化。

帮助父母协调好家庭生活和职业生活

鉴于妇女参加工作的人数增加和劳动市场的变化,协调好妇女家庭生活和职业生活，近年来变成了一个十分现实的问题。一个孩子的出生和教育，无论从开支，还是从家庭组织方面，必然引起家庭生活方式的明显变化。家庭政策就是要帮助父母，在子女教育和他们的职业生活两方面同时获得成功。因此，为婴幼儿发放的社会津贴数额相当可观，它既可以用做儿童看管费用，也可以让父母承担自己孩子的看管任务。

总额为180亿法郎的父母教育津贴，不管家庭收入多少，只要父母一方从事过至少两年的职业活动，决定停止工作培养自己的孩子，而且孩子之一不满三周岁，都可以领到这份津贴。目前，国家已为那些家中有六岁以下的孩子、雇用幼儿护理员的父母，支付了90亿法郎。在为那些在家中使用儿童护理员的父母提供社会补贴和雇主赞助费方面，家庭补助基金承担了其中一部分，目前已支出16亿法郎。

此外，1999年，法国家庭补助基金，还为托儿所支付了53亿法郎。

这项补助基金为贫困家庭儿童每月补贴991法郎，全年总支出170亿法郎。此外还有一些特殊帮助，像开学补助，也是按收入条件发放。对已超过三岁的多子女家庭还有一种家庭特别贴补，1999年这笔补贴总额为96亿法郎。

然而，幼儿看管问题依然未能得到妥善解决。托儿所的接待能力依然不足，220万不满三岁的孩子中，仅有9%可以入托。四分之一即近五十万幼儿，要依靠其他托管方式，如邻居或家庭(广义上的家庭)。在那些父母双方(或单亲家庭)都工作的孩子中，入托率不足20%。

法国政府对雇用有资格的幼儿托管员的家庭帮助系统，进行了一项改革，它使那些最无保障使用托管员的贫困家庭，有能力采用性质更灵活的单独托管方式。改革对微薄和中等收入的家庭，根据具体情况提高津贴(2001年的预算开支为五亿法郎)。在目前49万接受补助的家庭中，将有10—20万家庭享受更加优厚的补贴。采用这种托管方式的家庭将会如期增加3—4万个。

帮助渴望工作的母亲重新找到工作

几十年来，女性职业活动的进展是对家庭生活方式影响最大的变化之一。由于多种因素(教育水平的提高、对怀孕的控制、思维方式的改变、父母角色的变化、从事职业的性质，等等)交汇在一起，这一现象已形成不可逆转之势。而且，它涉及所有的年龄段和各界社会职业人士。

有数个低龄孩子的妇女参加工作的人数越来越多，“妈妈上班型妇女”形象今天已成为现实。

妇女失业率比男人高，在产假或亲属教育补助结束后，妇女遇到的困难是相当多的。所以1999年7月7日的家庭大会，决定让那些因生育而一度中断现又恢复工作的妇女，享有使用一名专职托儿员的补贴，这一措施已从2000年初开始实行。

此后，2000年6月15日的家庭大会，决定设立一项鼓励性帮助给予那些希望重新工作的妇女。从2000年7月15日起，这项措施也已落实。这项鼓励性帮助，具体化为由全国就业办事处发放奖金2000至3000法郎。在重返付酬工作岗位时，在成立一家企业时，或在进入职业培训时，即可领取这份奖金。这项帮助是临时性的，只给那些有至少一个不满六岁由自己看管的小孩，而且每月工资不超过8500法郎的妇女。这项帮助也涉及那些未领补助金，只享受最低社会救助(单亲补贴，孀居补助)的求职妇女，也包括享受特殊连带补助和附着补助的妇女。

另外，亲属教育补助金，在重返工作时，仍可继续领取一段时间 。为使妇女重返工作岗位更加容易，鉴于离开劳动市场时间不长，这项措施以累积的补贴数额和职业收入为基础，在孩子 18 个月到 30 个月之间，继续发放两个月。

帮助家庭改善住房条件

住房对于家庭生活的稳定至关重要，所以政府为帮助家庭解决好住房问题简化住房补助办法，采取了措施。

个人住房补贴 (每年 800 亿法郎，发给 630 万个家庭)可以帮助贫困或不富裕家庭减轻住房支出负担。但直到最近，这一补贴建立在一个既复杂又不公平的机制上，对有工薪收入的人，计算方法比社会最低收入者更加不利。例如，一个半日工作的单身汉，工资相当于享受最低收入补助者水平，但领取的住房补贴，却低于一个没有工作、但享受最低收入补助的人。所以，在 2000 年 6 月 15 日的家庭大会框架内，法国政府决定实行住房补贴统一计算表，这会使不富裕家庭得到的补贴有史无前例的改善。这个统一计算表可以对无论什么性质的收入进行统一处理。

120 万领取补助者每月可收入 200 法郎以上。对 160 万领取补助者，每月收入在 50 至 200 法郎之间。一般说来，每个受补助者每年收入在 1300 法郎左右，比过去提高 10%以上。

这项措施将使 480 万领取津贴者受益，总额为 650 亿法郎。

支持父母履行义务

儿童成长时期，当他们确立是非标准和对他们传递必不可少的价值观念时，父母的作用是不可或缺的。当好父母这个角色并不容易，尤其当经济、社会和个人的困难都搅在一起的时候。所以，法国政府采取了一系列措施，协助家庭在尽可能好的条件下承担起这个教育角色，因为，除学校外，教育要依靠每个父母和每个孩子之间的特殊关系。

在 1998 年 6 月 12 日家庭大会上，法国政府保证要发展“父母的倾听、支持和陪伴网络”，目的就是要满足家庭的具体需求，支持父母履行好他们的教育职责。这些网络是根据 1999 年 3 月 9 日的政府通告和宪章建立起来的。这就是一些能让父母相互交流经验，并且得到专家指导的机构(心理学家、保育员、女社会福利员、教师等)，尤其要对家庭困难或有机能障碍的儿童的家长负起责任，同时也要发展家庭调节机构。初步的总结显示：这些网络达到了预期目标。

帮助父母履行职责，也要使家庭教育与学校教育协调一致。从 1989 年起，父母就被看做“教育共同体成员”，因此他们成了教育机构的伙伴，他们积极参加学校的行政和教学会议。1999 年起，成立了一系列机构，可以为家长提供更多信息，以便家长和学校一起，按照教学方向共同做好学生工作，避免出现教学失败现象。同时，也可预防学校中的暴力事件。学校卫生、作息时间安排和课外活动，也是学生家长参与意见的方面。

家长和接纳孩子的公用事业单位之间的接触，不应该只局限在学校里。1999年7月7日家庭大会以来，“家庭政策”已被纳入城市政策、培养社会劳动者和保护青少年的法律职能之中。

此外，在任何情况下，能给自己孩子一些时间是最起码的要求。在一些极端情况下，尤其在孩子得重病时，这一要求已变得十分紧迫。父母之一在孩子身边，不间断或者几乎不间断地守护，是万分必要的。

所以，2000年6月15日的家庭大会，建议设立一个“亲属在场假”，并加上一种经济补贴，在孩子患重病必须有人护理和守候的时候，这是十分必要的。补贴数额在完全停止工作期间，每月3000法郎，上班时间为80%时，每月补贴1500法郎，上班时间为50%时，每月补贴2000法郎。补贴期限为三个月，可以延长。该补贴到期后，已经实施的教育专门补贴继续发放。

最后，2000年6月15日的家庭大会，决定实施父母权利平等原则和突出父亲角色的政策，这一点虽然法律上通过了，但在具体实施过程中遇到一些困难。

使法律适应家庭的发展变化

2000年底以前，法国政府为适应家庭的演变，将提出一些对家庭法进行改革所必需的法律草案。它将会回答法学家和司法工作的期待，他们希望使家庭法更简明易懂，更适应当前的社会与家庭生活模式，同时也为未来的发展定下参照。

这些建议是根据专家和议员的报告以及司法部长在司法界及其合作者所作的咨询提出来的。内容涉及四大方面：亲子关系、婚姻、离婚和家庭生活的组织。

亲子关系方面，法律要实现孩子之间权利完全平等，消除合法的、自然生的和姘居生的亲子关系之间的区别。保证孩子的地位不取决于出生时他们父母对生活方式的选择。同样，要便于确定孩子的亲子关系，特别要对非婚生孩子予以承认（着重强调双方承认，认可承认行为）。同时，要协调好有关亲子关系的司法行动期限。

婚姻方面，夫妻财产制的变化不再服从法院认可，夫妻间的宽容，今后将不得改变。

离婚方面，新的改革趋向于简化手续，避免诉讼期间夫妻发生冲突。在家庭生活的组织方面，父母或夫妻之间的协议将通过更多的家庭调节途径，或对分居父母的孩子可能轮换住处的决定予以确认。

此外，关于寻找血缘关系问题，家庭儿童部将继续对血缘秘密的可逆转性以及这些秘密的界限、构成和解除条件，通过一些案例进行思考和咨询。可能会成立一个全国血缘关系委员会。这种思考，将独立于确定亲子关系问题，将要咨询收养家庭、法学家、社会学家、人种学家、弃儿收养协会，以及以无名氏名义生产的妇女（即在婴儿出生申报证明书上不填姓氏的妇女）等等。

结论

今天的法国家庭政策是横向的，也是多形式的。除去一整套补助、补贴和再分配措施，这项政策有帮助全体父母承担好他们角色的雄心。考虑到形形色色的现状及其变化，这项政策会涉及每一个家庭。除国家外，家庭政策与社会保险机关、地方政府部门（市镇、省、大区）、各种协会和社会工作者，都与之有密切关系。在政府形成建议与大规模改革力量的推动下，每一个人都将融入到一种伙伴政策之中。

LEÇON 6

L'aménagement du territoire : une approche historique

par Pierre Deyon

Il y a politique d'aménagement quand l'État s'emploie à répartir géographiquement la population et les activités économiques, soit pour homogénéiser le territoire, soit pour accélérer ou réguler le développement, soit pour améliorer les positions du pays dans le jeu des concurrences internationales. Ce n'est donc pas une exception française, et beaucoup d'états ont affiché en ce domaine des intentions et poursuivi des programmes spécifiques. Le simple tracé des voies de communication et tous les grands travaux publics ont, en effet, des conséquences sur la structuration de la vie économique.

D'une façon encore plus précise, l'Angleterre, dès les années trente du vingtième siècle, pour lutter contre la crise de l'industrie charbonnière et la concentration londonienne, a lancé un programme de construction de villes nouvelles et défini, par des avantages fiscaux et des subventions, des zones dites de reconversion ou "trading estates". De la même façon aux États-Unis, Roosevelt a donné, avec la Tennessee Valley Authority, le premier exemple d'une grande opération d'aménagement régional.

Cependant, si l'aménagement n'est ni une invention ni une exception française, il n'en demeure pas moins que, parmi les pays occidentaux d'économie libérale ou d'économie mixte, aucun autant que la France n'a engagé l'autorité de l'État dans une politique d'aménagement territorial. Aucun pays, il est vrai non plus, ne souffrait autant que la France de l'excessive concentration de sa population autour de sa capitale, de la localisation de ses principales activités industrielles sur les périphéries septentrionales de son territoire et du retard économique de certains de ses vieux terroirs agraires.

La naissance de la politique d'aménagement du territoire

Dès le lendemain de la libération de la France en 1945, au sein du Commissariat au Plan, certains esprits clairvoyants, comme Raoul Dautry ou François Gravier, dont le livre *Paris et le désert français* suscita une grande émotion, insistèrent sur la nécessité de mieux équilibrer les équipements, l'industrie et l'agriculture modernes sur l'ensemble du territoire. C'est le rapport présenté par Eugène Claudius-Petit au Conseil des ministres en février 1950, et publié en brochure sous le titre *Pour un plan national d'aménagement du territoire*, qui fixa pour près d'un demi-siècle les orientations essentielles de l'action publique en ce domaine. Il s'agissait de combattre les trop grandes inégalités de peuplement et d'activité, qui engendraient ici l'encombrement et là une véritable dépopulation. Les projets de Claudius-Petit comportaient en matière d'investissements des contraintes pour les uns et des soutiens financiers pour les autres.

Parallèlement à ces réflexions gouvernementales, le début de la décennie cinquante vit naître un ensemble d'associations régionales regroupant élus, responsables économiques et syndicaux, fonctionnaires et universitaires. À l'image du Comité d'étude et de liaison des intérêts bretons, ces "comités d'expansion", créés en Languedoc, Alsace, Roussillon et Lorraine, réclamaient une répartition plus équitable et mieux raisonnée des équipements publics et travaillaient déjà à une esquisse de programmation régionale. Sous cette double impulsion, les gouvernements Pierre Mendès France et Edgar Faure, en 1954 et 1955, prirent un certain nombre de mesures qui marquent le début d'une politique volontaire et continue d'aménagement du territoire. Un décret de janvier 1955 institua une procédure d'agrément pour tous les investissements en île-de-France. Il ne s'agissait pas de bloquer le développement de la région parisienne mais de donner à la Direction de l'aménagement un moyen de pression dans ses négociations avec les grandes entreprises. L'agrément donné aux opérations franciliennes devait trouver une contrepartie dans l'installation en province, de préférence dans l'Ouest ou le Sud-Ouest, d'une antenne ou d'une autre usine de la même firme.

Quelques mois plus tard, en juin et décembre

1955, d'autres décrets eurent pour objet la préparation des programmes d'action régionale et autorisèrent le ministre de l'Économie à accorder la garantie financière de l'État aux opérations de décentralisation ou de reconversion. Un système de primes d'équipement était même institué au profit des industriels s'installant dans les zones dites "critiques", et se trouvaient définies 21 circonscriptions d'action régionale, anticipations des futures régions de la loi de janvier 1982.

Selon la même inspiration et au même moment, la Caisse des dépôts et consignations, dotée d'énormes ressources financières, reçut mission de soutenir les sociétés d'économie mixte chargées des grands travaux d'aménagement hydraulique et rural. Ainsi la Compagnie d'aménagement de la région Bas-Rhône Languedoc, la Société de mise en valeur de la Corse ou la Société du canal de Provence purent ouvrir les premiers grands chantiers d'aménagement concerté.

Le volontarisme gaullien

Le général de Gaulle et ses proches résolurent de donner plus d'ampleur encore à cette politique de géographie volontaire et entendirent la placer sous le contrôle direct et permanent du chef du gouvernement. C'est la raison pour laquelle furent créés en 1960 le Comité interministériel d'aménagement du territoire, puis en février 1963 la Délégation à l'aménagement du territoire et à l'action régionale (Datar) dont le premier délégué, Olivier Guichard, était un collaborateur direct du Premier ministre, Georges Pompidou. à cette nouvelle administration de mission étaient assignés trois objectifs essentiels : l'industrialisation "déconcentrée", la poursuite des grands travaux d'aménagement, la promotion d'une dizaine de métropoles d'équilibre. On estime que de 1963 à 1973, dans l'atmosphère de dynamisme et de prospérité économique, caractéristique des "Trente Glorieuses", trois mille cinq cents opérations d'investissement, encouragées par des primes et des exonérations, ont permis de créer plus de trois cent mille emplois en province, sans pour autant désindustrialiser l'île-de-France. Quelques-unes de ces implantations nouvelles, en particulier dans les industries de l'automobile, de l'aviation, de l'équipement ménager, ont changé les conditions de la vie en province.

Parallèlement étaient menés à bien l'assainissement et l'aménagement touristique du littoral Languedoc-Roussillon, l'équipement de la côte aquitaine et la construction de huit villes nouvelles, dont cinq dans la région parisienne. Cette promotion des activités régionales, et en particulier les soutiens accordés à huit métropoles "d'équilibre" (Lille, Nancy-Metz, Lyon, Marseille, Toulouse, Nantes, Bordeaux et Strasbourg), semblait préparer une prochaine régionalisation de l'administration territoriale. C'était sans doute l'intention du général de Gaulle, si l'on en croit son discours de Lyon en mars 1968. Mais les troubles universitaires et surtout l'échec du référendum d'avril 1969 ralentirent cette évolution et retardèrent de treize ans la réforme des institutions.

L'intermède giscardien

La première crise pétrolière, la fin des "Trente Glorieuses" et l'avènement en 1974 à la présidence de la République de Valéry Giscard d'Estaing provoquèrent une forte inflexion de la politique d'aménagement. D'une part, les nouveaux dirigeants étaient moins convaincus que leurs prédécesseurs de l'efficacité de l'intervention de l'État : sensibles aux arguments des économistes libéraux, ils estimaient que le développement et la localisation des entreprises relevaient des seules lois du marché. D'autre part, parce que leur clientèle électorale n'appartenait pas aux grandes agglomérations urbaines, ils se sentaient disposés à accorder davantage d'attention aux problèmes des campagnes et des petites villes. Décision significative du nouveau climat politique, on détacha la Datar de Matignon, siège du Premier ministre. Elle allait désormais, au gré des remaniements ministériels, errer de ministère en ministère, confiée même parfois à un simple secrétaire d'état, peu influent au sein du gouvernement. On envisagea aussi de réduire le programme des villes nouvelles, d'autant plus que la fin de l'expansion démographique imposait la révision des prévisions trop optimistes faites sur la croissance de la population française jusqu'à l'an 2000.

En outre, les difficultés structurelles de l'économie, entrée en crise de profonde mutation, la montée inexorable du chômage, les délocalisations industrielles obligèrent le gouvernement à parer au plus pressé, à substituer aux grands projets d'aménagement, soit le sauvetage au coup par coup des secteurs industriels menacés, soit le seul traitement social de la désindustrialisation. Appelée chaque jour à l'aide, engagée dans de multiples opérations de remédiation, la

Datar allait perdre ses prérogatives d'administration de mission et ses responsabilités en matière de prospective.

L'alternance politique, les lois de décentralisation

Ces contraintes vont continuer à peser après 1981. La crise industrielle et la crise des banlieues vont même connaître leur paroxysme au milieu de la décennie. L'alternance politique se traduit cependant par une hausse significative des crédits destinés à l'aménagement et surtout par l'introduction d'une donnée nouvelle et fondamentale : la décentralisation. La région devenue collectivité territoriale décentralisée se voit reconnaître une compétence particulière en matière de planification et d'aménagement. C'est avec les régions que l'État va désormais préparer, à partir de 1984, les contrats de plan et la programmation des équipements fondamentaux, devenue l'enjeu d'un débat apre et permanent entre les élus et le gouvernement. Cette procédure va donner à la politique d'aménagement un caractère moins technocratique et moins autoritaire, elle va par contre risquer de lui faire perdre son caractère volontariste, cohérent et national.

La gravité de la crise économique et sociale rendait ce risque bien réel. Coup sur coup, il fallut faire face aux problèmes de la construction navale à Dunkerque, Saint-Nazaire et La Ciotat, aux difficultés des sidérurgies lorraine et ardennaise, à la fermeture des bassins houillers de Decazeville et Carmaux. Au même moment, les quartiers périphériques de Lyon, de Marseille, du Val Fourré à Mantes ou du Neuhof à Strasbourg s'enflammaient et alertaient l'opinion et les pouvoirs publics. Les fractures géographiques s'inversaient puisque les anciens territoires industrialisés du Nord et de l'Est étaient maintenant sinistrés, et les fractures n'étaient plus seulement géographiques puisqu'elles semblaient affecter presque toutes les banlieues et les grands ensembles.

Une seconde alternance politique, celle de 1986, accrut encore ce désarroi, compromettant d'un coup l'effort de plus de trente ans, puisque dans l'entourage du Premier ministre, Jacques Chirac, on envisageait sérieusement la suppression de la Datar. Pour le moment et sans plus attendre, on réduisit drastiquement les crédits inscrits au compte de l'aménagement du territoire. Il fallut la résistance du ministre, Pierre Méhaignerie, et les conclusions nuancées d'une commission d'études, présidée par Olivier Guichard, pour sauver la Datar et orienter prioritairement, pour quelques années, l'action d'aménagement vers les programmes d'autoroutes et de TGV.

Vers une définition du développement durable

En 1988, les élections confortèrent le président Mitterrand à l'Élysée et ramenèrent une majorité de gauche au Parlement. Sous l'impulsion des ministres Roger Fauroux et Jacques Chérèque, elle allait s'employer à définir une politique d'aménagement, adaptée aux nouvelles circonstances créées par l'ouverture de l'Europe de l'Est et le lancement par le président de la Commission européenne, Jacques Delors, à Bruxelles, de programmes ambitieux d'aménagement intra-européen et de coopérations transfrontalières. Le recensement de 1990 venait de révéler que les déséquilibres régionaux, loin de s'atténuer, s'aggravaient encore, même s'ils avaient parfois changé de nature. L'île-de-France, les régions Rhône-Alpes, Provence-Alpes-Côte d'Azur et leurs métropoles continuaient leur croissance tandis que les huit plus petites régions du pays voyaient se poursuivre leur déclin démographique. Une France "du vide" se dessinait peu à peu à travers le pays depuis les Ardennes, les plateaux bourguignons, le Massif central, les Landes jusqu'au piedmont pyrénéen. Le même recensement nous apprenait que l'île-de-France avec 18 % de la population métropolitaine concentrait encore 40 % des étudiants de troisième cycle, 42 % des ingénieurs et cadres du secteur privé et 55 à 60 % des chercheurs.

Un tel constat exigeait un renouvellement des méthodes. La stratégie retenue, après un long débat au Parlement en mai 1990, s'est donc assignée quatre objectifs fondamentaux: conforterles territoires ruraux rendus plus solidaires et organisés si possible autour des bourgs et des petites villes, favoriser le rayonnement de quelques grandes agglomérations métropolitaines, développer l'association en réseaux des villes moyennes et surtout insérer mieux l'espace français dans une Europe élargie en repensant son système de communications, trop longtemps hexagonal et radio-concentrique.

Cette politique d'animation régionale se devait de comporter un dernier volet : celui de la recherche et de l'enseignement supérieur. La localisation des entreprises ne dépendait-elle pas désormais et dans une large mesure des conditions d'accueil, de formation et de promotion de la main-d'oeuvre, des cadres et des jeunes ? Conçu dans le courant des années 1990 et 1991 pour répondre à l'afflux des étudiants dont les effectifs en une décennie avaient crû de plus de 50 % et devaient continuer à croître jusqu'à la fin du millénaire, le plan "Université 2000" sollicita à part égale les concours financiers de l'état et des collectivités régionales et locales. Il permit la construction d'un million et demi de mètres carrés de locaux neufs, donna aux académies du Nord et de l'Ouest la possibilité de rattraper leur retard en matière d'équipement. Trois universités nouvelles furent créées en Artois, sur le littoral du Pas-de-Calais et à La Rochelle. Des dizaines de départements d'instituts universitaires de technologie (IUT) et de sections de techniciens supérieurs furent ouvertes dans les villes petites et moyennes.

Le poids relatif de l'île-de-France dans les effectifs de troisième cycle et de chercheurs fut réduit et la création des universités de Cergy-Pontoise, de Marne-la-Vallée, Évry et Versailles-Saint-Quentin-en-Yvelines décongestionnèrent en partie les établissements du centre de la capitale. Au même titre que la décentralisation culturelle, au même titre que les rénovations urbaines, soutenues successivement par la politique des métropoles d'équilibre puis par les contrats de villes moyennes, ce programme a certainement contribué à transformer la vie dans les régions.

Depuis 1990, l'effort de réflexion ne s'est pas interrompu, d'abord à l'occasion d'un débat lancé dans le pays de 1993 à 1995 par Charles Pasqua, ministre de l'Intérieur, débat nourri également par le rapport d'une mission d'information sénatoriale et poursuivi par la publication des livres de Jean-Louis Guigou, directeur à la Datar, devenu en 1997 délégué à l'Aménagement du territoire. La loi du 25 juin 1999, dite loi d'orientation pour l'aménagement et le développement durable du territoire (LOADDT) et portant modification de la loi de février 1995, prévoit neuf schémas nationaux de services collectifs dans les domaines suivants : l'enseignement supérieur et la recherche, la culture, l'information et les communications, la santé, l'énergie, les transports de voyageurs et les transports de marchandises, le sport, les espaces naturels et ruraux.

Mais l'aspect essentiel et le plus prospectif de la nouvelle législation concerne sans doute les projets de "pays" et "d'agglomération". La notion de projet de pays et sa mise en pratique est vieille de près de vingt ans. On semble espérer cette fois sa généralisation. La constitution des pays puis l'intégration de leurs projets dans les contrats de plan sont placées sous la responsabilité conjointe d'une conférence régionale pour l'aménagement et le développement du territoire et du préfet de région. Renforcer la solidarité entre les petites villes et le monde rural constitue l'un des objectifs essentiels de ces projets. L'apparition de l'agglomération dans ce dispositif est beaucoup plus neuve. La formule s'applique aux aires urbaines de plus de 50 000 habitants et dont une commune centre compte au moins 15 000 résidents.

Elle suppose l'élaboration d'un projet précisant les orientations de l'agglomération en matière de développement, de cohésion sociale, d'urbanisme, de transport, de logement et d'environnement. La loi du 12 juillet 1999 sur l'intercommunalité a précisé le statut juridique de ces communautés en matière de fiscalité patrimoniale et économique.

L'aménagement du territoire au seuil du troisième millénaire

L'Europe et le monde : l'aménagement du territoire ne peut plus se concevoir sans un regard sur l'Europe et sans le regard de l'Europe. Il suppose d'une part l'émergence d'espaces transfrontaliers et d'autre part une harmonisation entre notre politique nationale et les interventions européennes en matière de politique agricole et de soutien aux régions en crise.

Les problèmes de la ville : la croissance des villes françaises au cours des dernières décennies est un phénomène considérable sans précédent historique. Pas une ville française de plus de 10 000 habitants qui n'ait son ou ses grands ensembles avec leurs problèmes de chômage et de marginalisation sociale. Mais un second problème préoccupe nos villes. Elles sont de plus en plus, comme les campagnes voisines, soumises à l'attraction d'une dizaine de métropoles régionales avec lesquelles il convient d'organiser leur collaboration et leur participation sous forme de réseaux solidaires et complémentaires.

Vers une nouvelle armature du territoire : la République se doit à la fois de respecter les "territoires de proximité", territoires vécus, et d'organiser la vie régionale autour de quelques grandes métropoles à ambition européenne ou internationale. C'est à quoi tendent de répondre d'une part les contrats de pays et, d'autre part, certains contrats d'agglomération. Ils s'inscriront progressivement les uns et les autres dans les contrats de plan. Bien sûr, la question essentielle qui se pose maintenant est celle de savoir s'il sera possible de poursuivre dans cette voie sans repenser l'organisation territoriale du pays et sans revoir la répartition des compétences et des ressources entre l'État et les collectivités régionales, départementales ou locales.

Bibliographie

Brunet (R.), *La France, un territoire à protéger,* édition n° 1,1994.
Chenu (R.), *Paul Delouvrier ou la passion d'agir,* Le Seuil, 1994.
Damette (F.), *La France en villes,* Documentation française, 1994.
François-Poncet (J.), *Refaire la France,* Rapport sénatorial, 994.
Frémont (A.), *La région, espace vécu,* Flammarion, 1999.
Gaudemar (J.-P. de), *Aménagement du territoire dans Encyclopédie économique,* 1990.
Guigou (J.-L.), *France 2015 recomposition du territoire,* 1993.
Laborie (J.-P.), Langumier (J.-P.) et Roo (Priscilla de), *La politique française d'aménagement du territoire,* Documentation française, 1985.
Madiot (Y.), *Aménément du territoire,* Colin, 1996.
Monod (I.) et Castelbajac (Ph. de), *L'aménagement du territoire,* PUF, 1997.
Portier (N.), *Deux pas en avant, un pas en arrière,* Pouvoirs locaux, n° 33, 1996.
Randet (P.) *Un grand dessein,* Documentation française, 1994.

Vocabulaire

homogénéiser	*v.t.*	使均匀,使一致
reconversion	*n.f.*	[经] 调整,转产
septentrional, e	*adj.*	北方的
agraire	*adj.*	土地的,耕地的,农田的
clairvoyant, e	*adj.*	英明的,有远见的
encombrement	*n.m.*	拥挤;交通堵塞
dépopulation	*n.f.*	人口减少
esquisse	*n.f.*	草图,雏形,轮廓
contrepartie	*n.f.*	交换物
décentralisation	*n.f.*	地方分权,权力下放;分散,从巴黎外迁

consignation	*n.f.*	托运,交付,寄售
hydraulique	*adj.*	水利的
exonération	*n.f.*	免除,减免
désindustrialiser	*v.t.*	使非工业化
assainissement	*n.m.*	清洁卫生,消毒净化
au gré de qch.		根据……的要求,合……之意
remaniement	*n.m.*	修改,改动;改组
inexorable	*adj.*	严酷的,严厉的;不可避免的
parer à		防备,防止,避免
prérogative	*n.f.*	(多用复数)特权
paroxysme	*n.m.*	极点,顶点
sidérurgie	*n.f.*	钢铁工业
recensement	*n.m.*	人口普查,人口统计
décongestionner	*v.t.*	缓和密集
armature	*n.f.*	框架,支柱

Questions

1. *Résumez l'évolution que la politique de l'aménagement du territoire a connue dans la deuxième moitié du siècle dernier.*
2. *Expliquez concrèrement le mot "décentralisation".*
3. *Quelles sont les influences que la décentralisation exerce sur les provinces françaises?*

第六课　领土整治:历史比照

皮埃尔·德永

当一个国家设法从地理位置上重新安排人口和经济活动布局时，就要出台整治政策。有的是为了使国土配置更加均衡,有的是为了加速或规范发展,有的是为了在国际竞争中改善本国地位。法国并不是一个例外情况,很多国家在这方面都表明了并且已经在继续实施特殊计划的意图。从简单地绘制交通道路图到投入重大公共工程,事实上，这在经济生活结构上都会产生重大影响。

更确切地说，英国从20世纪30年代起，为解决煤炭工业危机和伦敦过分集中问题，提出了一个建设新型城市的纲领。通过税收优惠和补贴政策，确定了转型区和商业区。同样，罗斯福在美国设立了田纳西流域水利工程管理局，为地区的大规模整治行动作出了榜样。

虽然整治既不是法国发明的，也不是法国独有的，但在市场经济或混合型经济的西方国家中，没有一个国家像法国这样，在国家管理机关制定国土整治政策中投入如此多的力量。同样，也确实没有任何国家的居民，如此过分地集中在首都四周，主要的工业活动几乎全部集中在国土的北部周边地区，而一些古老的农业地区的经济竟然如此落后。

国土整治政策的由来

1945年，法国光复后第二天，国家计划委员会内一些有远见卓识的人，像拉乌尔·多特里或弗朗索瓦·格拉维耶，后者那本《巴黎和法国沙漠》引起了巨大的震动，他们强调必须使行政机构、现代工业和现代农业更均衡地配置在整个国土上。1950年2月，欧仁·小克劳迪乌斯在部长联席会上提交了一份"关于领土整治的国家计划"的报告。这份以小册子形式出版的报告，确定了近半个世纪中国家在这个领域的行动方向，也就是要向人口和各种活动的巨大不平等开战，正是这些不平等造成了这里拥塞不堪，而那里却空无一人。小克罗迪乌斯的计划包括限制一些投资，支持另外一些投资。

50年代初期，在政府进行的这些思考同时，出现了一些地区协会，经济界和工会的民选负责人、公务人员和大学教师尽在其中。这些"发展委员会"在朗格道克、阿尔萨斯、鲁西永、洛林纷纷成立。他们以布列塔尼利益研究联络委员会为榜样，要求更加公平合理地配置国家设施。而且，他们已经为开始本地区发展纲要绘制蓝图。皮埃尔·孟戴斯·弗朗士和埃德加·富尔政府在上述双重推动下，于1954年和1955年采取了一系列措施，这就是目的性明确、连续的国土整治政策的开始。1955年元月，一条政府令规定了在巴黎大区一切投资的批准程序。其目的并不是要终止巴黎地区的发展，而是给予领土整治局在与大企业进行谈判时的一种施压手段。要想在巴黎地区的运作获得批准，必须相应地在外省同时设立机构，最好在西部或西南部建立同一公司的另一家工厂或一个分支机构。

几个月后，1955年6月和12月，发布了筹备地区行政纲要政府令和经济部长为中央分权或经济转型提供国家财政担保的授权令。此外还为在所谓"边远"地区设厂的企业家们设立了一项设施补偿制度。同时确定了地区行动的21个区域，也就是1982年元月颁布的法律中所确认的未来发展的地区。

同时，具有强大金融储备的信托投资银行受到同样的启发，授命支持那些担负大规模农村及水利整治工程的合资公司。因此，下罗纳河朗格道克地区整治公司、科西嘉开发公司、普罗旺斯省运河公司才得以使实施整治的第一批大工程开工。

戴高乐的唯意志论

戴高乐将军及其左右幕僚,决心使这项依靠人们意志的地理政策更具规模,打算直接由政府首脑长期监督执行。正因为这样,1960年成立了国土整治部际委员会。然后,1963年又设立了领土整治和地区行动专门委员会。第一任专员就是蓬皮杜总理的直接合作者奥利维耶·吉夏尔。这个新管理机关的使命是要达到三个目标:1. 实现地方"分权"工业化;2. 继续大规模整治工程;3.推进十余个平衡城市建设。人们估计,在以"荣光三十年" 为特点的经济繁荣和充满活力的氛围中,1963年到1973年间,3500个受到奖励和减税的投资项目为外省创造了三十多万个就业机会,而同时并没有使巴黎大区的工业化受到负面影响。这些新建立的企业尤其在汽车、飞机、家电工业方面改变了外省的生活条件。

朗格道克–鲁西永沿海地区的旅游业,也进行了卓有成效的整顿。阿基坦海岸的设施和八座新城建设中五座在巴黎地区,都搞得成绩喜人。这种推动地区行动的做法,尤其是对八个"平衡"城市的有力支持,似乎是在为今后国土管理地区化在做准备工作。假如,人们对戴高乐将军1968年3月在里昂的讲话确信无疑,这肯定是符合他心愿的。但是,大学生的动乱,尤其是1969年4月公民投票的失败,减慢了地方化的进程,把机构改革推迟了13年。

吉斯卡尔·德斯坦的间歇

第一次石油的危机,"荣光三十年"的结束,以及1974年瓦莱里·吉斯卡尔·德斯坦登上共和国总统宝座,这三件事都对国土整治政策造成了重大影响。一方面,新上任的领导人远不像他们前任那样,对国家干预的有效性确信无疑。相反,他们对市场经济学的论据却更加敏感,认为企业的发展与选址应该完全依据市场规律办事。另一方面,鉴于他们的选民不是来自大都市居民区,所以新领导人认为自己应该对农村和小城市问题更加关注。在这种政治气候中,意味深长的决定是把国土整治委员会请出了总理府。从此以后,这个委员会只能听任部长们的摆布从一个部流浪到另一个部,有时甚至被托付给一个在政府中无足轻重的国务秘书。这时,有人考虑要压缩建设新城计划,因为人口高扩张期已经结束,必须对过去作的直到2000年人口增长过于乐观的预测,进行必要的修正。

另外,经济在深刻变革中陷入危机。结构困难重重,不可回避的失业日益严重。工业布局的改变迫使政府疲于应付层出不穷的紧急情况,完全无力顾及大规模的整治计划,只能头疼医头,脚疼医脚地拯救受到威胁的工业部门,也许这是避免工业倒退的唯一办法。国土整治委员会,每天都被找去帮忙,被卷进无尽无休的调解工作中,根本无法完成最初被赋予的使命与应尽的责任。

政治交替,地方化法律出台

1981年以后,上述限制仍旧压制着地方化政策发展。工业危机和郊区危机此起彼伏,80年代中期甚至达到了高峰。然而,政治交替意味深长地反映在提高整治贷款上,尤其是引入了全新的基本概念：地方分权化。大区变成了分权后的行政机构，并被认为在规划和整治方面富有独特能力。自1984年起，国家和大区准备签订计划合同和基础设施纲领。这个纲领变成了地方当选人和政府之间长期艰苦论战的核心问题。这一新做法使整治政策减少了很多专家治国和独断专行的特点，但同时也有失去全民族一致努力的特点的风险。

严重的社会经济危机，使这种风险变成了现实。必须一次接一次地面对敦刻尔克、圣纳泽尔和拉西奥塔造船厂的问题，洛林和阿登钢铁企业的困难，关闭德卡兹维尔和卡尔摩煤田的难题。同时，里昂、马赛、南特的富雷谷的环城街区及斯特拉斯堡的诺豪芙开始骚动，向舆论和政府发出了警告。现在，地理配置的问题颠倒过来了，因为以前东部和北方的工业化地区现在变成了灾区。而且问题还不仅在地理环境方面，因为几乎所有的城郊地区和大居民点都不断闹事。

1986年的第二次政治轮换更加重了这种恐慌。而且在总理雅克·希拉克身边，有人认真地考虑要撤销领土整治专门委员会，三十年之功就要毁于一旦。当时，人们不再等下去了，要把已经拨给领土整治的资金强行缩减。大家都期待看皮埃尔·梅艾涅里的抵制，看奥利维耶·吉夏尔主持的研究委员会作出不同结论，以便挽救领土整治专门委员会，在几年内先把整治行动放到高速公路和高速火车规划上。

向确立持续发展的方向迈进

1988年，几次议会选举巩固了密特朗总统在爱丽舍宫的地位，他把左派多数拉回到议会中。在罗歇·福鲁和雅克·谢勒克两位部长的推动下，左派多数努力确定一项国土整治新政策，因为这项政策要适应东欧开放和欧洲委员会主席雅克·德洛尔在布鲁塞尔推出的雄心勃勃的全欧整治和跨国合作纲领造成的新形势。1990年进行的调查显示出的区域不平衡不仅没有缩小，反而加大了，即使有时候这种不平衡改变了原来的性质。巴黎大区、罗纳尔–阿尔卑斯大区、普罗旺斯–阿尔卑斯–蓝色海岸地区和这些地区的大城市的人口持续增长，而法国最小的八个大区人口却呈日趋减少之势。一个法兰西“无人地带”在国土上勾画得日益鲜明，这就是从阿登山脉、勃艮第高原、中央高原、朗德地区直到比利牛斯山麓。同一份调查报告告诉我们，巴黎大区的人口占法国本土人口的18%，集中了40%的读第三等级文凭的学生，私人企业的42%的工程师和高级干部，以及55%到60%的研究人员。

针对上述问题，必须采取新的整治方法。1990年5月，议会经过长时间讨论，确定了下面四个基本战略目标：第一，加强农村地区与城郊和小城市的连带关系，使城乡之间的组织关系更加密切;第二,使几个大城市的居民区向周边地区扩展;第三,把中等城市组成区域合作网络发展态势;第四,这一点最为重要,要把长期以来过于集中在六边形内,向巴黎市中心辐射的通讯系统,嵌入到全欧洲地区。

这项促进地区发展的政策理应包括高等教育和科研这个重要内容。今后企业选址不是要在很大程度上依赖培训干部、年轻人和劳动力的学校条件吗?90 年代大学生入学人数猛增 50%以上,到上个世纪末,必然继续增多,因而 1990 年和 1991 年期间,为解决大学生入学问题,制定了"2000 大学"计划。这项计划要求国家、大区和地方行政三者以同等比例出资建校。这笔资金建成了 150 万平方米新教学用房,而且使北部和西部的各教育局改变了教学设备落后的状态。在阿尔杜阿、加莱省海滨和拉罗舍尔新建立了三座大学。在十多个中小城市开设了高等技术学院和高等技术专科学校。在巴黎大区,第三等级学生和研究人员的人数比例明显下降了。在塞尔基–蓬杜阿兹、马恩河谷、埃夫里以及伊夫林的凡尔赛–圣康坦新建的大学,在一定程度上缓解了首都中心学校的拥塞现象。同样,陆续由平衡都会政策和中等城市合同支持的城市改造,发展了各大区的文化事业,文化地区化纲领继续改变着各地区的生活。

1990 年以来,国土整治问题的思考一直没有中断。首先是内务部长查里·帕斯夸,从 1993 年到 1995 年在全国掀起了一场辩论。这场辩论被参议院的一份信息调查报告火上加油,后来又被领土整治专门委员会主任,1997 年底担任领土整治委员会专员的让–路易·纪古出版的几本书搞得火势更加猛烈。结果在 1999 年 6 月 25 日颁布了《领土整治和持续发展引导法》,并对 1995 年 2 月的法律进行了修订,提出了在下述国家公用事业的九项提案:卫生、能源、客运、货运、体育、自然环境和农村空间。

但是,新立法最基本和最长远的方面,无疑要涉及"地方"和大居民区方案。地方方案的概念和实践,已有二十来年历史,但这一次似乎要在全国推广。建设这些地区并把其方案纳入计划合同之中,将由大区省长和国土整治与发展的地区联席会议共同负责。加强城市与农村之间的连带关系,是这些方案的主要目标之一。在这个机制中,出现新的居民聚集区是最近的事。这种方案适用于 5 万居民以上的城区,而且其中的一个市镇中心,至少应不少于 1.5 万名市民。

这种方案建立在明确居民区发展方向的基础上,要与经济发展、社会凝聚力、城市规划、交通运输、住宅建设和环境保护协调一致。1999 年 7 月 12 日颁布的法律,明确了这些共同体在财产和经济税收方面的法律规定。

进入新千年之际的领土整治工作

欧洲与世界:如果没有一个看待整个欧洲的眼光和一个欧洲眼光,领土整治工作今后就难以设想了。一方面,要考虑跨国界的空间;另一方面,要注意协调好我们的国内政策和欧盟在农业政策、支援危机地区方面进行的干预之间的关系。

城市问题:近几十年来,法国的城市发展是一个史无前例的重要现象。但是没有一个万人以上的法国城市,在它的居民聚集区里没出现过失业和社会边缘问题。第二个问题引起了一些城市的担心。像附近的农村一样,这些中小城市愈来愈受到十来个地区大都会吸引，必须与这些大城市建立合作关系，加入一个互补连带网。

向国土的新框架前进：共和国应该在尊重生活过的“紧邻领土”的同时，在几个有向欧洲乃至国际发展的大都会周围，组织好区域生活。地方合同和居民聚集区的合同都是在尽力满足上述两方面的要求。这些合同将一批批地逐渐纳入国家计划合同。诚然，目前提出的主要问题，是要知道能否在继续走这条道路时，不再考虑各地区的国土组织问题，以及不再去研究国家、大区管理部门、省一级和当地的行政机构之间的职能和资源的分配问题。

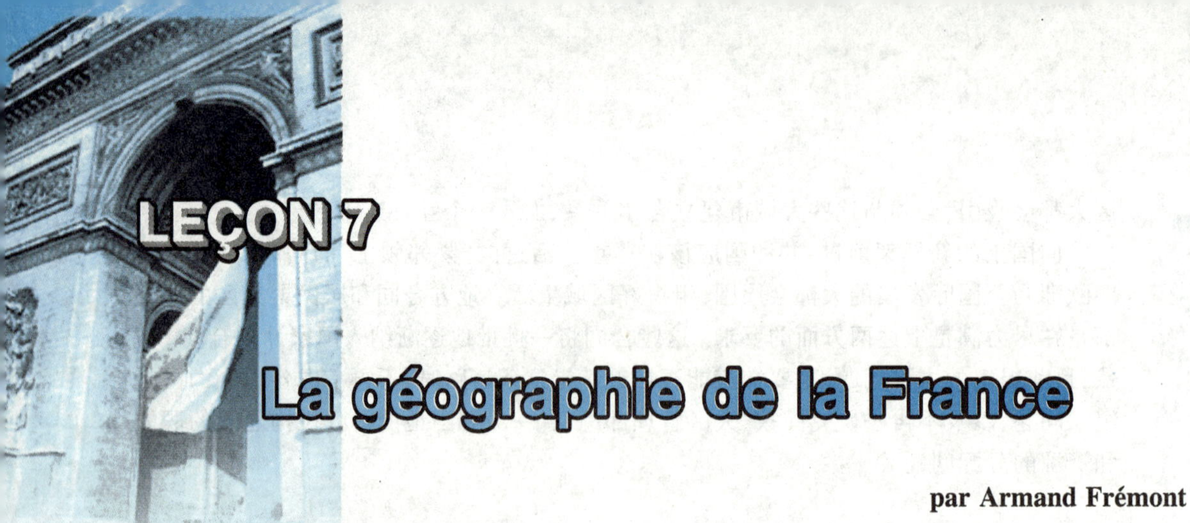

LEÇON 7

La géographie de la France

par Armand Frémont

La France est le plus Étendu des états européens, avec une superficie de 551 500 km^2. Elle compte 58 416 300 habitants au recensement de 1999 sans compter les territoires et départements d'outre-mer, 60 081 800 en incluant ceux-ci, ce qui classe sa population derrière l'Allemagne, à peu près au même niveau que le Royaume-Uni et l'Italie. Cependant, les dimensions géographiques de la France n'ont rien de comparable à celles des géants des autres continents, notamment des États-Unis, du Brésil, de l'Inde ou de la Chine.

L'hexagone français

Le territoire de la France a la forme d'un hexagone. Il a été constitué depuis le Moyen Âge, sur une durée d'au moins un millénaire, par la volonté obstinée et unificatrice des rois puis de la République. Équilibré, l'hexagone s'ouvre sur trois grandes façades maritimes et est limité par trois frontières terrestres. Il a acquis ses dimensions actuelles à l'issue des guerres franco-allemandes du XIXe et du XXe siècle.

Au sud, la frontière avec l'Espagne est constituée par la chaîne des Pyrénées qui culmine à 3 404 mètres au pic d'Aneto. À l'est, les Alpes et le Jura ferment les frontières avec l'Italie et la Suisse, tandis que le Rhin moyen sépare la France de l'Allemagne. Ce sont là des frontières "naturelles", longtemps étanches, et qui posent maintenant de sérieux problèmes de franchissement, par des cols, des ponts, des tunnels routiers et ferroviaires, compte tenu de l'augmentation des trafics européens. Les Pyrénées, les Alpes et le Jura confèrent à la France une dimension montagnarde qu'elle partage avec les pays voisins. Les Alpes françaises du nord constituent le plus vaste domaine skiable d'Europe et se trouvent à l'origine de la plupart des sports de montagne. Le mont Blanc, plus haut sommet d'Europe, culmine à 4 807 mètres.

Au nord, la frontière avec l'Allemagne, le Luxembourg et la Belgique est au contraire beaucoup plus ouverte. Elle recoupe le massif ancien des Ardennes, aux altitudes modestes, et la grande plaine de l'Europe du nord. Ce fut longtemps la frontière des conflits, des batailles et des invasions. C'est maintenant, sur plusieurs points, le lieu d'une intense activité transfrontalière entre la région de Lille et la Belgique, entre la Lorraine, le Luxembourg et la Sarre. Mais d'autres régions transfrontalières, stimulées par les accords européens, se dessinent ailleurs, sur le Rhin moyen entre l'Alsace et le Bade-Wurtemberg, autour de Bale-Mulhouse et de Genève, dans la région de Nice, en Catalogne et au Pays basque.

La France a le privilège exceptionnel de s'ouvrir sur trois façades maritimes, si ce n'est quatre. Au sud, elle est méditerranéenne, avec un littoral très ensoleillé, des côtes escarpées et pittoresques en Provence et sur la Côte d'Azur, de longues plages de sable dans le Languedoc. Au sud-ouest, elle est atlantique, sous un climat plus humide, mais doux et lumineux, des littoraux le plus souvent constitués de plages sableuses bordées de marais ou de dunes. Au nord-ouest, elle s'ouvre sur la Manche et la mer du Nord, le "Channel" maritime le plus fréquenté de la planète, entre l'Atlantique et les grands ports belges, néerlandais, britanniques et allemands de la mer du Nord. La France dispose de deux ensembles portuaires de dimension européenne, Le Havre et Rouen sur la basse vallée de la Seine, et Marseille sur la Méditerranée au débouché de la vallée du Rhône. Elle n'a cependant jamais été et est moins que jamais une grande puissance maritime, comme elle pourrait l'être. L'activité principale des côtes françaises est maintenant le tourisme, développé partout, de la mer du Nord à la Méditerranée. La qualité des littoraux contribue à faire de la France, avec ses massifs montagneux, ses campagnes et ses villes historiques, le premier pays d'accueil touristique de l'Europe et du monde.

Un carrefour européen

Le territoire français est établi sur l'isthme un peu renflé qui, à l'ouest de l'Europe, sépare la Méditerranée de la Manche et de l'Atlantique et permet de relier la péninsule Ibérique au reste du continent. Dans ce cadre, le bassin de Paris a joué et joue toujours un rôle déterminant par la facilité des communications, en toute période de l'histoire, par son étendue, par la qualité agricole de ses sols et par la convergence hydrographique autour des deux grands fleuves, la Seine et la Loire. C'est ici le berceau de la nation française, le domaine des rois à partir duquel les autres provinces ont été agglomérées, la région capitale de la République. Il est dominé par Paris, une des plus grandes villes et des plus importantes régions urbaines de l'Europe et du monde : 2 116 000 habitants résident à Paris, 10 925 000 en Île-de-France. Il faut ajouter les villes de la périphérie du bassin, Caen, Rouen, Le Havre, Amiens, Reims, Orléans, Tours. Ce réseau urbain, fortement dominé par Paris, se trouve renforcé par l'intensité des trafics européens qui y passent, entre le Royaume-Uni, le Benelux, l'Allemagne, et, plus loin vers le sud, l'Italie et la péninsule Ibérique.

Deux grands axes de circulation complètent ce dispositif qui fait du territoire français un des plus importants carrefours de l'ouest de l'Europe, en tout cas le plus vaste et le plus incontournable par les trafics internationaux. À l'est, le grand axe nord-sud des vallées du Rhin et de la Moselle, de la Saône et du Rhône, assez discontinu mais bien relié maintenant par les autoroutes et les lignes de trains à grande vitesse (TGV), est jalonné de très grandes villes : Metz, Nancy, Strasbourg, Lyon, Grenoble, Saint-Etienne, Marseille. Au sud, le littoral de la Méditerranée, prolongé par la vallée de la Garonne et le bassin d'Aquitaine, joue un rôle semblable avec des cités comme Nice, Marseille, Montpellier, Toulouse, Bordeaux. Plutôt que les anciens bassins industriels fondés sur le charbon, l'acier et le textile, comme la Lorraine et le Nord-Pas-de-Calais, ce sont maintenant ces villes et ces métropoles, ainsi que la région parisienne, qui concentrent la population et accumulent les richesses de l'industrie et des activités tertiaires. Trois grandes agglomérations ont ainsi une population de l'ordre d'un million d'habitants: Lille-Roubaix-Tourcoing, au contact de la Belgique et de l'Angleterre ; Lyon, le plus important carrefour de communication et d'initiative économique après Paris, à proximité de la Suisse et de l'Italie; Aix-Marseille, la porte de la Méditerranée.

À l'ouest du territoire, sur le Massif armoricain et ses bordures, et surtout au centre, dans le Massif central et ses abords, l'isolement est plus grand et les villes importantes sont moins nombreuses: Rennes, Brest, Poitiers ou Nantes, Limoges ou Clermont-Ferrand. C'est là que l'emprise rurale demeure la plus forte ainsi qu'un réseau plus ou moins dense de villes

petites et moyennes.

La variété, l'unité et le centralisme

Entre toutes ces composantes, la France apparaît comme un territoire d'une étonnante variété. Les Français en cultivent les plaisirs. On les raille volontiers, et on les envie, pour la diversité de leurs fromages, de leurs vins, de leurs coutumes culinaires. Ils restent aussi très attachés à leurs communes, bases de l'administration territoriale de la République, avec les départements et les régions. Au nombre d'un peu plus de 36 000, les communes françaises constituent un édifice unique en Europe et dans le monde par son extraordinaire dispersion. D'une dimension plus raisonnable, les 22 régions métropolitaines et les 100 départements n'en sont pas moins d'une taille généralement inférieure à celle de leurs homologues étrangers.

La variété du territoire français, au croisement de l'histoire et de la géographie, est à la mesure du quadrillage administratif. Variété des climats, entre le méditerranéen et l'océanique, entre le maritime et le continental. Variété des reliefs, des grandes plaines du centre du bassin de Paris aux cimes des Alpes ou des Pyrénées, des moutonnements de montagne moyenne du Massif central ou des Vosges aux grandes vallées du Rhône ou de la Loire. Variété des rattachements au territoire français, depuis l'Île-de-France, cœur du pays depuis les premiers rois capétiens, jusqu'à la Savoie, le comté de Nice, l'Alsace et la Lorraine, disputés à d'autres jusqu'au XIXe et au XXe siècles. Variété des langues d'origine, des dialectes et des coutumes. Variété des villes, la plupart d'histoire très ancienne. Variété des régions et des pays. Cette mosaïque territoriale prolonge ce que fut longtemps la France : rurale, paysanne, enracinée dans des traditions multiséculaires, riche (ou pauvre) d'une polyculture à composantes variées et dont les trois piliers restent un système céréalier à très forte productivité qui prévaut dans le bassin de Paris, une tradition d'élevage toujours vivace dans l'ouest et le Massif central, une version méditerranéenne base de viticulture, d'arboriculture fruitière et de production de légumes. D'où la diversité et la beauté des paysages, entre plaine et bocage, entre forêts, garrigues, coteaux viticoles et périmètres irrigués. D'où une place de premier choix dans l'agriculture européenne, notamment pour les céréales, la production bovine, les produits laitiers, le vin, les fruits et légumes. Pour faire bonne mesure, il convient d'ajouter une touche tropicale avec les îles des Caraïbes, de l'océan Indien et du Pacifique.

Le paradoxe, à moins qu'il ne s'agisse d'une complémentarité, est que cette mosaïque ait donné naissance à l'État et au territoire les plus centralisés d'Europe, et parmi les plus centralisés du monde. L'État, relayé par les départements et les communes, affirme l'unité de la République, partout présente par les services publics, et particulièrement par l'école. L'expansion industrielle du XIXe au XXe siècle et le déploiement du réseau de transport, la carte universitaire et des grandes écoles, à l'origine très concentrée sur Paris, l'implantation d'un capitalisme le plus souvent appuyé sur l'État et sur de grandes sociétés nationales, ont contribué à modeler un territoire très centralisé où s'opposent Paris et la province, et, au sein de celle-ci, des régions très dynamiques comme Rhône-Alpes ou d'autres, beaucoup moins favorisées, comme l'Auvergne ou le Limousin. L'expression principale de ce cumul des concentrations reste le réseau des transports où les chemins de fer ont reproduit le dessin en étoile des vieilles routes royales, et maintenant les lignes aériennes et les TGV celui des chemins de fer du XIXe siècle. Tout converge vers Paris. Tout procède de Paris. Certes, une politique très volontaire d'aménagement du territoire, résolument engagée depuis la Seconde Guerre mondiale, a très fortement corrigé cette tendance, de même que les lois de décentralisation de 1982. Le territoire français reste néanmoins marqué par la centralisation, jadis celle de la production industrielle et des principaux services, maintenant celle des décisions, des services les plus nobles, de la mode, de l'art et de la culture.

Trois visages de la France

La France contemporaine, après la crise qui a profondément affecté les régions agricoles et industrielles, peut s'apprécier selon trois grands types de paysages, sous une uniformité apparente que lui accorde une densité moyenne de 100 habitants par km^2, sensiblement inférieure à celle de presque tous les pays voisins.

Paris et l'Île-de-France restent uniques en leur genre. C'est, de plus en plus, une vaste région urbaine qui déborde des limites de l'Île-de-France et qui n'a que le grand Londres comme équivalent en Europe. Plus de 10 millions d'habitants y résident et y travaillent. Elle reste, et de très loin, la première région française dans presque tous les domaines. Malgré les efforts du gouvernement en sens contraire, les plus forts investissements publics doivent toujours y être consentis. Paris, capitale prestigieuse, est une ville de rayonnement mondial en tous domaines, plutôt plus il est vrai dans l'ordre politique, touristique, artistique ou culturel que dans la sphère économique. La population de Paris et de l'Île-de-France a pratiquement cessé de croître, mais les "franges" parisiennes s'étendent maintenant aux régions voisines. Paris et sa banlieue sont le "melting pot" le plus important de France avec une population immigrée d'environ 1 300 000 personnes.

La France des aires métropolitaines, réparties dans presque toutes les régions, est actuellement celle dont la population s'accroît le plus, à la mesure de leur dynamisme économique.

Des régions restent très marquées par la crise industrielle des années 70 et 80, telles que la Lorraine, le Nord-Pas-de-Calais, la Haute-Normandie. De vieux centres industriels comme Saint-Etienne, Le Havre ou Montbéliard sont en déclin démographique. Ce sont plutôt des exceptions. Presque partout, le développement des services et quelques réussites industrielles entraînent la croissance urbaine. Ainsi se dessinent de nouvelles périphéries et de nouvelles campagnes revivifiées par l'influence directe de villes proches. Presque toutes les régions françaises sont concernées par ce phénomène de "métropolisation" de l'espace, aussi bien autour d'agglomérations de 200 000 habitants comme Caen, Le Mans ou Angers dans l'ouest, que dans des métropoles plus importantes de l'est ou du sud du pays, comme Grenoble, Montpellier ou Bordeaux. Les accroissements les plus nets s'observent là où les métropoles sont portées par les plus grandes réussites économiques, par exemple le bi-pôle Nantes-Saint-Nazaire sur l'estuaire de la Loire (environ 680 000 habitants), principale métropole industrielle et de services dans l'ouest, ou Toulouse, ville européenne de l'aéronautique (760 000 habitants).

Dans les interstices de ces aires métropolitaines, subsiste une France purement rurale, seulement animée par de petites villes, souvent charmantes. L'agriculture, dans des exploitations familiales à faible productivité, laisse de plus en plus place à la friche ou à la reforestation. La population décroît, aussi bien par dénatalité que par émigration, celle-ci étant parvenue presque au terme de ses possibilités. Les densités tombent au-dessous de 20 habitants par km^2. Après la désindustrialisation et le départ des paysans, les services publics sont en question. Le tourisme, hebdomadaire ou estival, devient la principale activité économique. Toutes les régions françaises, sur leurs marges, se trouvent affectées par ce phénomène, mais plus particulièrement celles du centre, depuis le sud de la Lorraine jusqu'aux Pyrénées, en passant par l'Auvergne et le Limousin. C'est "la France du vide", mais aussi une inestimable réserve d'histoire, de nature et de culture, un patrimoine toujours vivant et qui séduit encore, un lieu de mémoire et de silence.

La diversité extrême des territoires en France est à l'image de celle de l'Europe, mais avec des accents plus contrastés encore. "*Vieux pays*", écrivait le général de Gaulle, vieux par l'histoire millénaire, par la stratification des usages et des traditions, par le vieillissement de la population. Celui-ci reste cependant moins prononcé que dans le reste de l'Europe. De même l'affaiblissement de l'équilibre entre naissances et décès est moins net et le solde reste positif. La France est aussi terre d'accueil, comme elle l'a été tout au long de son histoire, absorbant les vagues successives de grandes invasions ou d'immigrations venues du sud et de l'est de l'Europe, maintenant du Maghreb, de l'Afrique et des îles tropicales. À l'heure actuelle, la population immigrée s'élève à 3 263 000 personnes, mais l'immigration a été très peu importante au cours de la dernière décennie. La France des métropoles s'est maintenant substituée à celle des vieux pays ruraux et des petites villes. Plus des trois quarts de la population française vit dans des villes, et plus encore dans l'orbite d'une grande ville. Ici se trouve la nouvelle "France profonde", dans une unité nationale très affirmée et une extrême diversité des territoires et des hommes.

Vocabulaire

étanche	*adj.*	坚固的,无隙可乘的
dune	*n.f.*	沙丘
portuaire	*adj.*	港口的
isthme	*n.m.*	峡
renflé, e	*adj*	凸起的,隆起的
convergence	*n.f.*	汇合,汇聚
converger	*v.i.*	汇聚,汇合
hydrographique	*adj.*	水文地理学的
armoricain, e	*adj,n.*	阿尔莫里克的(人)
Armorique		阿尔莫里克,法国西部丘陵, 现布列塔尼地区
dispersion	*n.f.*	分散
bocage	*n.m.*	(法国西部)用树木围隔的田地或草地; 小树林
coteau	*n.m. (pl.-x)*	(特指种葡萄的)山丘
viticole	*adj.*	种葡萄的
frange	*n.f.*	构成边缘的东西
revivifier	*v.t.*	使恢复生气,使恢复活力
interstice	*n.m.*	空隙, 缝隙
friche	*n.f.*	处女地, 荒地; 荒芜
estival, e	*adj.*	夏季的, 适合于夏季的
stratification	*n.f.*	(地质)层理

Questions

1. Enumérez les pays voisins de la France.
2. Quelles sont les frontières "naturelles" de la France?
3. Pourquoi la France constitue-t-elle un carrefour important de l'Europe?
4. D'où vient l'apparition de "la France du vide"?

第七课　法国地理

阿尔芒·弗雷蒙

法国是欧洲最大的国家，国土面积是551 550平方公里。根据1999年的调查结果，如果不包括海外领土和海外省，法国人口是58 416 300人，加上海外领土及海外省的人口，法国有60 081 800人，在欧洲国家中排在德国之后，与英国和意大利的人口差不多。但与其他洲的大国如美国、巴西、印度或中国相比，法国的国土面积就没有可比性了。

法国的六边形

法国的国土像一个六边形。从中世纪起，在千余年间，先是历代国王，后是共和国，始终如一的统一意志形成了今日的法兰西国土。这个平衡的六边形，三大边朝向海洋，另外三边是大陆边界。经过19和20世纪多次法德战争之后，法国取得了今天的规模。

南部与西班牙的边界是由比利牛斯山脉构成的，最高点阿奈托峰高达3404米。东部与意大利和瑞士的边界，被阿尔卑斯山和汝拉山隔开，而莱茵河中游则是法国与德国之间的界河。这些长期严密分隔两国的“天然”边界，今天提出了穿越艰难的问题，欧洲贸易的增长，促使人们通过山口、桥梁和公路及铁路隧道来实现交通运输。比利牛斯山、阿尔卑斯山和汝拉山的山地区域，由法国与邻国共同管辖。法方的阿尔卑斯山北部是欧洲面积最大的滑雪场，也是大部分山地体育的发祥地。高达4807米的勃朗峰是欧洲最高峰。

相反，法国与德国卢森堡和比利时交界的北方，却是十分开阔，只需穿过海拔不高的阿登古高原和北欧大平原。过去，这里长年累月都是冲突、战斗和入侵边界的事件。而现在，在很多方面，这里变成了里尔地区和比利时之间，洛林、卢森堡和萨尔之间跨边界贸易最繁忙的地区。在众多欧洲协议的刺激下，在阿尔萨斯和巴德-乌当贝尔之间、以巴尔-米鲁兹和日内瓦为中心的莱茵河中游地区、尼斯地区、加泰罗尼亚和巴斯克地区，也形成了跨国界贸易区。

尽管不是四面朝海，但是法国已经具备了三面朝海的得天独厚的优势。法国南部的地中海海岸终年阳光明媚，普罗旺斯省的海岸蜿蜒曲折，风景宜人。朗格道克省的蓝色海岸那绵延不断的沙滩，更令人流连忘返。东南部气候温和湿润，阳光灿烂，海岸由沼泽和沙丘相间的沙滩构成。法国西北部是英吉利海峡和北海，地球上最为繁忙的海上通道就位于大西洋和比利时、荷兰、英国和法国的北海港口之间。法国有两组欧洲最大的港口，一组位于塞纳河河谷的鲁昂和勒阿弗尔，另一组是在罗纳河入海口的马赛。法国本可以成为一个海上强国，但她从来不是，今后更不可能是。现在法国海滨的主要活动是旅游，从北海到地中海，处处都十分活跃。高品质的海滨地带连绵起伏的山峦高地、历史名城及乡村，使法国成为欧洲和世界的第一旅游大国。

欧洲的十字路口

法国国土位于欧洲西部略为凸起的海峡之上，把地中海和英吉利海峡及大西洋隔开，和欧洲大陆余下的伊比利亚半岛相连。在这一地理环境中，巴黎盆地，从过去到现在，始终起着举足轻重的作用，这是由于在历史的各个时期，这里有快捷的交通、广阔的地域、高品质的土壤和农业、以塞纳河和卢瓦尔河两条大河为中心的水文地理的汇聚。这里是法兰西民族的摇篮，国王的领地，这里汇聚了其他省份，这里是共和国的首府地区。巴黎市雄踞盆地之上，是欧洲和全世界最大的城市和最大的地区之一。巴黎市有 2 116 000 居民，巴黎大区有 10 925 000 居民。应该再加上盆地的周边城市：卡昂、鲁昂、勒阿弗尔、亚眠、兰斯、奥尔良、图尔等。这个被巴黎高度控制的城市网，因欧洲繁忙的贸易而得到强化，英国、比荷卢经济联盟、德国以及稍远一点的南部国家意大利和伊比利亚半岛之间的贸易往来，都要从这里通过。

法国国土是欧洲西部最重要的十字路口之一，在任何情况下，国际贸易都无法避开这一广阔地区。两大交通枢纽加强了它的核心地位：东部是莱茵河和摩泽尔河、索恩河及罗纳河河谷的南北大通道。这条断断续续的通道，目前被高速公路和高速火车连接得十分通畅，通道旁的大城市，有梅斯、南锡、斯特拉斯堡、里昂、格勒诺布尔、圣艾蒂安、马赛。在南方，由加龙河谷和阿基坦盆地延伸的地中海沿岸地区，也起着类似的作用，这一带的尼斯、马赛、蒙彼利埃、图卢兹和波尔多，都是闻名遐迩的名城。过去的工业基地以生产煤炭、钢铁和纺织品为主，像洛林和北方加莱省那样。而现在，在这些大城市、大都会和巴黎大区，聚积着人力资源以及工业与第三产业生产的财富。三大人口聚集区的居民数量均在百万以上：里尔–鲁贝–图尔宽与比利时、英国比邻，里昂是仅次于巴黎最重要的交通与经济服务业枢纽，与瑞士和意大利近在咫尺，埃克斯–马赛则是通往地中海的门户。

法国西部，阿尔摩里克高原及其周边地区，尤其是在法国中部的中央高原及其周边地区，可谓人烟稀少，大城市屈指可数：雷恩、布雷斯特、普瓦捷、南特、利摩日、克莱蒙费朗。这里大部分地区是农村，中小城市组成了相当松散的城市网。

多样性、统一性和集中性

在这些地区之间，法兰西像是一个具有令人惊奇的多样性的国度。法国人培养着自己的乐趣。有人可能会嘲笑他们，有人会羡慕他们，因为他们的奶酪种类繁多，葡萄酒味道各异，饮食习惯各不相同。他们始终如一地喜欢让市镇作为共和国的基层行政单位，既有省又有大区。法国的 3.6 万多个市镇，因

为它们异乎寻常的分散性，成为全欧洲和全世界独一无二的行政单位。22个大区，规模还算合理，但100个省的规模，与国外相比就显得过于小了。

行政区的划分适应了法国历史和地理形成的这种多样性。地中海和大西洋之间，海洋与内陆之间，气候完全不同从巴黎盆地中央的大平原到阿尔卑斯山或比利牛斯山顶峰，从中央高原或孚日山脉连绵起伏的山地到罗纳河或卢瓦尔河的大河谷，地形千差万别。从卡佩王朝最初几位国王起就作为国家心脏的法兰西岛，到萨瓦、尼斯伯爵领地、阿尔萨斯和洛林，直到19和20世纪，还为归属问题与别国不断争夺，法国各地区的归属情况也大不一样。语言来源、方言习惯差异悬殊。城市各有特色，大部分城市均历史悠久。各个地区都有自己的独特之处。法国长期是一个农业国家，农民扎根于长达数百年的多种经营传统中，这种地域特征多样化的农业经济是由三大支柱产业构成的：一是巴黎盆地高产量的粮食生产，另一个是在法国西部和中央高原始终异常活跃的传统畜牧业，而地中海地区则是制酒业、水果和蔬菜的生产基地。这种状况造成了各地区迥然不同的特色。广阔的平原，法国西部树木环绕的草地、森林，地中海常绿灌木丛，种植葡萄的山坡和灌溉的田地，各地的景色迥然不同。正是基于这种原因，法国占据了欧洲农业的首选地位，尤其是在粮食、牛肉、奶制品、葡萄酒、水果和蔬菜的生产方面。如果说得更周全一点，最好对加勒比海、印度洋和太平洋的岛屿加上一笔热带色彩。

至少作为补充，似是而非的是，在这种多样性之中，却诞生了一个欧洲乃至全世界最中央集权的国家。这个国家通过各省和各市镇的接力，保证了共和国的统一性。共和国的形象无处不在，在各地的政权机关尤其是全国各个学校更具代表性。19世纪和20世纪，工业的发展和交通运输网的扩大、最初高度集中在巴黎的大学和工程师学校、时时离不开国家和国有大企业支持的资本主义经济建设，这一切都促进了形成领土高度集中的模式，即巴黎要面对外省。在外省中，像罗纳河-阿尔卑斯以及其他地区，经济蒸蒸日上，但像奥弗涅或利穆赞地区，则经济很不景气。这一切集中于巴黎的状况，始终表现在交通运输布局上，铁路依然铺设在过去蜘蛛网状的国王大道上。而且，现在的飞机航线和高速火车路线，还是19世纪的火车路线，一切通向巴黎，一切都来自巴黎。第二次世界大战以来，刻意改革的一项领土整治政策在修正这种倾向上，确实收到了可观的效果，同样，1982年的非集中化法律也起到了显而易见的作用。但是无论如何，法国领土集中化特征依然十分突出。过去曾是工业和大部分服务业，现在是一切决定、最高档的服务业、时尚、艺术和文化，全部都在巴黎。

法兰西的三个面孔

当代法国在遭受了对工农业地区造成严重影响的经济危机之后，每平方公里100个居民的数字，明显低于几乎全部邻国的平均人口密度，在这个表面的一致性下面，仍呈现出三种不同的景观。

巴黎和巴黎大区始终是独一无二的，这个越来越大的城区已经超出了巴黎大区边界，在欧洲，只有伦敦大区才能与之相提并论。这里生活工作着一千多万人。在几乎一切领域，它始终是法国第一大区，而且遥遥领先。尽管政府竭力阻止，大量的公共投资仍然涌向这个地区。巴黎，这个享有盛誉的首都，在各方面都是具有世界影响的城市。确切地说，在政治、旅游、艺术或文化领域确实如此，但在经济领域却并非如此。巴黎和巴黎大区的居民早已认清这一事实，住在巴黎大区边上的居民，现在正向邻近地区发展。巴黎及其远郊区是法国最大的移民定居点，人数已达到130万左右。

遍布全国各大区的城区空间，是目前居民增长最快的地方，其增长速度与规模和当地的经济活动密切相关。

七八十年代的工业危机的不良后果在某些地区依然历历在目，例如洛林、加莱海峡、上诺曼底等地。像圣艾蒂安、勒阿弗尔和蒙贝利亚尔等老工业基地，呈现出人口下降趋势。当然，以上地区并不具有任何普遍性。实际上，几乎全国各地的服务业和工业的发展，都带动了城区人口增长。受到相邻城市的直接影响，近郊新区和新的农村像雨后春笋般地四处涌现。空间“都市化”现象波及全国各地。卡昂成为20万居民的聚集区就是一个例子。西部的勒芒和昂热，东部和南部大都市如格勒诺布尔、蒙彼利埃和波尔多等地，情况更为突出。经济发展成就越大的地区，人口增长得越快，例如，卢瓦尔河港湾的南特-圣纳泽尔(680 000居民)变成了法国西部工业和服务业的主要都会，南方的图卢兹市(760 000居民)已成为欧洲的宇航城。

在这些都市空间接缝处，还有一个纯粹是农村的地方，这些地方往往非常迷人，仅有的一些小城镇活跃着当地的经济。这里的农业都是家庭式经营，生产水平不高，留下越来越多的荒地。这些地方可用来再造森林。当地居民几乎已作出最大努力，但无力回天。人口下降的原因，一是出生率下降，二是由移民造成的。人口密度已跌至每平方公里20人以下。在实施非工业化政策和农民出走之后，公用事业成了问题。周末和假日旅游成了这些地区主要的经济活动。法国各大区的边缘地带，都被这一现象困扰着，从洛林南部直到比利牛斯山，其中包括奥弗涅和利穆赞地区，都有这种“法兰西无人区”现象。这里蕴藏着历史、自然和文化的无法估价的资源，是一笔永远有活力而且继续有魅力的财产，是一个充满回忆的寂寞所在。

法兰西各地区异乎寻常的多样性，是欧洲各国多样性的代表，但她的反差色彩更加浓厚。戴高乐将军称之为“古老的国家”，其“古老”是源于她有千年的历史，源于她的传统和习惯层理分明，也源于她人口的老化。这一点与其他欧洲国家相比并不算突出；同样，出生与死亡的失衡也不明显，基本还属于正常。法国历来是一个接纳外来人口的国家，过去它吸纳来自欧洲南部和东部不断涌来的人口入侵和移民浪潮。现在，来自马格里布、非洲以及热带岛屿的移民，仍然纷至沓来。法国目前的移民总数已达 3 263 000 人，近十年来，移民数量并不很多。现在法国本土变成了一个古老农村和小城市遍布的国家。四分之三的法国人住在城市里，其余的人住在大城市的城乡结合地带。现在这个新的"神秘法兰西"，既呈现出国家的高度统一，各个地区和各地居民又呈现出千差万别的特征。

LEÇON 8

Les autorités administratives indépendantes

par Bernard Stirn

Traditionnellement organisée selon des structures hiérarchiques placées sous l'autorité d'un ministre, l'administration française a connu, dans le dernier tiers du XXe siècle, une évolution marquante avec l'apparition et le développement des autorités administratives indépendantes, qui ne sont pas sans rappeler les agences anglo-saxonnes.

Certes, il existait de longue date des institutions administratives disposant de fortes garanties d'indépendance, comme les jurys d'examens ou de concours ou certaines commissions, de nature parfois quasi juridictionnelle telles les commissions départementales de remembrement. À la limite, le Conseil d'État (juridiction suprême de l'ordre administratif) avait au long de l'histoire affermi son indépendance au sein de l'administration. Mais la catégorie, qui s'est dégagée de façon empirique, des autorités administratives indépendantes n'en marque pas moins une novation. Peut-être constitue-t-elle même, au moins dans certains domaines, une nouvelle façon d'administrer.

La mise en place des autorités administratives indépendantes ne découle pourtant pas d'une logique prédéterminée. C'est au contraire au fur et à mesure de la constitution d'instances nouvelles par les garanties dont elles bénéficient et par les pouvoirs qui leur sont confiés que s'est dégagée la notion d'autorité administrative indépendante. Aucune définition générale n'a été donnée d'une catégorie d'institutions administratives dans laquelle sont venus se ranger divers organismes, dont les premiers ont été créés avant que le vocable qui les caractérise devînt usuel : pour les autorités administratives indépendantes, l'existence a précédé l'essence. Aussi, les autorités administratives indépendantes sont-elles d'une grande diversité. Les frontières mêmes de la catégorie ne sont pas déterminées avec une netteté rigoureuse. Il est toutefois possible de tracer, à partir d'une définition d'ensemble, un panorama général de ces autorités avant de réfléchir, à partir de là, à la place qu'elles occupent aujourd'hui dans l'appareil administratif.

Les autorités administratives indépendantes : panorama général

Diverses par leurs domaines d'intervention comme par les moyens et les pouvoirs dont elles disposent, les autorités administratives indépendantes présentent des traits communs qui permettent de les définir comme des institutions créées par la loi, en dehors des structures administratives traditionnelles, sans personnalité juridique propre mais dotées d'une autonomie fortement garantie, et chargées, dans un domaine déterminé, d'une mission de régulation.

Ces autorités peuvent être classées en deux grands domaines, selon qu'elles ont pour objet la régulation des activités économiques ou la protection des droits des citoyens.

Autorités administratives indépendantes et vie économique

Domaine privilégié d'intervention des autorités administratives indépendantes, la régulation de l'économie de marché est le premier secteur où elles ont été instituées, avec la création, dès 1941, de la Commission de contrôle des banques, à laquelle a succédé en 1984 la Commission bancaire, tandis qu'une Commission de contrôle des assurances a été mise en place, sur le même modèle en 1989. Un rapprochement de ces deux commissions est aujourd'hui envisagé.

D'une importance particulière sont la Commission des opérations de Bourse et le Conseil de la concurrence.Créée, à l'image de la Securities and exchange commission américaine, par l'ordonnance du 28 septembre 1967, la Commission des opérations de Bourse dispose de pouvoirs de réglementation, de contrôle et de sanction qui ont été élargis par les lois du 2 août 1989 et du 2 juillet 1996. La procédure qu'elle suit en matière de sanction a été réaménagée pour satisfaire aux exigences de séparation entre le rapporteur qui définit les griefs et l'instance collégiale qui délibère ensuite. Une réforme qui fusionnerait la COB et le Conseil des marchés financiers, de façon à instituer une autorité unique compétente en matière de marchés des valeurs financières et mobilières, comparable à la Financial service authority britannique, est en cours.

Issu de la Commission technique des ententes, mise en place en 1953 et remplacée en 1977 par la Commission de la concurrence, le Conseil de la concurrence, institué par l'ordonnance du 1er décembre 1986, donne des avis, inflige des sanctions et adresse des injonctions aux entreprises. Son rôle est central dans la définition et la mise en oeuvre du droit de la concurrence.

Avec le nouveau statut donné à la Banque de France par la loi du 4 août 1993, à la suite de la ratification du traité de Maastricht et de la mise en place de la monnaie unique, le Conseil de la politique monétaire a été institué, avec pour mission de déterminer la politique monétaire et, notamment, de fixer le taux du crédit. Institution de la Banque de France, il s'apparente à une autorité administrative indépendante par la nature de ses attributions et les garanties particulièrement fortes dont il dispose : ses membres ne peuvent recevoir ni même solliciter d'instruction de quiconque. D'autres autorités administratives indépendantes ont été constituées autour de la Banque de France, notamment le Comité des établissements de crédit et des entreprises d'investissement.

Des activités économiques autres que monétaires et financières se sont trouvées également placées sous l'obédience d'autorités administratives indépendantes. Ainsi, la loi du 26 juillet 1996 a créé l'Autorité de régulation des télécommunications, qui reçoit des pouvoirs d'avis, de proposition, de sanction et de réglementation. C'est sur un modèle voisin que la loi du 10 février 2000 charge la Commission de régulation de l'électricité de veiller à la bonne utilisation des réseaux de transport et de distribution d'électricité. Libéralisation de l'économie et affirmation d'autorités de régulation cheminent de pair.

Autorités administratives indépendantes et droits des citoyens

La protection des droits des citoyens et, plus particulièrement des administrés, est un autre domaine d'élection des autorités administratives indépendantes.

Avec la loi du 3 janvier 1973 est créé, en s'inspirant de l'ombudsman suédois, le Médiateur, devenu en vertu de la loi du 13 janvier 1989, qui le qualifie d' "autorité indépendante", Médiateur de la République. Nommé en Conseil des ministres, le Médiateur peut être saisi, par l'intermédiaire d'un parlementaire, de toute difficulté rencontrée par un citoyen dans ses rapports avec l'administration. Plus de 51 000 réclamations lui ont ainsi été transmises en 1999. Son intervention consiste principalement à rechercher une solution d'équité. À partir des cas qu'il traite, le Médiateur formule également, en particulier au travers de son rapport public, des propositions de réforme, qui ont dans de nombreux cas été à l'origine de modifications législatives ou réglementaires. Disposant d'un délégué dans chaque département, le Médiateur s'est imposé comme instance efficace de recours des citoyens devant certaines pesanteurs de l'administration.

Dans le cadre d'une politique visant à assurer la transparence administrative, la loi du 6 janvier 1978 a institué la Commission nationale de l'informatique et des libertés (CNIL) et la loi du 17 juillet 1978 la Commission d'accès aux documents administratifs (CADA). La CNIL veille au respect des principes généraux de protection de la personne face à l'informatique énoncés par la loi. Chargée d'autoriser les traitements automatisés d'informations mis en oeuvre par les administrations et de recevoir déclaration de ceux des personnes et entreprises privées, elle est devenue l'interlocuteur reconnu de tous les professionnels de l'informatique. Certaines des règles qu'elle applique doivent être adaptées pour transposer la directive européenne du 24 juillet 1995 relative à la protection des personnes à l'égard du traitement des données à caractère personnel. Saisie avant tout recours juridictionnel des difficultés dans l'exercice du droit d'accès aux documents administratifs, la CADA joue, pour sa part, un rôle décisif dans l'application effective de ce droit, dont elle retient une conception large. Elle examine 4 000 cas par an et les avis qu'elle donne sont dans plus de 80 % des cas suivis par l'administration. Soulignant la place des autorités administratives indépendantes dans les relations de l'administration et des usagers, la loi du 12 avril 2000, relative aux droits des citoyens dans leurs rapports avec les administrations, contient plusieurs dispositions qui étendent les compétences du Médiateur, de la CNIL et de la CADA.

Dans le domaine de la communication, le recours aux autorités administratives indépendantes a été largement pratiqué. Ont d'abord été créés, dans des secteurs bien délimités, la Commission des sondages (loi du 19 juillet 1977) puis le Médiateur du cinéma (loi du 29 juillet 1982).

Avec la nouvelle organisation de l'audiovisuel, le recours à une autorité administrative indépendante s'est imposé dans le domaine de la communication, au travers des trois institutions qui se sont succédé, la Haute Autorité de l'audiovisuel (loi du 29 juillet 1982), la Commission nationale de la communication et des libertés (loi du 30 septembre 1986), enfin le Conseil supérieur de l'audiovisuel (loi du 17 janvier 1989). Sans doute cette succession même traduit-elle la difficulté du passage d'une responsabilité directe de l'État à la régulation par une autorité indépendante. Le principe d'une telle autorité n'a toutefois pas été remis en question et, avec le CSA, doté de pouvoirs de nomination, d'autorisation, de sanction et de réglementation, l'équilibre paraît avoir été trouvé. Dans ses décisions du 21 janvier 1994 et du 27 juillet 2000, le Conseil constitutionnel, marquant l'importance du CSA, l'a qualifié d'"autorité indépendante, garante de l'exercice de la liberté de communication".

Au cours des dix dernières années, les autorités administratives indépendantes destinées à protéger les citoyens se sont multipliées dans des domaines variés, Commission nationale des interceptions de sécurité compétente en matière d'écoutes téléphoniques (loi du 11 juillet 1991), Commission consultative du secret de la défense nationale (loi du 8 juillet 1998), Autorité de contrôle des nuisances aéroportuaires (loi du 12 juillet 1999), Défenseur des enfants (loi du 6 mars 2000), Commission nationale de déontologie de la sécurité (loi du 6 juin 2000).

La liste n'est pas close. Pourraient y figurer des institutions qui sont à la limite de la catégorie des autorités administratives indépendantes, comme le Comité national d'évaluation des universités. Surtout, elle sera complétée par de nouvelles autorités. Il est envisagé d'en créer une en matière de sûreté nucléaire. Des propositions ont été formulées pour qu'une autorité indépendante soit chargée de la lutte contre les discriminations. C'est dire la place prise par les autorités administratives indépendantes dans le paysage administratif.

La place des autorités administratives indépendantes dans l'appareil administratif

À bien des égards, les autorités administratives indépendantes ont apporté à la vie administrative un renouveau adapté aux exigences d'aujourd'hui. La multiplication de ces autorités suscite toutefois des interrogations quant à l'équilibre à préserver entre elles et les autres institutions politiques et administratives.

Une formule adaptée à des besoins nouveaux

La diversité des autorités administratives indépendantes rend certes difficile toute approche d'ensemble. Ainsi, la Commission nationale de l'informatique et des libertés, la Commission des opérations de Bourse, le Conseil de la concurrence, le Conseil supérieur de l'audiovisuel, l'Autorité de réglementation des télécommunications disposent de larges prérogatives qu'ils mettent en oeuvre grace à des services administratifs importants. Beaucoup plus légers sont, par comparaison, les moyens de la Commission d'accès aux documents administratifs, de la Commission des sondages ou du Médiateur du cinéma. Les besoins auxquels ces autorités répondent n'en présentent pas moins des caractéristiques communes.

Il s'agit d'abord d'assurer, dans certains domaines sensibles, un arbitrage impartial et une approche pluraliste. Les exigences qui en découlent se traduisent dans les conditions de désignation des membres des autorités administratives indépendantes, la collégialité, qui les caractérise, à trois exceptions près (Médiateur de la République, Médiateur du cinéma, Défenseur des enfants), les garanties dont elles disposent.

Parmi les pouvoirs qui leur sont conférés se retrouvent des attributs classiques d'autorités administratives : avis ; proposition ; agrément ; sanction ; parfois nomination et même réglementation. Mais, au-delà de ces modalités d'intervention, leur rôle se définit davantage par la notion nouvelle de régulation, qui implique une autorité morale reconnue, une certaine souplesse dans les formes de décision, un appui aussi sur l'opinion. On peut, à cet égard, relever que les autorités administratives indépendantes ont en commun de rédiger chaque année un rapport public.

Avec ces particularités, les autorités administratives indépendantes ont d'autant mieux trouvé leur place que les principes du droit public ont assuré leur insertion constitutionnelle et défini les contrôles juridictionnels qui s'exercent sur elles.

Du point de vue constitutionnel, l'idée, parfois avancée, d'inscrire dans la Constitution le principe de l'existence d'autorités administratives indépendantes, voire d'y mentionner certaines d'entre elles, n'a pas été suivie d'effet. La question s'est, par ailleurs, posée de la compatibilité de telles autorités avec l'article 20 de la Constitution, aux termes duquel "le Gouvernement dispose de l'administration". À l'occasion des décisions qu'il a rendues au sujet de la Commission nationale de la communication et des libertés (18 septembre 1986), du Conseil de la concurrence (23 janvier 1987), du Conseil supérieur de l'audiovisuel (17 janvier 1989) et de l'Autorité de régulation des télécommunications (23 juillet 1996), le Conseil constitutionnel n'en a pas moins jugé qu'il n'y avait pas d'obstacle constitutionnel à la création de telles autorités. Il a même admis qu'un pouvoir réglementaire pouvait leur être conféré par la loi, à la condition qu'il ait une portée limitée et soit subordonné au respect tant des lois que des décrets. Dans ces limites, qui débouchent sur un pouvoir réglementaire spécialisé et subordonné, la loi a pu conférer une compétence réglementaire à la Commission nationale de l'informatique et des libertés, à la Commission des opérations de Bourse, avec d'ailleurs l'agrément du ministre des Finances, au Conseil supérieur de l'audiovisuel, de façon toutefois réduite par rapport à la Commission nationale de la communication et des libertés, à l'Autorité de régulation des télécommunications et à la Commission de régulation de l'électricité.

Les actes des autorités administratives indépendantes sont soumis au contrôle du juge. Le Conseil d'État l'a constaté à propos des décisions que peut prendre le Médiateur (10 juillet 1981, Retail). Le Conseil constitutionnel a rappelé que le droit au recours contre les actes des autorités administratives indépendantes était, comme à l'égard de toute décision administrative, un impératif constitutionnel (décisions du 18 septembre 1986 et du 17 janvier 1989). Souvent la loi prévoit un recours de pleine juridiction, qui permet au juge non seulement d'annuler mais aussi de réformer la décision qui lui est déférée.

S'agissant d'autorités administratives, la juridiction compétente est normalement la juridiction administrative. Pour les autorités qui interviennent en matière de régulation de l'économie, le législateur a toutefois étendu la compétence de l'autorité judiciaire, en plaçant sous le contrôle de la cour d'appel de Paris les décisions du Conseil de la concurrence, les sanctions – mais non les mesures réglementaires – arrêtées par la Commission des opérations de Bourse, les décisions prises par l'Autorité de régulation des télécommunications à l'occasion des litiges entre opérateurs. Le Conseil constitutionnel a admis de tels transferts de compétence, dès lors qu'ils avaient un objet précis et limité et étaient décidés dans le souci d'unifier un contentieux, de nature commerciale, au profit de l'ordre de juridiction "principalement intéressé".

Dans ce cadre, les autorités administratives indépendantes contribuent utilement à la définition d'un droit adapté à des domaines nouveaux. Elles apportent des garanties aux administrés et facilitent la régulation d'activités sensibles. Leur intervention est particulièrement efficace lorsqu'il s'agit moins d'administrer un secteur que de définir des "standards" de comportement et de protéger des droits.

Des équilibres à préserver

Si elles se sont jusqu'ici bien intégrées dans l'ensemble constitutionnel et administratif, les autorités administratives indépendantes ne peuvent indéfiniment se développer sans susciter des problèmes d'équilibre vis-à-vis tant des autorités politiques, Parlement et gouvernement, que des autres institutions administratives.

Éclairer les grands débats de société par des réflexions sereines et pluralistes est l'une des missions des autorités administratives indépendantes. Elles se rapprochent par là des "comités de sages", dont le rôle s'est, lui aussi, accru, et qui se sont constitués soit de façon temporaire, comme la Commission de la nationalité, en 1986–1987, soit avec une vocation permanente : tel est le cas du Comité national d'éthique, créé en 1983, et du Haut Conseil à l'intégration, institué en 1989. À la différence des autorités administratives indépendantes, ces comités n'ont qu'une tache de réflexion et de proposition, sans attribution administrative ni pouvoir juridique. Mais si les uns comme les autres ont vocation à nourrir la réflexion du Parlement et du gouvernement, ils ne doivent pas se substituer à eux, dont relèvent en dernier ressort les décisions. Ainsi les lois sur la bioéthique des 25 et 29 juillet 1994, puis leur révision engagée dès 1999, permettent au débat parlementaire de s'engager après les rapports des experts. De même, certaines attributions ne peuvent en aucun cas être confiées à une autorité administrative indépendante : dans un avis, rendu public, donné en 1999, le Conseil d'Éétat a indiqué que l'autorité administrative indépendante envisagée dans le domaine de la sûreté nucléaire ne pouvait recevoir de compétence pour édicter des règlements de police, qu'il appartient au seul gouvernement d'arrêter.

Vis-à-vis de l'ensemble de l'appareil

administratif, c'est le développement excessif des autorités administratives indépendantes qui pourrait être source de difficulté. Pour être efficace, la formule demande à n'être utilisée que dans les domaines où elle se justifie véritablement, par la nature des débats en cause ou le type de pouvoirs qu'il est nécessaire d'exercer. Appropriée dans certains secteurs, la régulation n'est pas une façon d'administrer qui pourrait être utilisée de manière générale. Et, pour conserver le crédit nécessaire à une magistrature qui est en partie d'ordre moral, les autorités administratives indépendantes ne doivent pas proliférer.

Vocabulaire

juridictionnel, le	*adj.*	司法(权)的，裁判(权)的
juridiction	*n.f.*	司法权，裁判权
remembrement	*n.m.*	(小块土地的)合并
affermir	*v.t.*	巩固，加强
empirique	*adj.*	全凭经验的
novation	*n.f.*	革新，更新
vocable	*n.m.*	(具有特殊释义的)字，词
panorama	*n.m.*	全景；概况
grief	*n.m.*	(多用复数)抱怨，不满，不平；[法] 上诉书
délibérer	*v.i.*	商议，审议
fusionner	*v.t.*	使合并
infliger	*v.t.*	处(罚)，加(罪)；使遭受
injonction	*n.f.*	命令，指令
monétaire	*adj.*	货币的
s'apparenter à qch.		与……性质相同
obédience	*n.f.*	服从，顺从
médiateur, trice	*n.*	调解者
déontologie	*n.f.*	职业道德
pluraliste	*adj.*	多元论的
attribut	*n.m.*	属性，象征
être subordonné à		隶属于，服从于
litige	*n.m.*	[法] 诉讼；争论，争端
approprié, e	*adj.*	适合的，适应的
proliférer	*v.i.*	激增，扩散

Questions

1. Quels sont les traits communs que présentent les autorités administratives indépendantes?

2. Enumérez quelques autorités administratives indépendantes qui ont pour objet la régulation des activités économiques et quelques-unes pour la protection des droits des citoyens.

第八课　独立行政机构

贝尔纳·斯蒂恩

法国管理机关,传统上是在一名部长领导下,按等级结构组织起来的,在20世纪后三十多年中,随着独立管理机构的出现和发展,发生了一个明显的变革,因此我们不能不回顾一下盎格鲁-撒克逊的这类机构。

事实上,具有很强独立保证的管理机关已经存在很久了。例如:考试、会考的答辩委员会,或者某些往往是半司法性质的委员会,在长期的历史中已经确定了在管理部门中的独立地位。但是,独立管理机构这个范畴,虽以无科学根据的方式脱胎出来,却仍然不失为一种发明,至少在某些部门,可能就是一种新的管理方式。

建立独立的管理机构,并不是来源于预先确定的某种逻辑。相反,随着这些机构得到的保证和交给它们的权力日益增加,渐渐形成了某种新的迫切要求,才逐步产生了独立管理机构的理念。对于一个管理机构的范畴,事先从来没有任何一般的定义,而是在这一范畴中,逐渐加入了各类机构,其中最早出现的机构,实际上,在修饰它们的词汇出现之前,就早已经存在了。因此,独立行政机构的存在是先于本质的。正因为如此,独立管理机构的种类十分繁杂。这一范畴的外沿本身,也没有被严格地清晰界定。然而,通过一个总体定义,我们可以勾画出一个笼统概貌,能够根据这个思路洞悉这些独立管理机构在国家管理机器中所占据的地位。

独立管理机构:笼统概貌

从介入的领域和掌握的权力及职能来看,独立行政机构是多种多样的,它们的共同特点是,这些机构全部是根据法律创立的,在传统的管理机构之外没有自己的法律个性,但它们都具有受到强大担保的自主权,并且在一个确定的部门里,负责一项规范化的使命。

这些机构可以分为两类:一类负责规范经济活动,另一类负责保护公民的权利。

独立管理机构和经济生活

独立行政机构进行干预的优先领域，就是规范市场经济。1941年成立的银行监控委员会，1984年改组后易名为银行委员会和按照同一模式、于1989年成立的保险公司监督委员会，都可以说明这些独立管理机构成立的领域，今天，应该考虑一下对这两个委员会进行比较的问题。

股票交易委会和竞争委员会具有特殊重要性。1967年9月28日依据条令，参照美国证券交易委员会的模式，成立了股票交易委员会，它赋有规范、监管和处罚的权力，根据1989年8月2日和1996年7月2日的两条法律，它的权力范围更加扩大了。为满足把上诉报告人和参加开会辩论的同业会分开的要求，对处罚程序进行了修改。目前正在进行把股票交易委员会和金融市场委员会合二为一的改革，将要成立一个可与英国金融管理局相比的，在金融证券和有价证券市场方面唯一的职能管理机构。

1953年成立的协议技术委员会，1977年被竞争委员会取代。竞争委员会是根据1986年12月1日颁布的法令成立的，它负责发布公告进行处罚和向企业下达命令。在制定和实施竞争权方面，这个委员会起着核心作用。

1993年8月4日，法律赋予了法兰西银行一种新的地位，在批准马斯特里特条约和统一货币之后，成立了货币政策委员会，使命是制定货币政策，更为重要的是确定贷款利率。法兰西银行组织，从其职权性质和它所具有的异常强大的担保能力来说，也类似于一个独立管理机构，其成员既不能接受，也不能请求其他任何人的指示。在法兰西银行周围，成立了一些相关的独立管理机构，其中主要有企业投资信贷委员会。

货币金融之外的经济活动同样也置于独立管理机构的监管之下。比如1996年7月26日的法令，创办了远程通讯规范管理局，这个机构具有发布公告、提出建议、进行处罚和制定规章的权力。2000年2月10日颁布的法律，借助邻近的模式，指令电力规范委员会负责监督电力运输配售网的正常运转。这真可谓经济自由化和权力确认规范化并驾齐驱。

独立管理机构和公民权利

保护公民权利，尤其是保护被管理者的权利，是独立管理机构选择的另一个领域。

1973年1月3日公布的法令受到了瑞典巡视官的启发，设立了调停人。根据1989年1月13日法令称之为“独立权威”的调停人，变成了“共和国调停人”。 调停人是由部长联席会任命的，任何人都可以通过一位议员，向他提交诉状。这是考虑到一位公民在与管理机关打交道时会遇到重重困难的原因。1999年，调停人收到了5.1万多件申诉书。他所进行的干预，主要是要寻找一个公平的解决方案。共和国调停人根据他处理过的案件，通过他提交的公众报告，也提出一些改革建议。在很多情况下，他的建议会导致法律和规章的修订。各省都有一名他的代表，针对管理机关的某些迟钝现象，调停人俨然是帮助公民的有效仲裁人。

在保证管理透明的法律范围内，依据1978年1月6日领布的法令，成立了全国信

息与自主权委员会，又依据1978年7月17日颁布的法令，成立了调阅官方文件委员会。全国信息与自主权委员会监督法律宣布的保护个人在信息面前的基本原则，负责批准管理机关发布的自动化处理信息，并听取个人和私人企业在处理信息方面的意见，这个委员会变成了信息界全体专业人员公认的对话人。为了贯彻欧盟1995年7月24日发布的保护个人处理私人性质数据的指示，全国信息与自主权委员会执行的某些规则将要进行修改。调阅官方文件委员会，在受理行使调阅官方文件权利中遇到困难的申诉方面，以及在实施这项权利的过程中，起到了关键作用。该委员会因享有法律援助措施，对这项权利保持着一种宽泛的理念。它每年审理4000宗案件，在向上级管理机关提出的意见中，80%以上都被采纳。2000年4月12日颁布的法令，涉及公民与政府机关关系中的权利问题，强调了独立管理机关在政府机关与用户关系中的地位，并在多项条款中扩大了下述机构的职权范围：共和国调停人、全国信息与自主权委员会、调阅官方文件委员会。

在通讯领域，人们经常求助于独立管理机构。最初，在很有局限性的部门中，成立了“调查委员会”(1977年7月19日法令)和后来的“电影仲裁人”(1982年7月29日法令)。

在视听新组织出现以后，求助独立管理机构解决通讯领域中的困难已成必然之势，因而接连成立了三个机关：视听高等管理局(1982年1月17日法令)、全国通讯和自主权委员会(1986年9月30日法令)和视听最高委员会(1989年1月17日法令)。连续不断地成立新机构这一事实本身，可能已经反映出国家要通过一家独立机构进行调控，由它直接负责解决遇到的困难。事实上，这样的权力原则并没有受到置疑，伴随着最后成立的视听最高委员会，似乎找到了平衡。宪法委员会在1999年1月21日和2000年7月27日的决定中，指出了视听最高委员会的重要性，称之为“保障实现通讯自由的独立权威机构”。

近十年中，保护公民权益的独立管理机构在不同领域纷纷设立，例如：有关电话监听的国家安全监听职能委员会(1991年7月11日法令)、国防机密协商委员会(1998年7月8日法令)、控制空港噪声管理局(1999年7月12日法令)、儿童卫士(2000年3月6日法令)、全国安全义务委员会(2000年6月6日法令)。

这个名单没有列完，还可以加上独立管理机关这一范畴的边缘机构，如全国大学评估委员会。这个名单必将补充上一些新机构，目前正在考虑成立一个核安全方面的结构。另外，对于成立一个负责管理反对歧视的独立机构，已经提出了不少倡议。以上这一切都说明，在管理范畴内，独立管理机构占据着异常重要的地位。

独立管理机构在管理机构中的地位

独立管理机构在诸多方面为管理工作带来了适合今天需要的新内容。然而，这些权力机构的不断涌现,在它们和其他政治和行政机关之间,提出了如何保持平衡的问题。

一种适应新需求的方式

对各种类型的独立管理机构，很难作出一个总体上的比较。例如:全国信息和自主权委员会、股票交易委员会、竞争委员会、视听最高委员会、远程通讯规范管理局,等等。因为有大量的管理部门掌握着实际运作中的多种特权,而相比之下,像调阅官方文件委员会、调查委员会、电影调停人的权力就显得比较有限,但这并不妨碍这些机构所要满足的需求都具有共同的特征。

这些机构首先要保证在某些敏感部门,提供一个不偏不倚的仲裁和一个多元化的处理方案。这就要求独立管理机构选派成员的条件必须符合要求,机构领导成员的权力是平等的,他们掌握的权力能够得到充分保证,这是独立管理机构的共同特点。只有三个机构的情况除外(共和国调停人、电影调停人、儿童卫士)。

在赋予他们的权力之中,有管理机关的一般职权:劝告、建议、批准、处罚,有时也有任命和制定规章的权力。在这些干预的方式之外,它们的作用更多地体现在调停的新理念上,这是一种公认的道德权威,也表现在决定方式之中的某种灵活性上,一种对公众舆论的支持上。在这方面,人们可以注意到,每年独立管理机构都要共同起草一份公众报告。

因为具有这些特点,独立管理机构取得了公众权利原则所保证的地位,又因为与宪法原则衔接密切,所以在法律调控方面能够做到游刃有余。

从宪法的角度看,把独立管理机构存在的原则写进宪法,甚至在宪法中还要提到其中的某些机构,这种观点事实上不能被接受。因为宪法第 20 条明文规定“政府掌管行政大权”,这一条与这些独立机构的权力兼容问题就被提了出来。宪法委员会在对全国通讯和自主权委员会(1986 年 9 月 18 日)、竞争委员会(1987 年 1 月 23 日)、视听高等委员会(1989 年 1 月 17 日)和远程通讯调节委员会(1996 年 7 月 23 日)作出决定的时候,并不认为这些权力机构的成立不存在着宪法障碍。宪法委员会同意通过法律可以给这些机构一种规范化的权力,条件是这种权力必须有一定限度,而且必须服从法律和法令。在这些通向一种专门的调节权的限制之中,法律可以赋予下列机构一种调节职能,它们是全国信息与自主权委员会、股票交易委员会(在财政部长的首肯下)、视听高等委员会、全国通讯与自主权委员会、远程通讯调节管理局和电力调节委员会,其中,视听高等委员会的职权略小一些。

独立管理机构的行为要服从法官监督。国家法院对于调停人可能作出的决定就进行过纠正(1981 年 7 月 10 日重新修正)。宪法委员会也提醒过,反对独立管理机构行为的求助权像有关一切行政决定一样，是宪法的当务之急(1989 年 1 月 17 日和 1986 年 9 月 18 日的决议)。法官经常会提出使用全部裁判权，这样可以使法官不仅能够取消提请他裁定的决议，而且可以重新作出决定。

全部裁判权对于管理机关，一般都是行政审判权。对于参与经济调节的机构，立法延伸到司法权限范围，把竞争委员会的决定置于巴黎法院的监督之下，监督内容不包括调节措施，仅限于作出的处罚决定。股票交易委员会的决议和远程通讯调节委员会的决定也是如此，运作者之间发生的纠纷也由巴黎法院裁决。宪法委员会接受了这样的职权转移，条件是移交职权的目的必须明确，范围必须限定，尤其是在有利于“主要相关”的裁判团体处理商业性质的分歧时，进行职权转移更为合理。

在这个框架中，独立管理机构在设立适合新领域的一种权利时，作出了有益的贡献。它们为被管理者带来了某种担保，并且十分有利于对敏感部门的调控工作。不是在于管理一个部门，而是要确定该部门的行为“规范”和应该保护的权利的时候，独立管理机构的参与是特别有效的。

要保持的平衡

直到现在，如果说独立管理机构已经很好地融入了宪法和管理体制，但面对那么多的政治权力机关、议会和政府，以及其他管理部门，它们不会毫无障碍地向前发展，而不引起平衡问题。

通过健康的多元化的思路，指明社会大辩论的方向，这是独立管理机构的使命之一。通过辩论，它们会接近一些“智者委员会”。这些委员会的作用也增强了，有的像 1986—1987 年组成的民族委员会那样是临时性质的，也有的是常设组织，像“全国道德委员会”和 1989 年成立的“一体化高等参议会”那样。这些智者委员会和独立管理机构不同，它们只有一个思考和建议的任务，既没有管理权，也没有司法权。但是，它们全部负有向议会和政府提出对某一问题进行思考的使命。它们不能代替政府或议会，只有政府和议会才能作出最后决定。1994 年 7 月 25 日和 29 日颁布的关于生物伦理的法律，以及从 1999 年起对这些法律进行的修订，促使议会在专家报告之后进行了讨论。同样，有一些职权在任何情况下都不能交给一个独立管理机构。国家法院 1999 年在一份公布于众的意见中指出：在核安全领域正在考虑由独立管理机构负责，但它无权发布警察条例，只有政府才能制定这些条例。

对于整个管理机器来说，独立管理机构无节制的发展有可能会造成障碍。这种管理方式只能用在它有真正理由存在的领域，才会更加有效。通过有关的辩论，明确领域的性质和适宜赋予权力的类型，来确定是否设立独立管理机构。在某些部门适用的调控方式并不是到处都能够使用的管理方式。维护行政管理机关必要的威信，在一定程度上属于精神范畴，因而独立管理机构不应该增殖过快。

LEÇON 9

L'outre-mer français

Grâce à l'outre-mer, la France dépasse le cadre européen pour s'étirer aux quatre coins du monde. Au-delà du périmètre de l'Hexagone, ses limites vont se mêler aux remous des océans Indien, Atlantique et Pacifique jusqu'aux banquises du continent Antarctique pour se prolonger dans la grande forêt amazonienne.

Loin des clichés réducteurs, la grande singularité de l'outre-mer français réside en sa foisonnante pluralité. Aux contrastes des climats, des paysages, des espèces animales comme végétales s'ajoute une mosaïque de cultures et d'identités, qui sont venues enrichir la république citoyenne, ouverte au monde et fraternelle.

Abolition de l'esclavage, instauration du suffrage universel, marche progressive vers l'égalité sociale : autant d'étapes clés qui ont rythmé, depuis plus d'un siècle et demi, la vie des peuples de l'outre-mer (DOM). Des anciennes "possessions" françaises aux actuels départements, territoires et collectivités territoriales ou départementales, l'histoire qui lie la République à l'outre-mer est une histoire en marche.

Sans conteste, l'outre-mer s'affirme comme l'école de la diversité de la République française. Ainsi, Martinique, Guadeloupe, Guyane et la Réunion constituent les quatre départements français d'outre-mer (DOM). À ce titre, ils bénéficient de la même égalité de droits et de la même identité législative que chaque département de l'Hexagone, avec en plus des possibilités d'adaptation tenant compte de leurs situations spécifiques. En outre, la Constitution française a ouvert la voie des statuts à la carte, illustrée par les processus d'évolution dans lesquels se sont engagés, notamment la Nouvelle-Calédonie, la Polynésie Française ou encore Mayotte...

En reconnaissant à l'outre-mer, le droit à une évolution différenciée et choisie, la République française répond aujourd'hui aux aspirations à la responsabilité des populations de l'outre-mer en leur donnant les moyens d'être, plus que des acteurs, des promoteurs de leur destin.

Océan Indien

La réunion

L'île de la Réunion, fait partie de l'archipel des Mascareignes. Forêt tropicale et massifs volcaniques (point culminant à 3 069 mètres) en font une île haute en couleurs. En 1638, le navire "Saint-Alexis" en route vers les Indes prend possession de cette île déserte au nom du roi Louis XIII. La Réunion devient département français en 1946. D'une superficie de 2 512 km^2, la Réunion compte 706 300 habitants qui témoignent d'un remarquable brassage de populations : africaine, asiatique, malgache et européenne. La population de la Réunion est la plus importante de tout l'outre-mer français.

Cette île offre des sites d'une qualité environnementale exceptionnelle et bénéficie d'un réseau de réserves biologiques qui s'étend sur 7 000 hectares. L'économie de la Réunion s'appuie principalement sur trois secteurs : l'agriculture (canne à sucre, rhum, essences végétales), la pêche (4e produit d'exportation après les productions agricoles) et le tourisme.

La Réunion se distingue également en matière de recherche scientifique avec l'implantation, notamment, du laboratoire volcanologique du piton de la Fournaise et le centre météorologique de Saint-Denis, responsable du suivi cyclonique pour l'ensemble de l'océan Indien.

Mayotte

Mayotte, est la plus méridionale des quatre îles de l'archipel des Comores. D'une superficie de 374 km^2 et peuplée de 135 000 habitants. Deux îles principales et une trentaine d'îlots forment Mayotte. Connue sous le surnom "d'île aux parfums", Mayotte est également réputée pour son lagon, l'un des plus beaux du monde (1 100 km^2).

En 1841, le sultan de Mayotte cède l'île à la France, qui fait partie dès lors de son empire colonial. En 1946, l'archipel des Comores devient territoire d'outre-mer. Trois des îles de l'archipel optent, à la suite du référendum de 1974, pour l'indépendance, alors que Mayotte choisit de rester française. Cet attachement de la population mahoraise à la République n'a fait que se renforcer. Depuis 1998, Mayotte est engagée dans un processus d'évolution statutaire, qui prévoit, à terme, sa départementalisation.

L'économie de Mayotte repose principalement sur son agriculture. Les exportations agricoles mahoraises se concentrent sur trois produits : l'ylang-ylang (utilisé dans l'industrie du parfum pour plus des trois quarts de l'exportation), la vanille et la cannelle.

Loin des circuits balisés, l'île s'offre encore aux visiteurs dans toute l'authenticité de sa nature et de sa culture.

Océan Atlantique

Martinique

Avec une superficie de 1 100 km^2 , la Martinique est le plus petit des départements d'outre-mer. Elle est située au coeur de l'arc antillais dans la mer des Caraïbes. Son relief, d'origine volcanique, offre un paysage varié, dominé par le volcan de la montagne Pelée (1 397 m) qui a marqué l'histoire de l'île avec l'éruption de 1902. Peuplée de 381 400 habitants, la composition de la population témoigne d'une histoire faite de métissages : Noirs d'Afrique, descendants des immigrés indiens, Syriens, Chinois. La population européenne est composée de Békés – descendants des premiers colons – et de Métropolitains.

À l'origine, l'île est peuplée d'Indiens arawaks. L'île devient colonie du royaume de France en 1674. L'esclavage est aboli par décret du 27 avril 1848 sur proposition de Victor Schoelcher. La Martinique est un département d'outre-mer depuis 1946.

Le secteur tertiaire regroupe 75 % des emplois. L'agriculture est la principale source de recettes à l'exportation de l'île. La banane en est la première production agricole et la principale ressource économique. Elle représente 49,5 % de la production agricole finale et génère près de 40 % des recettes d'exportation.

Le tourisme connaît un développement très important : il emploie plus de 11 000 salariés et contribue à plus de 7 % du PIB marchand.

Guadeloupe

Cet archipel, d'une superficie totale de 1 704 km^2 , est constitué de six îles : la Guadeloupe continentale avec Basse-Terre, dominée par le volcan de la Soufrière (1 484 mètres) et Grande-Terre, la Désirade, les Saintes, Marie-Galante et plus au nord Saint-Barthélemy et la partie française de Saint-Martin. Située sur l'arc antillo-caribéen, la Guadeloupe continentale, avec 1 438 km^2 , est la plus grande île des Antilles françaises et compte 422 500 habitants.

À l'origine, l'île est peuplée d'Indiens arawaks. En 1674, l'île devient colonie du royaume de France. Au cours du siècle suivant, se développe une économie basée sur le sucre et l'esclavage, aboli par décret du 27 avril 1848 sur proposition de Victor Schoelcher. La Guadeloupe est un département d'outre-mer depuis 1946. L'économie de la Guadeloupe s'appuie sur l'agriculture (la banane en demeure l'un des piliers), le tourisme et les services.

Principale activité économique du département, le tourisme est pratiquement la seule ressource des îles de Saint-Martin et de Saint-Barthélemy.

Guyane

Au nord-est de l'Amérique du Sud, entre le Surinam et le Brésil, la Guyane s'étend sur 90 000 km^2 . La forêt équatoriale couvre les 9/10e du territoire. C'est le plus vaste et le plus forestier des départements français. Dans le cadre du Sommet de la Terre à Rio en juin 1992, la France a proposé d'en faire un pôle d'excellence en matière de protection de la forêt tropicale et d'éco-développement.

Peuplée de 157 213 habitants, dont plus de 50 000 résident à Cayenne, la Guyane enregistre une densité de 2 habitants/km^2 . Caractérisée par ses origines multiples, la population guyanaise se répartit principalement entre : les créoles guyanais (environ 40 % de la population), les Amérindiens, les Métropolitains, les H'mongs.

Les premiers habitants de la Guyane furent les Indiens tupi guarani. En 1852, Napoléon III décide le transfert du bagne en Guyane. Le gouvernement français met fin, en 1938, à la relégation des bagnards. La Guyane est un département français depuis la loi du 19 mars 1946.

Entrée depuis longtemps dans l'ère de la technologie spatiale, la création, en 1964, du Centre spatial guyanais, a largement contribué à dynamiser l'activité de ce département. La base de Kourou occupe une place importante dans l'économie. Terre de démesure, d'aventure et d'initiation par excellence, le tourisme vert constitue pour la Guyane un axe fort de développement.

Saint-Pierre-et-Miquelon

L'archipel de Saint-Pierre-et-Miquelon est situé dans l'Atlantique nord-ouest, à 25 km des côtes, en face du Canada. Composé de deux îles, cet archipel, compte 6 300 habitants pour une superficie totale de 242 km².

En 1535, il passe sous souveraineté française, quand Jacques Cartier en prend possession. Des Français venus de Bretagne, de Normandie et du Pays basque, pêcheurs pour la plupart, fondent Saint-Pierre. Les îles sont définitivement françaises en 1816. Saint-Pierre-et-Miquelon est devenu une collectivité territoriale en 1985.

La pêche est la principale ressource de l'archipel. Ces derniers temps, des explorations pétrolifères préliminaires dans les eaux de l'archipel ont été engagées. Ce programme de forage annonce peut-être une nouvelle vocation pour Saint-Pierre-et-Miquelon.

La proximité du Canada est un atout important pour le tourisme local qui bénéficie de l'image de "terre française d'Amérique du Nord" de Saint-Pierre-et-Miquelon.

Océan Pacifique

Nouvelle-Calédonie

Située dans l'ensemble mélanésien, la Nouvelle-Calédonie s'étend sur 18 575 km². L'archipel comprend la Grande Terre, deux fois grande comme la Corse, les quatre îles Loyauté, l'archipel des Belep, l'île des Pins et quelques lointains îlots.

La Nouvelle-Calédonie surprend par la palette de paysages qu'elle déploie. L'Archipel compte 200 000 habitants, répartis en deux principales communautés : les Mélanésiens (plus de 44 %) et les Européens (plus de 34 %).

Les Mélanésiens sont les habitants d'origine de la Nouvelle-Calédonie. James Cook est le premier Européen à découvrir cette terre, en 1774. C'est en 1853 qu'elle devient possession française.

Les années 80 sont marquées par la montée du mouvement indépendantiste kanak. Les accords signés en 1988 ont permis d'apaiser le climat d'instabilité politique et d'engager le rééquilibrage économique. Depuis 1998, la Nouvelle-Calédonie s'est engagée dans un processus original d'évolution institutionnelle. À partir de 2014, les électeurs résidant depuis au moins 20 ans sur l'archipel seront consultés sur son accession à la pleine souveraineté.

La Nouvelle-Calédonie dispose de richesses naturelles importantes. Troisième producteur mondial de nickel, ses sols recèlent également d'autres minerais: chrome, cobalt, fer, cuivre, plomb, zinc et jaspe.

L'agriculture, concentrée principalement autour de l'élevage de bovins et des cultures du café et du coprah, occupe 28 % de la population. Les produits de la pêche, constitués à 80 % de thon sont exportés vers le Japon. Depuis 1996, la filière de la crevette tropicale s'est imposée comme la seconde activité exportatrice du territoire.

Le tourisme tient une place privilégiée en Nouvelle-Calédonie, ses atouts naturels lui ont valu le surnom d'île "la plus proche du Paradis".

Polynésie française

Couvrant une superficie émergée de 4 200 km^2, la Polynésie française se compose de 118 îles d'origine volcanique ou corallienne, regroupées en cinq archipels (Société, Marquises, Australes et Tuamotu/Gambier), dispersées sur 2 500 000 km^2.

Sur les 220 000 habitants de la Polynésie française, 43 % de la population a moins de 20 ans. Elle est représentée par plus de 82,8 % de Polynésiens, 11,9 % d'Européens et de 4,7 % d'Asiatiques. Les premiers visiteurs européens arrivent au XVIe siècle. L'histoire de la conquête du Pacifique est marquée par une lutte d'influence entre l'Angleterre et la France, jusqu'à ce que la reine polynésienne Pomaré IV demande le protectorat de la France. Un an plus tard, l'ensemble des archipels était rattaché à la République française. En 1946, la Polynésie française devient territoire d'outre-mer, et jouit d'un statut d'autonomie depuis 1996.

La pêche et l'exploitation du coprah sont les deux activités traditionnelles. Le tissu économique est complété par le commerce, l'artisanat, l'industrie et plus récemment par le tourisme, avoisinant 20 % du PIB, et la perliculture (culture de perles noires), devenue la première exportation en valeur du territoire.À la suite de la suspension des essais nucléaires français au Centre d'expérimentation du Pacifique en avril 1992, l'État s'est engagé à soutenir la mutation économique et sociale de la Polynésie française pour une période de 10 ans.

Wallis-et-Futuna

Cet archipel, formé de trois îles volcaniques (Wallis, Futuna et Alofi), fait partie de l'Océanie polynésienne. L'île de Wallis, à 200 km de au nord-est de Futuna, porte le nom du premier marin qui découvrit en 1767 ces 96 km² Futuna (64 km²) et l'îlot voisin d'Alofi (51 km²), furent découverte en 1616 par des navigateurs hollandais.Dans ce territoire peuplé de 14 166 habitants, 34 % de la population vit à Futuna. Ce n'est qu'au XIXe siècle que s'ancre la présence européenne avec l'implantation de missions catholiques et la conclusion des premiers traités du protectorat entre la France et les trois royaumes. En 1959, le statut de territoire d'outre-mer est approuvé par une large majorité de la population (94,37 %) via un référendum.

L'économie de ce territoire restée très traditionnelle, est encore peu monétarisée. La majeure partie des productions est autoconsommée et les échanges demeurent limités. Les principales activités sont l'agriculture, l'élevage porcin, la pêche et l'artisanat. Le tourisme reste encore peu développé.

Les terres australes et antarctiques françaises (TAAF)

Les navigateurs Crozet et Kerguelen découvrent ces terres en 1772.Devenues territoire en 1955, les terres australes et antarctiques françaises (TAAF) sont constituées de l'île Saint-Paul (7 km²), l'île Amsterdam (54 km²), les îles Crozet (115 km²), les îles Kerguelen (7 215 km²), et la terre Adélie (432 000 km²). Elles sont situées dans la zone sud de l'océan Indien et sur le continent Antarctique. Dans ce territoire, isolé et inhospitalier, la population est constituée par les membres de missions scientifiques et techniques installées sur les différentes bases.

Différents programmes scientifiques sont réalisés, sous la conduite de l'Institut français pour la recherche et la technologie polaire, à partir de bases installées sur les îles Kerguelenet en terre Adélie. Ces études, d'intérêt planétaire, portent, notamment sur : l'atmosphère, la météorologie, la pollution, l'environnement, l'intérieur et la surface du globe, la biologie, l'océanographie... Elles font l'objet de nombreuses actions de coopération scientifique internationale.

L'économie est fondée sur la pêche (algues, krill, saumon). Avec les terres australes, la France a enrichi son domaine maritime de 1 750 000 km.

Vocabulaire

remous	*n.m.*	漩涡，逆流
banquise	*n.f.*	大浮冰
amazonien, ne	*adj.*	亚马孙河的
Amazone	*n.f.*	亚马孙河
brassage	*n.m.*	混合，交融
malgache	*adj.*	马达加斯加的
rhum	*n.m.*	[英] 朗姆酒
piton	*n.m.*	山顶，巅
Comores		科摩罗(非洲东南面岛国)
lagon	*n.m.*	[地]礁湖；咸水湖
sultan	*n.m.*	苏丹(某些伊斯兰国家的最高统治者)
mahorais, e	*adj.*	马约特岛的
statutaire	*adj.*	合乎章程的，合乎条例的
départementalisation	*n.f.*	殖民地划为海外省
cannelle	*n.f.*	肉桂皮
baliser	*v.t.*	设置路标
antillais, e	*adj.*	安的列斯群岛的
Antilles		安的列斯群岛
Caraïbe		加勒比
Pelée		培雷山(加勒比海法属马提尼克岛上的活火山)
métissage	*n.m.*	混血
tertiaire	*adj.*	第三的

créole	*n.*	克里奥尔人
bagne	*n.m.*	苦役犯监狱
Kourou		库鲁(南美洲东北部法属圭亚那城镇)
forage	*n.m.*	钻孔,钻探
nickel	*n.m.*	镍
receler	*v.t.*	藏有
chrome	*n.m.*	铬
cobalt	*n.m.*	钴
zinc	*n.m.*	锌
jaspe	*n.m.*	碧玉
capra(h)	*n.m.*	干椰肉
austral, e	*adj.*	南方的,南半球的

Questions

1. Quels sont les quatre départements français d'outre-mer? Où se situent-ils?

2. Quel DOM possède la population la plus importante de tout l'outremer français? Lequel est le plus petit? Lequel est le plus vaste?

3. Dans quelle année Martinique, Guadeloupe, Guyane et la Réunion sont-ils devenus départements français d'outre-mer?

第九课　法国海外省

因为拥有海外省,法国才跨越了欧洲疆界,伸展到世界各地。在六边形的区域之外,法国的边界交汇在印度洋、大西洋、太平洋的漩涡里,南极大陆的浮冰上,一直延伸到亚马孙河流经的大森林之中。

法国海外省的最大不同凡响之处,远非简单的陈词滥调所能概括,而是真正的无比丰富多彩。各地的气候和风光千差万别,动植物种类丰富异常,文化精彩纷呈,人种多种多样,这一切都丰富了向全世界开放的、博爱的公民共和国。

一个半世纪以来,海外省的各族人民的生活穿越了人类发展的重大阶段:废除了奴隶制,建立了全民普选制,逐步向社会安定和平等迈进。从昔日的法国"属地"到现今的法国海外省、海外领土,设立了领土管理机构或省级政权。连接着共和国与海外省的历史是一部前进的历史。

毫无疑问,海外省正在确立着法兰西共和国多彩流派的地位。马提尼克、瓜德罗普、圭亚那和留尼汪构成了四个海外省。因此,它们和六边形内的每个省都享有同等权利和完全一样的立法权,而且,考虑到它们的特殊地位,海外省还有更多的灵活性,更便于适应当地情况。另外,法兰西宪法打开了从法规到地图的道路,这从新喀里多尼亚、法属波利尼西亚和马约特岛的演进过程就可以得到证实。

法兰西共和国在承认海外省有权选择自己不同的发展道路的同时，满足了海外省人民对于职权的渴望,赋予了他们成为自己命运推动者的权力。

印度洋

留尼汪

留尼汪岛是马斯克林群岛的一部分。热带森林和火山高原(最高点是3069米)使其成为一个独具特色的海岛。1683年,"圣阿莱克西斯"号船在开往印度洋的途中,以国王路易十三的名义占领了这个荒岛。1946年,留尼汪变成了法国的一个省。面积为2 512平方公里的留尼汪省有706 300居民,他们来自世界各地:非洲人、亚洲人、马尔加什人和欧洲人。在法国海外省中,留尼汪的人口最多。

这个岛屿有很多环境质量独特的风景点,和一个七千公顷的生态环境保护区。留尼汪的经济主要依靠三大产业:农业(甘蔗、罗姆酒、植物油)、渔业(除上述三种农产品外的第四种出口产品)和旅游业。

留尼汪还有一个特点，这就是建立在大火炉山顶的火山实验室和负责跟踪整个印度洋地区飓风的圣丹尼气象中心进行的科学研究工作。

马约特

马约特是科摩罗群岛四个岛中最南边的一个,面积有374平方公里,有135 000名居民,由两个主岛和三十多个小岛组成。马约特的绰号叫"香水岛",全球闻名。此外,它有世界上最美的礁湖之一(1100平方公里)。

1841年,马约特苏丹把该岛让与法国,从此马约特变成殖民帝国的一部分。1946年,科摩罗群岛成为了法国海外领土。1974年,通过公民投票,群岛中的三个岛选择独立,而马约特决定仍然留在法国。马约特居民对共和国的依恋之情得到加强。1998年起,马约特岛开始了地位演进程序,最终要变成一个法国海外省。

马约特的经济支柱是农业,农产品出口有三大类:夷兰(用在四分之三以上的香水工业中)、香草香料和肉桂。

如果离开固定的旅游线路，马约特岛会把大自然与文化的全部真实呈现在游人面前。

大西洋

马提尼克

马提尼克的面积仅有 1100 平方公里,是法国海外省中最小的一个省。它位于加勒比海中的安的列斯圆弧中心。火山形成的丘陵地区风光各异,最高点是佩雷火山(1397 米),1902 年的火山爆发在马提尼克岛的历史上写下了重重的一笔。

当地的居民具有鲜明的混血特征:非洲黑人、印度、叙利亚、中国人移民后裔。欧洲人由最早的殖民者的后裔贝克人和法国本土人组成。

最初,岛上居住着阿拉瓦克印第安人,1674 年成为法兰西王国殖民地。在维克多·舍尔歇的提议下,根据 1848 年的政令废除了奴隶制。1948 年,马提尼克成为法国的一个海外省。

岛上 75%的人在第三产业部门工作。农业是海岛出口的主要收入来源,香焦生产是经济的主要资源,占农业生产的 49.5%和出口收入的近 40%。

旅游业发展很快,有 1 100 人从事该行业,占国民生产总值的 7%。

瓜德罗普

这个总面积为 1704 平方公里的群岛由六个岛组成:连接大地和低地的大陆瓜德罗普岛,最高点是苏伏里埃尔火山(1484 米),德积拉岛、女圣者岛、风流玛丽岛、北方的圣巴特勒米岛和圣马丁岛的法国部分。大陆瓜德罗普岛,位于安的列斯加勒比圆弧上,面积 1438 平方公里,是法属安的列斯的最大岛,有 422 500 名居民。

阿拉瓦克印第安人原是该岛的土著民族。1674 年,这个岛成为法兰西王国殖民地,在此后的一个世纪里,建立在奴隶制和糖业基础上的经济发展很快。在维克多·舍尔歇的建议下,1848 年 4 月 27 日废除了奴隶制。1946 年瓜德罗普成为一个法国海外省。

瓜德罗普的经济主要依靠农业(香蕉是支柱之一)、旅游业和服务业。主要经济活动是旅游业,它是圣马丁岛和圣巴特勒米岛的唯一资源。

圭亚那

圭亚那位于南美洲东北部,在苏里南和巴西之间,面积有 90 000 平方公里。赤道森林覆盖着十分之九的领土,这是法国各省中森林覆盖率最高的省份。1992 年 6 月,在里约热内卢召开的地球高峰会议上,法国提出将该省作为保护热带森林和环境发展的最佳地带。

157 213 名圭亚那居民中,50 000 多人住在卡延。圭亚那的人口密度是每平方公里两个人。圭亚那人的特点是来自世界各地:主要有圭亚那克里奥尔人(占居民的 40%左右),美洲印第安人、法国本土人和赫蒙人。

圭亚那的早期居民是土比·加拉尼印第安人。1852 年,拿破仑三世决定,把苦役犯监狱移到圭亚那。1938 年,法国政府停止苦役犯流放制度。1946 年 3 月 19 日,法律确定了它的法国海外省地位。

很久以来,这里就进入了航天技术时代。1964年建立的圭亚那太空中心,对这个省的经济起了重要的作用。库鲁基地在经济中占有重要的地位。这里绮丽的神秘色彩十分引人向往。绿色旅游是圭亚那经济发展的强大支柱。

圣皮埃尔和米克隆

圣皮埃尔和米克隆群岛位于大西洋西北部,在距海岸线25公里的地方与加拿大遥遥相望。这个领土行政单位由两个岛屿组成,有居民6300人,面积为242平方公里。

1538年,雅克·卡蒂埃占领该岛,将其划入法国领土。从布列塔尼、诺曼底和巴斯克地区来的法国人,大部分都是渔民,建立了圣皮埃尔。1816年,两岛同时归属法国。1985年,圣皮埃尔和米克隆成为一个领土行政单位。

群岛的主要经济收入是捕鱼。近来,这里开始了深水石油勘探,这项钻探规划,可能会赋予群岛新的使命。

由于紧邻加拿大,发展当地的旅游事业应该是一张王牌,"北美法国领地"的形象,颇能唤起人们的遐想。

太平洋

新喀里多尼亚

位于美拉尼西亚群岛之中的新喀里多尼亚,面积是18 575平方公里,包括比科西嘉岛大两倍的大地岛和其他四个岛屿:忠实岛、比莱普群岛、松林岛和其他几个小岛。

新喀里多尼亚以其千奇百怪的风景令世人惊叹。200 000居民分属两个共同体:美拉尼西亚人(占44%以上)和欧洲人(占34%以上)。

美拉尼西亚人是群岛的土著居民。詹姆斯·库克在1774年首先发现了这块土地。1853年这里成为法国领地 。

80年代,卡纳可独立运动风起云涌。1988年签订的协议平息了政治动荡并开始了经济调整。1998年起,新喀里多尼亚进入一种独特的管理机构演进程序。自2014年起,凡在岛上居住20年以上的选民,将被咨询有关获得完整主权问题。

新喀里多尼亚蕴藏着丰富的自然资源。这里是居世界第三位的镍产地,其他矿产有:铬、钴、铁、铜、铅、锌和碧玉。

28%的岛上居民从事农业,他们以养牛、种植咖啡和椰子为主。80%的捕捞业产品是金枪鱼,全部出口日本。1996年起,养殖加工热带虾成为出口的第二大产业。

新喀里多尼亚的旅游业占有得天独厚的位置。因为它旖旎的自然风光使它具有"最靠近天堂的海岛"之称。

法属波利尼西亚

法属波利尼西亚浮出水面的陆地面积有4 200平方公里,由118个火山岛或珊瑚岛组成五组群岛这些岛屿可分成(社会岛、女侯爵岛、南方岛、图阿木图岛或岗比叶岛),分散在2 500 000平方公里的海域上。

在 220 000 居民中,43%的人口在 20 岁以下。波利尼西亚人占 82.8%, 欧洲人占 11.9%,亚洲人占 4.7%。早在 16 世纪,欧洲人就首批来到岛上。争夺太平洋的历史,就是英法两国争夺影响力的历史,直到波利尼西亚王后波马雷四世要求法国保护,英法之争方告结束。一年后,全部海岛归附法兰西共和国。1946 年,法属波利尼西亚成为法国海外领土,1996 年以来,享受着自治地位。

捕鱼业和椰子种植业是当地两大传统产业。商业、手工业和工业对上述产业加以补充。最近兴起的旅游业占国民生产总值 20%左右,珍珠养殖业(养殖黑珍珠)是当地出口产值最高的商品。

1992 年 4 月,法国太平洋试验中心停止核试验之后,国家保证,在未来 10 年里支持法属波利尼西亚进行社会与经济改革。

瓦利斯和富图纳

由三个火山岛(瓦利斯、富图纳和阿罗弗)组成的这个群岛属于波利尼西亚大洋洲。瓦利斯岛在富图纳岛东北方 200 公里处,岛名源自 1767 年第一个发现它的海员,面积是 96 平方公里。64 平方公里的富图纳岛和相邻的阿罗弗岛 (51 平方公里)是 1616 年被荷兰航海家发现的。这里有居民 14 166 人,34%的居民住在富图纳。直到 19 世纪,天主教传教士在此定居之后,欧洲人才在这里扎根,法国与三个王国签订了保护条约。1959 年, 通过公民投票成为法国海外领土的决定, 获得了绝大多数居民(94.37%)的认同。

这一地区的经济一直非常传统化,货币尚不完全通行。大部分产品在当地消费,商业贸易十分有限。主要经济活动是农业、养殖业、捕鱼业和手工业。旅游业尚未兴起。

法属南极和南半球领地

1772 年,航海家克罗泽和凯尔盖朗发现了这片陆地。1955 年,成为法国海外领土的这一地带由圣保罗岛(7 平方公里)、阿姆斯特丹岛(54 平方公里)、克罗泽岛(115 平方公里)、凯尔盖朗岛(7215 平方公里)和阿黛丽大陆(432 000 平方公里)组成。它们位于印度洋南部和南极大陆上。在这块荒无人烟的与世隔绝的地区,居住着在不同营地上生活的科学技术考察团成员。在法国极地技术研究所的带领下,安扎在凯尔盖朗岛和阿黛丽大陆的营地已经完成了多项科学考察任务。这些有全球意义的科学研究,主要是关于大气层、气象、污染、环保、地球内部和地表层、生物、海洋学……这些都是国际科学合作的项目。

该地区的经济只有捕捞业(海带、三文鱼),由于它位居南半球大陆,法国将其海域延伸了 1 750 000 公里。

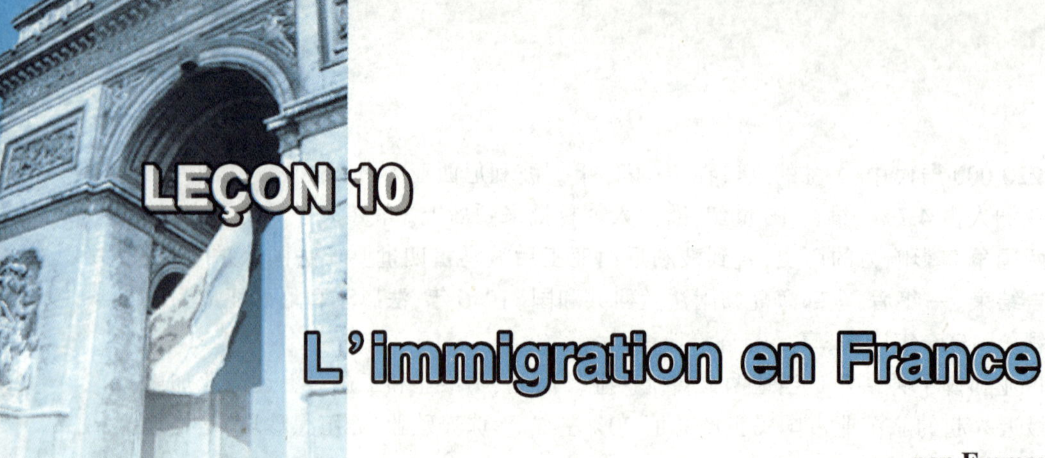

LEÇON 10

L'immigration en France

par Emmanuel Peignard

L'immigration n'est pas seulement un sujet sensible de l'actualité politique ; c'est aussi l'occasion d'une interrogation sur le lien social, l'intégration nationale et la citoyenneté.

Les motifs de migration

La France est une terre traditionnelle d'immigration : depuis plus d'un siècle et demi, alors que les autres pays européens associent fécondité élevée et émigration, la France intègre des populations étrangères afin de prévenir son déclin démographique. Aujourd'hui encore, l'immigration est parfois présentée comme le remède au vieillissement de la population nationale.

Le pays des Droits de l'homme se veut également terre d'accueil pour les réfugiés politiques. Il a notamment accueilli, depuis le début du siècle, des Italiens, des Polonais, des Russes blancs, des Ukrainiens, des Arméniens, des républicains espagnols, des Chiliens, des Asiatiques, etc. En 1952, la France signe la convention de Genève de 1951 qui régit la pratique actuelle de l'asile. Elle crée l'Office français de protection des réfugiés et apatrides (OFPRA).

Dans un pays qui s'industrialise, les besoins de main-d'œuvre ont suscité les deux grandes vagues d'arrivées du XX e siècle : dans les années vingt (1920 à 1930) pour la reconstruction du pays après la Première Guerre mondiale et dans les années soixante (1956 à 1973) pour les mêmes raisons. L'Office national d'immigration (ONI) est créé en 1946 pour organiser le recrutement des travailleurs étrangers requis par l'essor industriel.

Enfin, dernier motif principal de migration : le regroupement familial. Dans les premiers temps, les travailleurs immigrés ne sont pas censés s'installer en France ; célibataires, ils sont affectés dans des foyers. Mais au fil des années, ils arrivent de plus en plus souvent accompagnés de leur famille – ou ils la font venir. D'autres formes de logement sont alors nécessaires. Certaines d'entre elles (les cités de transit) demeureront parfois insalubres.

En juillet 1974, devant le ralentissement de la croissance économique, le gouvernement annonce l'arrêt officiel de l'immigration, en dehors du droit d'asile et du regroupement familial. Désormais, celui-ci est la principale source d'immigration: il domine dans les statistiques de l'ONI devenu, en 1987, Office des migrations internationales (OMI).

Étrangers et immigrés: les chiffres

Avant toute chose, il faut distinguer les étrangers et les immigrés. Les premiers sont simplement les personnes qui n'ont pas la nationalité française. Les seconds sont les personnes qui, nées à l'étranger, vivent en France. Dès lors, un étranger peut ne pas être un immigré et, surtout, un immigré peut ne pas être un étranger s'il a acquis la nationalité française. C'est ainsi qu'aujourd'hui, plus d'un tiers des immigrés (36 %) est détenteur de la nationalité française.

Dans ces conditions, selon le Recensement général de la population de 1999, le nombre d'étrangers a connu une baisse de 9 % depuis 1990, pour deux raisons principales: les naturalisations (550 000 sur la période) et les décès (190 000). En mars 1999, 3 260 000 étrangers résidaient en France métropolitaine (soit 5,6 % de la population).

En revanche, le nombre d'immigrés stagne, puisque sa progression sur dix ans suit celle de la population totale (3,4 %): en mars 1999, 4 310 000 immigrés résidaient en France.

Les origines nationales des immigrés

L'immigration en France a d'abord été d'origine européenne : italienne, belge et polonaise jusqu'à la Seconde Guerre mondiale, puis espagnole et surtout portugaise après la guerre. Dans les années 50, l'immigration africaine – d'abord maghrébine, puis subsaharienne – s'est accrue, en chiffres absolus et relatifs. Enfin, plus récemment, on observe une diversification des pays d'origine, avec la montée de ressortissants d'Asie (surtout du Sud-Est : + 35 % entre les deux recensements), et, plus minoritaires, les Turcs (+ 16 %) et les immigrés d'Europe de l'Est. Mais la principale progression appartient à la population venue d'Afrique subsaharienne qui avait triplé entre 1982 et 1990 et a encore presque doublé (+ 43 %) ces dix dernières années.

De 1962 à 1975, les Italiens constituaient la première population immigrée (32 %), devant les Espagnols, les Polonais et les Algériens. Depuis 1975, les Portugais représentent la plus nombreuse communauté d'origine étrangère, devant les Algériens. Ils sont toutefois moins nombreux que les Nord-Africains ensemble (Algérie + Maroc + Tunisie).

Selon l'INSEE, entre 1990 et 1999, les origines géographiques des étrangers se sont diversifiées : les personnes d'origine européenne ne sont plus que 1 600 000, soit une baisse de 9,3 % par rapport à 1990. Cette diminution est continue depuis 25 ans: les ressortissants européens constituaient 57 % de la population étrangère en 1975, 49 % en 1990, 45 % en 1999.

Assez généralement, les flux migratoires concernent d'abord des travailleurs célibataires (immigration de main-d'œuvre), puis des familles (immigration de peuplement). C'est pourquoi, dans un premier temps, la structure par age des immigrés se distingue de celle de l'ensemble de la population : elle est davantage masculine et adulte. Dans un deuxième temps, le regroupement familial permanent rend compte de l'élargissement régulier de la pyramide d'un age à l'autre : la population immigrée masculine vieillit (les étrangers de moins de vingt ans sont 22 % de moins en 1999 qu'en 1990, tandis que les plus de quarante ans augmentent de 15 %). L'effectif des hommes et celui des femmes tendent à s'égaliser.

Situation des immigrés: des données dispersées

Les statistiques sur les étrangers et les immigrés sont délicates à établir : en effet, distinguer les Français en fonction de l'origine nationale de leurs parents contient un risque discriminatoire (l'utilisation du fichier des Juifs par le Régime de Vichy, pendant la Seconde Guerre mondiale, en est un dramatique exemple). C'est pourquoi ne sont recensés officiellement que les étrangers, c'est-à-dire les personnes qui résident de façon permanente en France et qui déclarent ne pas avoir la nationalité française. Les immigrés ne sont pas comptabilisés en tant que tels, dès lors qu'ils sont devenus français : ils disparaissent en tant qu'immigrés du Recensement général de la population. De même, contrairement à la plupart des États membres de l'Union européenne, la France ne possède pas de registre de population à l'échelon municipal où chacun, étranger ou non, doit signaler son arrivée dans la commune.

Les données statistiques sont dispersées entre différents services de l'État, et donc à différentes fins : l'Institut national de la statistique et des études économiques (INSEE) assure le recensement de la population ; l'Office des migrations internationales (OMI) recense les entrées ; la Direction de la population et des migrations dénombre les naturalisations; l'Office français de protection des réfugiés et apatrides (OFPRA) traite les demandes d'asile ; le ministère de l'Intérieur délivre les titres de séjour; le ministère de la Justice est chargé des acquisitions de nationalité; enfin, l'Institut national des études démographiques (INED) présente chaque année au Parlement son rapport sur la situation démographique. Ces données ne se recoupent ni sur la terminologie, ni sur les chiffres, ni sur l'analyse des variations. Elles peuvent donc difficilement être exploitées pour recenser les immigrés.

Le cadre politique d'intégration des immigrés

Les immigrés restent toujours attachés à leur communauté d'origine et à leur culture nationale ou "ethnique". Mais les traditions politiques des sociétés d'accueil influencent également leur participation à la vie citoyenne ou économique. Certains pays se sont construits comme terres d'immigration (États-Unis, Canada, Australie, Argentine, etc.); d'autres tendent à éluder l'apport migratoire au cours de leur histoire (les pays européens en général). C'est une des raisons pour lesquelles le modèle d'intégration d'un état-nation n'est pas transposable.

On peut distinguer trois grands modèles d'intégration des étrangers ou immigrés:

– le modèle dit ethnique, allemand, dans lequel la nationalité repose essentiellement sur la filiation ("droit du sang"), la langue, la culture, la religion; les communautés "ethniques" étrangères ne sont pas considérées comme assimilables et la politique suivie ne vise pas à les tranformer en nationaux;

– le modèle dit politique, français, dans lequel la nationalité-citoyenneté repose essentiellement sur l'adhésion au contrat social ("droit du sol") et où les identités dites "ethniques" sont refoulées de la sphère publique dans la sphère privée (laïcité); l'objectif implicite est l'assimilation individuelle des immigrés par l'École et par d'autres institutions;

– le modèle communautaire anglo-saxon, dans lequel les minorités sont reconnues (dans la vie sociale, mais pas juridiquement) comme des acteurs politiques; dans ce cas, le différentialisme idéologique risque d'induire des formes collectives de ségrégation spatiale, sociale, économique des immigrés.

L'acquisition de la nationalité française

Le code de la nationalité est défini par l'ordonnance de base en date du 19 octobre 1945 (modifiée en 1973, 1984, 1993, 1998). Il repose sur le *jus soli* (*droit du sol*) – on est français en raison de son lieu de naissance et de séjour (la France), même si les parents sont étrangers – et sur le *jus sanguinis* (*droit du sang*) – on est français quel que soit son lieu de naissance et de résidence, à condition que les parents soient français.

Les trois modes principaux d'acquisition de la nationalité sont:

– **la naturalisation**, c'est-à-dire l'octroi de la nationalité à des personnes majeures ayant vécu au moins cinq ans en France ;

– **l'acquisition** pour les enfants d'étrangers nés et présents en France pendant cinq ans au moins entre l'âge de 11 ans et leur majorité (en fonction de l'article 44). Pour bénéficier de ce droit, la "manifestation de la volonté" a été appliquée entre 1993 (loi du 22 juillet) et 1998 (loi du 16 mars);

– la déclaration à la suite du **mariage** avec un ou une Française (l'union doit avoir duré au moins un an).

La nature des politiques publiques d'intégration

Selon la tradition républicaine, les politiques publiques doivent être indifférentes à la nationalité d'origine; il n'existe pas de mesure assurant une discrimination positive en faveur des immigrés étrangers ou Français. Les étrangers bénéficient des droits civils, sociaux et économiques, au même titre que les citoyens nationaux ; les droits politiques (au sens du droit à voter et à être élu) sont réservés à ces derniers. Par exemple, les dispositifs et mesures de lutte contre le chômage ou d'insertion professionnelle ne visent pas les immigrés comme population spécifique, mais ils peuvent les concerner en tant que publics "défavorisés", comme les chômeurs de longue durée, les parents isolés, les handicapés ou les jeunes sans qualification.

Toutefois, le *Fonds d'action sociale (FAS) pour les travailleurs immigrés et leurs familles*, créé en 1958, a pour mission de favoriser l'intégration sociale des immigrés grace à des actions en direction des familles, de l'enfance et de la jeunesse, dans les domaines du logement (participation à la gestion de foyers des travailleurs migrants), de la formation (dont l'alphabétisation) et de l'emploi.

Le bilan de la politique française d'intégration des immigrés

Généralement, les observateurs s'accordent pour considérer que le modèle français d'intégration a fait ses preuves: les anciennes vagues d'immigration (Italiens, Polonais, Belges, Espagnols, etc.) ont été assimilées; les vagues plus récentes (Portugais, Maghrébins) seraient en voie d'intégration sociale, culturelle, politique – à défaut d'insertion économique et professionnelle... En effet, si on se réfère aux critères classiques d'intégration:

– *l'accès à la nationalité* confirme l'efficacité du modèle: du temps de la "manifestation de la volonté", les enfants d'immigrés ont massivement demandé la nationalité française; ils l'acquièrent désormais automatiquement;

– *les unions mixtes* (entre Français et étrangers) sont nombreuses: selon le recensement de 1999, sur les 271 361 mariages dénombrés en 1998, 9、6 % ont été célébrés avec un conjoint étranger;

– à *l'école*, selon les sociologues, à conditions socio-économiques et familiales comparables, les enfants d'immigrés réussissent au moins aussi bien que les autres jeunes Français.

– dans le domaine du *logement*, on n'observe

pas à proprement parler de ghettos, les quartiers dits "sensibles" étant formés de diverses populations en situation précaire, dont les origines sont variées. Précisons tout de même que près des deux tiers des immigrés habitent une ville de plus de 200 000 habitants (un tiers réside en île-de-France).

Néanmoins, dans certains domaines, le modèle d'intégration à la française paraît s'essouffler, même si les causes des difficultés des immigrés sont plus socio-économiques (origines populaires, faibles qualifications professionnelles) qu'"ethniques" (origine étrangère, cultures nationales):

– en ce qui concerne *l'orientation scolaire*, les jeunes étrangers ont moins de chance que les autres d'accéder à une scolarité dite "normale" (collège, lycée d'enseignement général, enseignement supérieur). Par ailleurs, les familles françaises des classes moyennes mettent en oeuvre diverses stratégies pour éviter que leurs enfants fréquentent des établissements à forte proportion d'enfants d'étrangers (dérogation à la carte scolaire, inscription dans le privé). Les établissements scolaires eux-mêmes constituent des classes ou filières "d'élite" ou au contraire dévalorisées à forte homogénéité sociale et donc "ethnique".

– en ce qui concerne *le logement*, on observe dans certains quartiers, cités ou grands ensembles, des concentrations des franges les plus défavorisées socio-économiquement, parmi lesquelles les immigrés sont sur-représentés;

– en ce qui concerne *l'emploi*, en 1995, les étrangers actifs (c'est-à-dire ceux qui avaient un emploi ou en recherchaient un) étaient 1,970 million (soit 7,8 % de la population active totale). Parmi eux, 46 % étaient des ouvriers (contre seulement 26 % en moyenne). Par ailleurs, l'appartenance des immigrés aux catégories ouvrières se vérifie quel que soit le pays d'origine – et elle est particulièrement forte parmi les personnes originaires du Maroc et d'Algérie. La population immigrée doit faire face à une plus grande précarité devant l'emploi (contrats à durée déterminée, emplois intérimaires). Elle est particulièrement touchée par le chômage (en 1995, 20 % des étrangers actifs étaient au chômage, contre 12 % en moyenne). Les ressortissants extra-européens sont les plus affectés : en mars 1998, leur taux de chômage, au sens du Bureau international du travail (BIT), s'élevait à 31,4 % contre 11 % pour les Français. La situation des jeunes étrangers (15-24 ans) est encore plus difficile: leur taux de chômage est passé de 22 % à 43 % entre 1992 et 1996, tandis que celui des jeunes Français n'a augmenté que de 16,2 % à 21 % durant la même période.

Les causes de ces difficultés d'intégration ne sont pas seulement économiques ou sociales (manque de formation et de qualification, faiblesse des ressources financières, sociales, etc.) ; elles relèvent également des représentations culturelles réciproques.

– *La discrimination* envers les immigrés s'observe principalement lors de l'accès à l'emploi. Les offres d'emploi ouvertement discriminatoires sont pénalement condamnables, mais de nombreuses autres pratiques, plus discrètes, échappent à la justice. C'est pourquoi le seul recensement des condamnations judiciaires est insuffisant pour les évaluer (74 en 1995 et 81 en 1996).

– *Le racisme* s'exerce surtout à l'égard des populations dont la présence évoque un passé colonial lourd de conflits : les immigrés d'origine maghrébine sont les premières cibles de l'hostilité des nationaux (avant les Africains, bien avant les Asiatiques et surtout les Portugais). L'adhésion à l'islam souvent perçu comme "inassimilable" dans la civilisation française ou tout au moins réfractaire à la laïcité, et pourtant deuxième religion en France, est considérée dans le pire des cas comme un défi à la tradition nationale d'intégration. Par ailleurs, certaines différences de moeurs (statut de la femme, modes de vie, autorité familiale, etc.) alimentent le sentiment d'étrangeté.

Dans une perspective historique, on doit noter que tous les groupes d'immigrés, quelles que furent leurs nationalités d'origine, leurs religions, leurs couleurs de peau ou leurs moeurs, ont été victimes du racisme. La xénophobie est souvent liée à une période de dépression économique et les notions de "seuil de tolérance" ou d'"inassimilabilité" sont dépourvues de sens sociologique.

Les perspectives pour l'intégration des immigrés en France

Aujourd'hui, l'immigration en France ne peut plus s'appréhender en dehors du contexte européen; d'une part, parce que les parcours d'intégration des immigrés européens et extra-européens divergent (meilleure intégration des premiers, citoyens de l'Union; apparition de la notion de "racisme européen" à l'encontre des seconds); d'autre part, parce que les politiques nationales d'immigration et d'intégration s'inscrivent désormais dans des traités communautaires qui définissent les cadres d'action des États membres. D'ailleurs, ces derniers sont désormais confrontés aux mêmes problèmes: mutation économique, crise de l'emploi, ségrégation urbaine, marginalisation des travailleurs peu qualifiés, remise en cause des systèmes éducatifs, racisme, etc.

Chaque pays se caractérise par sa façon d'intégrer sa population, produit de sa tradition politique. Mais en même temps la politique d'asile et d'immigration devient communautaire: les accords de Schengen (1985 et 1990) avaient déjà conduit, entre les pays signataires, à une harmonisation des conditions de déli-vrance des visas de courts séjours. Le traité d'Amsterdam (article 73 K), signé en 1997, prévoit que le Conseil de l'Union définit les mesures relatives à la politique d'immigration dans deux domaines: d'une part, les conditions d'entrée et de séjour (délivrance par les états membres de visas et de titres de séjour de longue durée, y compris aux fins de regroupement familial), d'autre part, l'immigration clandestine et le séjour irrégulier. À (long) terme, ces décisions se prendront par un vote à la majorité. Pour autant, les états-nations conserveront la possibilité de définir de façon autonome leurs modes originaux de se constituer en tant que communautés de citoyens.

Pour en savoir plus

Dewitte (Philippe), éditeur, "Immigration et intégration", *L'état des savoirs*, La Découverte, 1999.

Haut Conseil à l'Intégration, *L'intégration à la française*, *Rapport au Premier ministre*, La Documentation française, 1993.

Noiriel (Gérard), *Le creuset français*, Seuil, 1988. –Schnapper (Dominique), "L'Europe des immigrés", *Essai sur les politiques d'immigration*, Francois Bourin, 1992.

Todd (Emmanuel), "Le destin des immigrés", *Assimilation et ségrégation dans les démocraties modernes*, Seuil, 1994.

Tribalat (Michèle), "Faire France", *Une enquête sur les immigrés et leurs enfants*, La Documentation française, 1995.

Vocabulaire

apatride	*n.*	无国籍的人
regroupement	*n.m.*	再集合,再聚集
affecter	*v.t.*	指派,分配
insalubre	*adj.*	有害健康的,不卫生的
détenteur, trice	*n.*	持有者
stagner	*v.i.*	停滞,不流动
comptabiliser	*v.t.*	记账,入账
terminologie	*n.f.*	[集] 术语,专门用语
éluder	*v.t.*	逃避,躲避
refouler	*v.t.*	驱逐,抑制
octroi	*n.m.*	给予
ghetto	*n.m.*	[意] (城市中)少数民族集居的地区
s'essouffler	*v.pr*	发展缓慢,感到吃力
dérogation	*n.f.*	违背,违反
pénalement	*adv.*	刑法上,刑事上
réfractaire	*adj.*	抗拒的,不服从的
xénophobie	*n.f.*	排外,仇外

Questions

1. Quels sont les motifs principaux des gens qui se sont immigrés en France?

2. Est-ce qu'il y a des changements des origines nationales des immigrés en France au cours de la deuxième moitié du siècle dernier?

3. Comment peut-on acquérir la nationalité française?

4. Quels phénomènes peuvent témoigner de l'efficacité du modèle français d'intégration?

第十课　法国的移民问题

埃马纽埃尔·佩尼亚尔

移民问题不仅是政治现实中的一个敏感话题，也是一个对社会关系、民族同化和公民权进行质询的机会。

移民的动机

法国是一块传统的移民土地：一个半世纪以来，当其他欧洲国家把高生育和移民相结合的时候，法国为了避免人口下降，大量吸收外国移民。今天，情况依然大同小异。移民经常被看做是一剂解决民族老化问题的良药。

作为人权国家，法国愿意成为接纳政治避难者的土地。本世纪初以来，法国接纳了意大利人、波兰人、白俄罗斯人、乌克兰人、亚美尼亚人、西班牙共和党人、智利人、亚洲人等。1952年，法国在1951年的日内瓦公约上签了字。这项公约规定了目前政治避难的具体实施办法。法国成立了保护避难者和无国籍人士办事处(OFPRA)。

在进行工业化的国家里，对于劳动力的需求引发了20世纪两次大移民潮：20年代(1920—1930)，是为了第一次世界大战后的 国家重建，60年代(1956—1973)，也是出于同一原因。1946年成立的国家移民局(ONI)，是为了组织招聘发展工业所需的外国劳工。

移民的最后一个重要动机：家庭团聚。最初，外国劳工是不能在法国定居的，这些单身汉被安置在一些宿舍里。随着时间推移，他们越来越经常地和家属一同前来，或者逐渐把家属接过来。这样一来，他们就要住在其他形式的住房里，但是有些房子(暂住中心)实在破烂不堪。

1974年7月，在经济增长减缓面前，法国政府宣布：除政治避难和家庭团聚者外，移民正式停止。从那时起，家庭团聚成了移民的主要来源。目前，在国家移民局的统计数字中，这一项占压倒地位。1987年，国家移民局更名为国际移民局。

外国人和移民的数量

首先，应该把外国人和移民区别开。外国人是没有法国国籍的人，而移民则是在外国出生，在法国生活的人。所以，一个外国人可能不是移民，而一个移民在取得法国国籍之后，也就不再是外国人了。今天，三分之一以上的移民(36%)持有法国国籍。

根据1999年的人口普查，从1990年起，外国人的人数减少了9%，其中有两个原因：入籍(550 000人)和死亡(190 000人)。1999年3月，在法国本土居住的外国人有3 260 000人(占法国总人口的5.6%)，移民人数没有发生很大变化，增长速度和全国总人口的增长率在10年中完全一致：3.4 %。1999年3月，住在法国的移民共有4 310 000人。

移民的来源国

第二次世界大战以前，移民首先来自欧洲国家：意大利人、比利时人和波兰人。战后先后来了西班牙人和更多的葡萄牙人。到了50年代，非洲移民大量增加，首先是北非人，后来是撒哈拉沙漠以南的人，他们的绝对数字和相对数字每年都在逐步上升。最近几年来，移民的来源国呈现出一种多元化特征：亚洲移民的数量猛增不已(在两次人口普查之间，来自东南亚的亚洲人增加了35%)，土耳其(增加16%)和东欧的移民也增加很快。可是增加最快的，当属撒哈拉沙漠以南的移民，从1982年到1990年，人数增加了两倍，最近10年又增加了一倍(总共增加43 %)。

从1962年到1975年，意大利移民人数最多(占移民总数的32 %)，随后是西班牙人、波兰人和阿尔及利亚人。1975年以来，葡萄牙人变成了外来共同体中人数最多的民族，超过了阿尔及利亚人，但尚不及北非移民的总和(阿尔及利亚人+摩洛哥人+突尼斯人)。

根据全国统计及经济研究所的报告，在1990年和1999年之间，外国移民的地理来源变得更加多样化：来自欧洲的移民只有1 600 000人，比1990年减少了9.3 %。25年来，这个数字始终呈下降趋势；1975年，欧洲侨民占外国人口的57 %，1990年占49 %，而1999年只占45 %。

一般来说，移民潮首先总是先来自单身劳动者(劳动力移民)，然后家庭才随之而来(生育移民人口)。所以，最初一段时期，移民的年龄结构与全国人口很不相同，绝大多数是成年男性。后来，持续不断的家庭团聚，使从一种年龄到另一种年龄的金字塔规律性地扩大，男性移民人口日益老化（1999年，20岁以下的外国人比1990年减少22%；而40岁以上的男性增加了15 %)，男女移民人数基本相等。

移民状况：资料分散

外国人和移民的统计工作是不容易做的。因为，根据双亲的来源国来区别是否是外国人，会冒种族歧视的风险。(在第二次世界大战期间，维希政府曾经使用过犹太人档案，造成了十分悲惨的结局。)所以，法国只进行过外国人口的正式登记。对象是那些长期在法国生活，并且声明自己没有法国国籍的外国人。移民一旦取得法国国籍，就被按照移民身份记入统计范畴。但是，在人口普查时，他们作为移民的身份却不存在了。与其他欧盟成员国不同的是，法国没有市镇一级的人口登记簿。无论是法国人还是外国人，人人都要在到达市镇的时候，进行居住登记。

统计资料在法国的不同单位之间是分散的。各个单位的统计资料各自有各自的用途：全国统计及经济研究所负责人口普查；国际移民局统计外国人进入法国的人次；人口和移民处负责加入法国国籍的统计工作；法国庇护政治避难和无国籍人士办事处负责处理避难申请;内政部管理居留证的颁发工作;司法部管理批准国籍的事务;全国人口研究中心的使命是向国会提交人口状况的年度报告。这些不同单位的数据,无论名称、数字,还是对变化的分析,都无法进行统一比较,不能作为移民统计工作的依据。

移民同化政策的框架

移民和他们的来源共同体,在民族文化或"种族"文化方面,有着千丝万缕的联系,而接纳社会的政治传统,也会对他们加入的公民生活或经济生活施加影响。世界上有些国家是作为移民地建设起来的(美国、加拿大、澳大利亚、阿根廷等),其他一些国家试图规避移民带来的文化(欧洲国家大体上都是如此)。因此,我们不能把一个民族国家的同化模式照搬过来。

三种对外国人或移民的同化模式:

- 德国的伦理模式:在这一模式中,国籍依靠亲子关系(血缘权)、语言、文化和宗教,外国的"种族共同体"不被视为可同化,实施的政策的目的不是把他们变成同一民族。
- 法国的政治模式:在这个模式中,国籍—公民权主要依靠加入社会契约(土地权)和那些所谓"种族"身份,从国家范围被赶入私人范围(政教分离),不言明的目标,是通过学校和其他机构对移民进行个别同化。
- 盎格鲁-撒克逊共同体模式:在这类模式中,少数民族被承认(在社会生活中,而不是在法律上)为政治参与者,在这种情况下,意识形态的区别主义有可能导致移民集体形式的空间、社会和经济上的种族隔离。

取得法国国籍

国籍法典是在1945年10月19日的法令基础上(经过1973年、1984年、1993年和1998年的四次修改)制定的。它依据土地权——即使父母是外国人,因为我们的出生地和居住地是法国,所以是法国人,也依据血缘权——我们是法国人,不管在哪儿出生或者住在什么地方,只要父母是法国人就可以取得法国国籍。

取得法国国籍主要有三种方式:

- 授予国籍:这就是把国籍给予那些至少在法国生活五年的成年人。
- 取得:在法国出生并居住在法国至少五年,年龄十一岁到成年期的外国孩子(根据第44条)可以取得法国国籍。为享受这一权利,1993年(7月22日的法律)和1998年(3月16日的法律)实行过"表示愿望"制度。
- 在宣布和一名法国男子或女子结婚之后(婚龄应至少一年)。

国家同化政策的性质

按照共和国传统,国家政策应该对民族来源不加考虑,因而也就不存在什么优待外国移民或法国人的保护措施。外国人和法国国民享受同样的公民权、社会权与经济权。但是,只有国民才能享受政治权利(选举权和被选举权)。例如:反对失业或者职业接轨的机制及措施，虽然没有把移民作为特殊居民对待，但他们能够以“生活困难”者、长期失业者、无人照顾的亲属、残疾人或者无学历青年的身份，受惠于这些机制和措施。

另外，1958年设立了移民劳工与亲属社会行动基金，其使命在于通过关怀家庭、儿童和青年在住房（参与移民劳工的宿舍管理）、培训（包括扫除文盲）和就业方面的行动，促进外国移民融入法国社会。

法国移民同化政策总结

总的来说，观察家一致认为，法国的同化模式很有成效。过去的移民潮（意大利人、波兰人、比利时人、西班牙人等）已被同化，新移民潮（葡萄牙人、北非人）正在社会、文化、政治方面进行同化，经济和职业方面的接轨工作尚嫌不足……实际上，如果我们参照一下传统的同化标准：

- 加入国籍是对模式有效性的确认。在“表示愿望”时期，移民的孩子们大量申请法国国籍，此后他们则可以自动获得。
- 混合结合（在法国人和外国人之间）数量很大，据1999年的调查，1998年总数为271 361对新婚夫妇中，9.6%有一个外国籍配偶。
- 按照社会学家的看法，在学校里，移民的孩子只要社会经济和家庭条件相似，学习成绩至少可以和其他法国孩子一样好。
- 在住房方面，我们没有发现有真正意义上的外国居民隔离区和来自很多国家由各种朝不保夕的居民组成的所谓“敏感”街区。应该把问题讲得更具体一些，大约有近三分之二的移民住在那些超过十万居民的城市里（三分之一住在巴黎大区）。

应该说，法国式的同化方式在某些方面显得有些力不从心，即使，移民的困难更多地属于“社会经济范畴”（出身平民，职业教育短缺），而不属于“种族范畴”（来自外国，民族文化）：

- 在学校导向方面，外国孩子比其他孩子进入所谓“正常”学习道路（初中、普通教育高中、大学）的机会要少一些。另外，中产阶级家庭会采取各种各样的手法，避免他们的孩子上外国孩子比例高的学校（违背学校分布图的规定，进入私立学校）。学校本身也往往会组织一些“高材生”班或这类渠道，或者相反，成立一些落后班，这就是社会“种族”清一色的特殊班。
- 住房方面，人们注意到，在某些街区、居民中心或者大型楼群中，凡是最贫穷的法国人集中的住宅区，移民的人数也最多。
- 就业方面，1995年，外国人的就业人口（即有职业或正在求职的人）有1.97万人（占全国总就业人口的7.8%），在这些人中，46%是工人（全国平均数是26%）。总之，不管来自哪个国家，

移民中属于工人阶层的人数总是占多数，而来自摩洛哥和阿尔及利亚的比例最高。移民在就业面前要应付职业极不稳定的处境(定期合同、临时工作)。移民受失业冲击的机会特别多(1995年,20%的外国就业人口处于失业状态，而全国平均失业率是12%),非欧洲侨民最为不幸:1998年3月据国际劳工局统计,这些移民的失业率竟然高达31.4%，而法国人仅占11%。外国年轻人(15—24岁)的状况更加困难,在1992年到1996年间,他们的失业率从22%升到43%,然而同一时期,法国青年人的失业率只从16.2%上升到21%。

这些同化困难的原因,不仅来自经济和社会方面(缺少培训和学历,资金和社会资源不足等),也是由相互间的文化差异造成的。

- 对移民的歧视,主要表现在取得就业机会的时候。公开在招聘时进行种族歧视,会受到法律制裁。但有很多其他更隐蔽的做法,可以避开法律。所以,仅仅靠法律制裁的统计,不足以对这种状况进行估计(1995年有74起,1996年有81起)。
- 种族主义主要针对某些国家的居民，他们的出现会让人想到殖民主义时期的大量冲突,来自北非国家的移民,是民族主义者最反感的对象(其次才是其他非洲人,对北非人比对亚洲人,尤其是葡萄牙人要严重得多)。在法国文化里,信奉伊斯兰教经常被看做“不可被同化”,至少是和法国的世俗化相抵触的。然而,作为法国第二宗教的伊斯兰教,在最坏的情况下,竟然被认为是对法国同化传统的挑战。另外,一些风俗习惯上的差异(妇女地位、生活方式、家庭权威等)加重了感情方面的距离。

我们应该从历史的观点看问题,不同种族的移民,无论来自哪个国家,无论信奉什么宗教,更不论他们的肤色和风俗习惯,实际都是种族主义的受害者。排外情绪经常是和一个时期经济不景气联系在一起的,而且所谓的“容忍度”或“不可同化”的概念,是缺少社会学意识的反映。

法国移民同化的前景

今天,对法国移民问题的认识,不可能脱离欧洲的大环境。因为,一方面,欧洲移民和非欧洲移民的同化方式发生了变化(前者因为是欧盟公民,所以很容易同化,而对于后者,目前出现了“欧洲种族主义”概念,使同化变得更加困难);另一方面,因为国家的移民政策和同化政策已经写进了共同体条约,这些政策确定了成员国的行动框架。此外,这些成员国今后将会遇到和法国相同的问题:经济变革、就业危机、城市中的种族隔离、低学历劳工的社会边缘化、对教育制度提出质疑、种族主义等。

每个国家都有使其居民一体化的方式,从而产生它自己的政策传统。同时,各国的政治避难和移民政策已经变成了共同体一致的政策:两次申根协定(1985年和1990年)已经在签约国之间,对发放短期签证的条件进行了协调。1997年签订的阿姆斯特丹条约(第73条)规定,欧盟委员会负责在两个方面确定其有关移民政策的措施:一方面是入境和居留条件(由成员国发放签证和长期居留证件,包括解决家庭团聚问题),另一方面是地下移民和非法居留问题。从长期来说,这些措施都将通过投票由多数决定,而联合国将仍然保持自行确定组成公民共同体特殊方式的可能性。

LEÇON 11

La France dans la société de l'information

par Daniel Kaplan

De même que celle de "société industrielle", l'expression "société de l'information" désigne au départ une forme d'organisation de l'économie et de la production. Du point de vue économique en effet, l'émergence de la société de l'information se caractérise par la place centrale qu'occupent l'information et les technologies servant à la produire, l'exploiter et la communiquer-à la fois comme facteurs de production, et comme produits à part entière.

De même, encore, que la révolution industrielle, la "révolution informationnelle" que nous vivons est à la fois le produit et l'accélérateur de mutations profondes qui touchent nos modes de vie, notre organisation sociale, nos habitudes culturelles et notre relation au monde.

La France dispose de tous les atouts pour en être l'un des acteurs principaux. Au début des années 1990, pourtant, elle avait accumulé un certain retard dans certains domaines clés, particulièrement l'usage de l'internet. L'action des pouvoirs publics vise depuis plusieurs années à créer la dynamique nécessaire, tout en cherchant à éviter le creusement d'un "fossé numérique" et à préserver les principes auxquels nous sommes attachés. Cette action se déroule dans le cadre de l'Europe et se conjugue avec la mobilisation du secteur privé, des associations et des collectivités locales.

L'état de la société de l'information: une situation contrastée, mais une réelle dynamique

Des zones de force...

Historiquement, la France avait su occuper une position de pointe dans les secteurs de la société de l'information : informatique, télécommunications et audiovisuel. Son réseau téléphonique a été l'un des premiers à être entièrement numérique. Depuis le début des années 1980, le Minitel (dont 15 millions de Français sont encore utilisateurs) a habitué les entreprises et les ménages à l'interactivité. Ses ingénieurs et ses centres de recherche sont à l'origine de plusieurs innovations majeures, dont l'invention du micro-ordinateur.

Aujourd'hui, les entreprises françaises font partie des premières mondiales dans des secteurs tels que les télécommunications (France Télécom), l'ingénierie informatique et les logiciels (Cap Gemini Ernst & Young, Atos, Ilog, Business Objects), l'électronique (Alcatel, Thales, Thomson Multimedia, Schneider, ST Microelectronics...), l'édition électronique et multimédia (Vivendi Universal, Infogrames, Ubisoft...). La production audiovisuelle française reste encore l'une des plus dynamiques au monde et se développe à l'exportation. Les entreprises de ces secteurs représentent aujourd'hui 5 % du PIB, 4 % des emplois, et ont contribué pour près du cinquième à la croissance de ces dernières années.

La France s'est saisie avec retard de la micro-informatique, et plus encore de l'internet, mais le rattrapage est désormais engagé. À la mi-2001, 30 % des foyers étaient équipés de micro-ordinateurs et 17 % étaient connectés à l'internet. Toutes les grandes entreprises françaises et près des trois quarts des PME sont connectées à l'internet; la moitié des salariés français travaillent, au moins de temps en temps, sur un ordinateur. Enfin, la moitié des Français dispose aujourd'hui d'un téléphone mobile.

L'Internet a donné naissance à une formidable dynamique de création. Création d'entreprises, d'abord : au premier semestre 2000, 5 400 entreprises (5,7 % du total des créations, contre 3,9 % en 1996) ont été créées dans les "secteurs innovants", principalement les TIC (technologies de l'information et de la communication). Cette dynamique ne concerne pas seulement les "start-up", qui souffrent aujourd'hui, comme partout ailleurs, de la faiblesse des marchés financiers. Toutes les entreprises sont concernées : en mai 2001, la France compte environ 300 000

Croissance du nombre d'internautes français (15 ans et +)

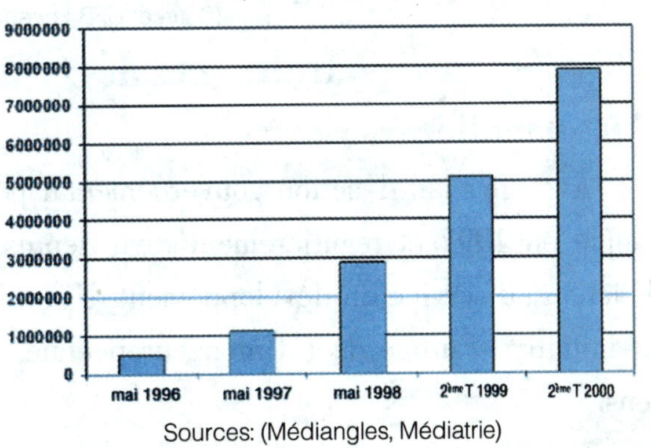

Sources: (Médiangles, Médiatrie)

sites web créés par des entreprises et des organisations, auxquels s'ajoutent près de 2 millions de "sites personnels" créés par des individus. Environ 40 % des PME françaises de 6 à 200 salariés disposent de leur site Web.

Le commerce électronique, enfin, reste encore peu développé sur l'internet, mais ceci provient en partie de la préexistence en France d'autres canaux électroniques : ainsi, si les achats des particuliers sur l'internet n'ont pas dépassé 200 millions d'euros en 2000, il faut y ajouter près d'un milliard d'euros d'achats réalisés par Minitel. De même, la faiblesse du commerce électronique interentreprises ("B to B") sur l'internet ne doit pas faire oublier que près de 10 % des transactions entre les entreprises sont aujourd'hui réalisées sur des réseaux EDI (échanges de données informatisées), qui migrent peu à peu vers l'internet. Les secteurs de la distribution, de l'automobile, des transports et de la banque sont en pointe dans ce domaine et plusieurs grandes entreprises françaises (Carrefour, Auchan, Casino, Renault, Air France, Danone, Michelin, Usinor...) font partie des créateurs des principales "places de marché" électroniques mondiales.

% de PME (6 à 200 Salariés) connectées à l'internet

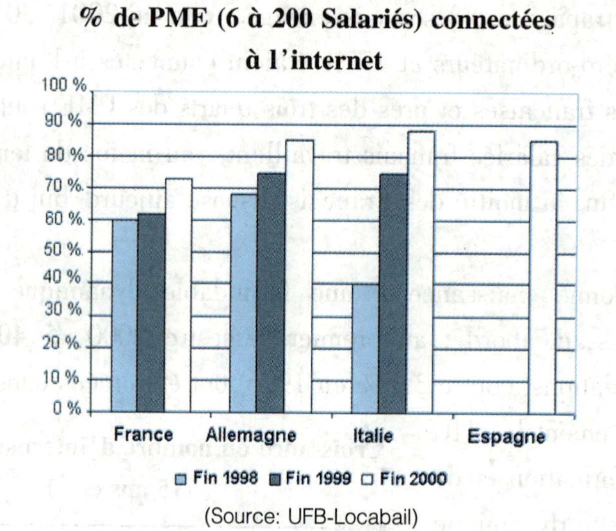

(Source: UFB-Locabail)

L'action des pouvoirs publics: pour une "société solidaire de l'information"

Avec le Plan d'action gouvernemental pour la société de l'information (PAGSI) adopté en 1997 et régulièrement revu depuis, le Gouvernement a défini un cadre d'action au service du développement d'une "société solidaire de l'information". L'initiative Europe de l'Union européenne, adoptée en 2000, va dans le même sens.

Un cadre juridique favorable au développement de l'internet et du commerce électronique

L'ouverture du marché des télécommunications à la concurrence est désormais complète. En ce qui concerne l'accès à l'internet à haut débit et l'internet mobile, les premières licences d'opérateurs UMTS ou de "boucle locale radio" ont été attribuées, tandis que le "dégroupage" favorise la concurrence au niveau local. Les licences pour la télévision numérique terrestre seront, elles, attribuées en 2001 et permettront, entre autres, le développement de services de données.

Le cadre juridique du commerce électronique est désormais fixé, avec la libéralisation de la cryptographie, la reconnaissance juridique de la signature électronique ou encore des dispositions destinées à protéger les consommateurs et garantir leur confiance.

L'adaptation du cadre juridique s'est poursuivie dans d'autres domaines, avec pour volonté de concilier le principe de liberté de communication et les impératifs de sécurité juridique. La protection des données personnelles, la définition du cadre de responsabilité dans l'édition de contenus sur l'internet, la protection de la propriété industrielle et intellectuelle, la lutte contre les usages préjudiciables ou criminels des réseaux, sont des domaines dans lesquels la France agit sur son territoire, dans le cadre de l'Union européenne ainsi qu'au sein des négociations internationales. Ces sujets sont complexes et ne peuvent être traités, ni dans un strict cadre national, ni sans une étroite concertation avec l'ensemble des acteurs des réseaux: la création en 2001 du Forum des droits sur l'internet, permettra de disposer d'un lieu d'observation, d'information et de débat ouvert.

L'internet pour tous

L'accès à l'informatique et à l'internet reste encore très inégal au profit des ménages les plus aisés et surtout les plus éduqués. Le fossé numérique est également géographique, entre les pays du Nord et ceux du Sud. Il se creuse aussi en France même, où les hauts débits atteignent de manière très inégale les zones d'activité et

d'habitation denses d'une part, et les autres.

Un effort considérable a été consenti dans l'enseignement et la formation professionnelle. Tous les établissements secondaires étaient connectés à l'internet à la fin 2000, toutes les écoles le seront à la fin 2002. Dans le cadre d'un partenariat avec La Poste, tous les élèves et les enseignants disposeront dès 2001 d'une adresse électronique gratuite et à vie. Un brevet informatique et internet sera généralisé à la fin de la troisième en 2001, de l'école primaire en 2003. Enfin, d'ici à la fin de l'année 2002, 1,2 million de demandeurs d'emploi pourront bénéficier de modules de formation leur permettant de se familiariser aux TIC.

7 000 accès publics seront créés d'ici à 2003 dans les bibliothèques, les bureaux de poste, les agences pour l'emploi, les centres d'information pour la jeunesse, mais aussi les mairies ou les lieux associatifs. Parmi eux, 2 500 espaces publics numériques donneront la possibilité d'ajouter à la découverte de l'outil, une initiation gratuite au multimédia sous la forme d'un "passeport pour internet et le multimédia". Le mouvement associatif bénéficiera pour sa part d'un soutien spécifique pour compléter son équipement.

Vers l'e-administration

L'administration exploite les TIC pour améliorer son organisation interne et se tourner résolument vers l'usager. La plupart des administrations disposent de leur intranet et un intranet inter-administrations est en cours de création. Chaque ministère dispose de son site web, et un "portail des services publics" permet à l'usager d'obtenir très facilement la réponse à la plupart de ses attentes.

L'internet est d'abord mis au service d'une plus grande transparence et accessibilité des informations publiques. Celles-ci (y compris, dès 2002, les bases de données juridiques et la jurisprudence) sont mises à disposition des citoyens, gratuitement, sur le web. Des structures de réponse aux questions individuelles, par téléphone ou courrier électronique, se mettent en place.

La numérisation des formulaires administratifs (presque achevée) et le développement des téléprocédures forment une autre étape dans l'amélioration du service aux usagers. Les déclarations sociales et fiscales des entreprises et des particuliers, ainsi que la plupart des règlements, peuvent aujourd'hui être effectués sur le web. Le contribuable accédera prochainement, en ligne, à son dossier fiscal personnel.

Le débat public profite également de l'internet. Le Journal officiel, les appels d'offres et les rapports publics sont intégralement disponibles en ligne. Plusieurs forums permettent d'élargir le débat sur certaines réformes aux citoyens. Une mission parlementaire étudie la question du vote électronique.

Préparer l'avenir : la recherche et l'innovation

La société de l'information est encore en phase d'émergence. Dans le domaine des technologies et de leurs usages, des progrès considérables restent encore à effectuer. Les hauts débits, l'internet mobile, les nano-technologies, les données intelligentes, le multimédia et la réalité virtuelle, les interfaces "naturelles"... sont parmi les domaines de recherche essentiels dans lesquels les laboratoires publics et privés français font partie des meilleurs.

Les entreprises et les entrepreneurs se sont très fortement mobilisés ces dernières années. Les fonds investis en capitalçrisque ont été multipliés par 7 entre 1997 et 2000, à plus d'un milliard d'euros. En soutenant le capital-risque, en simplifiant la création d'entreprises, en facilitant l'essaimage des centres de recherche publics et en améliorant le dispositif des bons de souscription de créateurs d'entreprises, les pouvoirs publics ont favorisé la dynamique de création d'entreprises dans le secteur des TIC.

L'effort de recherche est important (l'ensemble de la recherche représente près de 2,2% du PNB, réparti pour moitié en recherche privée et publique), mais il doit encore être soutenu dans le domaine des TIC où la France compte huit fois moins de chercheurs que les États-Unis. Les dépôts de brevets par les entreprises françaises progressent (5 135 au premier semestre 2000, soit + 1,5%), mais de manière insuffisante. La mise en place de "réseaux de recherche" en télécommunications (RNRT), technologies logicielles (RNTL), audiovisuel et multimédia (RIAM) permet de fédérer d'une manière originale les efforts publics et privés. L'Agence nationale de l'innovation (Anvar) renforce également sa compétence en TIC et développe un soutien aux innovations "de

Création d'entreprises dans les secteurs techno logiguement innovants

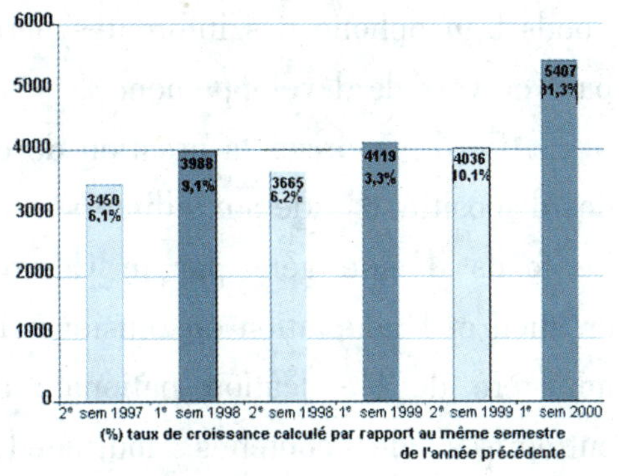

(Source: tableau de bord de l'innovation)

services", ne se limitant pas à la technologie. Ces organismes animent de nombreux appels à projets, soutiennent financièrement les projets innovants et aident les entreprises françaises à mieux tirer parti des programmes d'aide européens. L'effort de recherche public est également accru au travers du renforcement des moyens de l'INRIA ou de la création d'un département "technologies de l'information" au sein du CNRS. Née du secteur privé, la Fondation internet nouvelle génération (FING) rassemble de son côté, les entreprises actives sur les nouveaux usages de l'internet et a obtenu le soutien des pouvoirs publics.

Une société de l'information multiculturelle

La société de l'information ne se développera pleinement qu'en respectant les cultures et les langues de chaque peuple. L'engagement de la France en faveur du plurilinguisme, ainsi que de l'aide au développement, se prolonge naturellement sur l'internet.

Plus de la moitié des internautes accèdent au réseau dans des langues autres que l'anglais (japonais, allemand, français, espagnol, italien principalement). Il faut donc que les normes techniques appliquées au matériel informatique, aux logiciels et aux réseaux intègrent la diversité des langues (caractères d'écriture, indexation des données, repérage de l'information, claviers et interfaces...). La Délégation générale à la langue française soutient l'action de l'Association française de normalisation (AFNOR) et du Groupe français pour la standardisation de l'internet (GFSI), ainsi que l'Association française des informaticiens de langue française (AILF) pour la traduction en français des logiciels et leur adaptation. Elle soutient aussi les recherches en matière de traduction automatique ou assistée et à la constitution et à la diffusion de ressources plurilingues dont une des langues est le français. Enfin, le Fonds francophone des inforoutes permet de soutenir de nombreux projets dans des pays en voie de développement.

Afin de favoriser la création de contenus multimédias et en ligne francophones, des dispositifs d'aide aux éditeurs et aux créateurs multimédias ont été mis en place. Le fonds d'aide géré par le Centre national de la cinématographie favorise la création et l'adaptation en plusieurs langues des produits multimédias français. Le ministère de l'éducation nationale a mis en place un guichet unique pour les entreprises de contenus multimédias éducatifs ainsi qu'une procédure de labellisation "d'intérêt pédagogique". La numérisation des fonds patrimoniaux est également une priorité. Le ministère de la Culture et de la Communication soutient la numérisation des fonds patrimoniaux, iconographiques et sonores en région. De son côté, le serveur internet de la Bibliothèque nationale de France, Gallica, qui donne accès à environ deux millions de pages numérisées, s'est enrichi en 1999 de Gallica Classique, consacré aux oeuvres classiques de la littérature française, du Moyen Âge au XIXe siècle.

Quelques sources d'information essentielles sur le web

Les deux tableaux de bord produits par le ministère de l'Économie, des Finances et de l'Industrie:

Tableau de bord de l'innovation:

www.industrie.gouv.fr/observat/innov/so_tbi.htm

Tableau de bord du commerce électronique:

www.minefi.gouv.fr/entreprise/nouvelles_technolo-gies/index-b.htm

Suivi permanent du développement de la société de l'information et des actions des pouvoirs publics:

www.internet.gouv.fr

Portail des services publics:

www.service-public.fr

(français-anglais)

Ministère des Affaires étrangères:

www.diplomatie.gouv.fr

(français-allemand-anglais-espagnol)

Recherche en informatique et télécommunications:

www.recherche.gouv.fr/technologie/infotel/default.htm

(français-anglais)

Fondation internet nouvelle génération:

www.fing.org

(français-anglais)

Portail de l'internet culturel:

www.portail.culture.fr

Le français et le plurilinguisme dans la société de l'information (DGLF):

www.culture.fr/culture/dglf

Vocabulaire

interactivité	*n.f.*	相互影响，相互作用
haut débit		宽带
cryptographie	*n.f.*	密码通信方式
préjudiciable	*adj.*	有损害的，不利的
brevet	*n.m.*	专利证，特许证；文凭，毕业证书
la réalité virtuelle		虚拟现实
interface	*n.f.*	界面，接触面
essaimage	*n.m.*	(集团性的)移居(远地)；分设机构
internaute	*n.*	网民
standardisation	*n.f.*	标准化，统一化
plurilingue	*adj./n.*	使用多种语言的(人)

Questions

1. Quelles sont les caractéristiques de la "société de l'information"?
2. Quels efforts fait-on en France pour combler le fossé numérique?

第十一课　信息社会中的法国

达尼埃尔·卡普兰

像"工业社会"一样，"信息社会"的提法最初是指经济和生产的一种组织形式。事实上，按照经济学观点，信息社会的出现应具有如下特点：信息和用于生产、开发、传播信息的技术必须在社会中占据核心地位，它们既是生产要素，同时也是百分之百的产品。

和工业革命一样，我们正在经历的"信息革命"是社会深刻变革的产物，同时它也是变革的加速器，会触及我们的生活方式、我们的社会组织、我们的文化习惯和我们与全世界的关系。

现在，法国掌握着成为这次革命主要参与者之一的所有要素。然而，在20世纪90年代初，法国在某些关键领域，尤其在使用因特网方面，出现了一定程度的滞后。法国政府这些年来一直在努力创造必需的动力，既要避免扩大"数字鸿沟"，又要力求保卫我们共同珍视的自主原则。这些努力既是在整个欧洲的范围内进行的，又同时注意充分调动私有产业、社会团体和地方政府的全部积极性。

信息社会的现状：对比鲜明的形势，名副其实的动力

实力部门

在信息社会各个领域中，法国早已占据了领先地位：电子信息、电信和视听技术。法国是世界上电话网络最早实现全部数字化的国家之一。从上个世纪80年代初，法国企业和家庭已习惯通过迷你电脑终端（1 500万法国人目前仍在使用）相互联络与查询。法国的工程师们和研究中心进行了很多重要项目的发明创造，微机就是其中之一。

今天，法国的企业在下述领域中名列世界前茅：电信（法国电信）、信息工程和软件（Cap Gemini Ernst & Young、Atos、Ieog、Business Objects 等公司）、电子设备（阿尔卡特、塔尔斯、汤姆逊多媒体、施耐德、ST微电子等）、电子出版和多媒体（威望迪全球公司、Infogrames、Ubisoft 等公司）。法国的视听产业始终是世界上最具活力的一个部门，正在发展出口。今天，这些部门的企业占国民生产总值的5%，全国就业的4%，为近几年的经济增长作出了近五分之一的贡献。

目前，法国正在微电子信息，特别是在因特网方面奋起直追。2001年上半年，有30%的家庭装备了电脑，17%接入了因特网。全部大型企业和近四分之三的中小企业，已经上了互联网，一半的工薪阶层至少需要经常用电脑工作。今天，已有半数法国人拥有一部可移动电话。

因特网产生了一种神奇的创造力。首先是它造就了大量的新企业：2000年第一季度，5 400个企业应运而生（占新建企业的5.7%，而1996年占3.9%），主要是TIC（信息通信技术）行业。这种活力不仅仅来自于支持从事尖端高新技术产业的“风险投资基金”，今天这个部门在世界各地受到了金融市场疲软的困扰，而法国的全部企业都已加入了互联网时代：2001年5月，法国约有30万个由企业和组织设立的网站，此外，还有近200万个“私人网站”。在雇佣6名到200名工薪人员的法国中小企业中，40%已经拥有了自己的网站。

十五年来法国因特网用户增长情况：

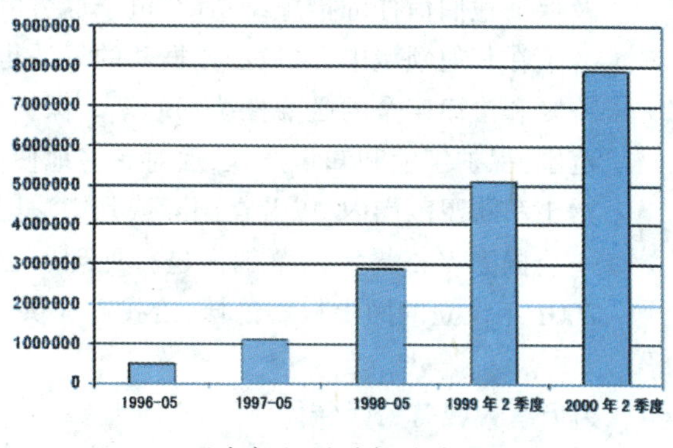

信息来源：（传媒角、传媒业）

目前，因特网上的电子商务发展不快，部分原因是由于法国业已存在的其他电子渠道，所以2000年个人网上购物额尚不足两亿欧元，而通过迷你电脑终端进行的购物额却接近十亿欧元。与这种情况类似的是，企业间在网上进行的电子商务（B to B）交易额虽然不高，但是其交易的近

10%却是在EDI(信息化数据交换)网上完成的,这个网正在逐步向因特网过渡。在这个领域中,销售部门、汽车部门、运输行业和银行处于前沿地位,法国不少大企业(家乐福、欧尚、卡吉诺、雷诺、法航、达能、米其林、裕基诺尔……)都是世界电子"商用平台"最主要的奠基者。

中小企业(6至200名雇员)入网的比例:

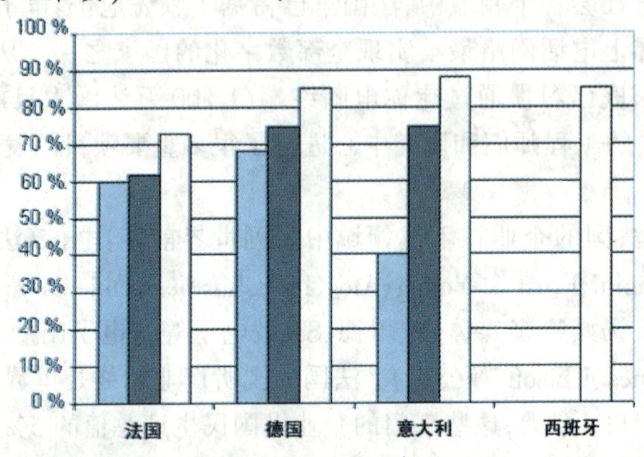

政府行为:建设一个"协同的信息社会"

1997年,通过了"信息社会的政府行动计划"。之后,政府对这项计划定期进行复核,确定了一个为发展"协同的信息社会"服务的行动框架。2000年,欧盟通过的欧洲倡导提案与此大同小异。

有利于发展因特网和电子商务的法律框架

电信竞争市场从此全面开放。关于进入宽带的因特网和移动因特网,第一批运营者许可证UMTS和"本地广播环路"许可证已经发放。同时,"分布"的方式有利于局部竞争,地面数字电视的许可证将在2001年发放,这将有利于发展数据服务业。

随着密码传播方式的大量使用,电子签名已经获得法律承认,实行了保护消费者及保证他们信任的措施。从此,电子商务的法律框架已经被确定下来了。

在其他领域中,采取法律框架的做法也在继续发展,我们的愿望是,把通讯自由的原则和法律安全的必要性统一起来。保护私人资料,确定在因特网上发表内容的责任范围,保护工业和知识产权,反对有害地使用网络或利用网络进行犯罪。这一切都是在本土和欧盟范围内,以及在国际谈判中法国的行动范畴。这些问题是复杂的,既不能在一个国家严格界定的范围内进行处理,也不能不与全体网络经营者进行紧密协作。2001年设立的网上权利论坛,给我们提供了一个观察、调查和公开讨论的场所。

为所有人服务的因特网

取得信息和进入因特网的权利一直是不平等的。目前,它只有利于最富裕的家庭,尤其是那些受教育水平最高的人。数字鸿沟在北半球国家和南半球国家之间也存在着地域上的差异。即使在法国国内，这条鸿沟也依然存在，大量的信息以非常不平等的方式到达活动繁忙的居民稠密区，而把其他地区抛在了一边。

在教育系统和职业培训方面，我们付出了巨大的努力。2000 年底，全部中学已经连通因特网，2002 年底，全部小学也将加入因特网。在和邮政部门建立的伙伴关系框架中，全体教师和学生从 2001 年起，将有一个终身免费的电子邮件地址。2001 年，电脑和因特网合格证书将要普及到初中毕业的学生，2003 年将在小学里普及实行这一证书制度。从现在起到 2002 年底，120 万名求职者将受益于熟悉信息与通讯技术的培训课程。

从现在起到 2003 年，在全部图书馆、邮局、招聘办事处、青年信息中心和市政府及各个协会所在地，将设立 7 000 个公共上网点。其中 2 500 个公共上网点提供接受多媒体教育的机会，以“因特网和多媒体证书”的方式，免费为公众进行入门教育。这个联合合行动得到了一项特别资助，用于设备的补充。

实现电子行政管理

行政部门为改善内部管理并坚定地面向用户，开发了信息通讯技术。大部分行政机关都已经开通了内部网。目前，各行政机关之间正在铺设一个内部互联网。政府各部都有自己的网站和一个“公共服务窗口”，用户可以非常容易地找到他们期望得到的大部分答案。

因特网首先用来解决提高行政机关高透明度的问题，并且便于公众获取公共信息。公民可以从网上免费获得这些信息(包括从 2002 年起全部法律的基本资料和判例集成)。通过电话或电子邮件回答个性化问题的设施正在建立中。

行政表格的数字化(即将完成)和电子远程传递的发展，是为用户改善服务的另一个阶段。今天，企业和个人的社会状况及税务申报，以及大部分规章制度的颁布实施，都可以在网上完成。纳税人很快就可以在网上找到自己的私人税务档案。

公共讨论也可以借助因特网。政府“官方报”、招标、公共报告都可以完整地在网上查到。网上的许多论坛可以使公民就某些改革广泛参加讨论。议会设立了一个专门小组，正在研究电子投票问题。

为未来作准备：研究与创新

目前，信息社会还处于萌芽阶段，在技术和应用方面还需进行大力改进。高信息量、移动网、纳米技术、智能数据、多媒体、虚拟真实、“天然”界面等等，都是研究领域的主要方向，在这些研究中，法国的国家实验室和私立实验室都名列前茅。

近几年来，企业和企业家们都在跃

跃欲试,从1997年到2000年,风险资本投资已经增加了六倍,达十亿欧元之多。在支持风险资本投资、简化创办企业程序、方便设立国家研究中心的分支机构和改善企业创办人预约卡机制的同时,政府在信息通讯技术行业中为创办企业提供了很多方便条件。

技术创新行业的新建企业

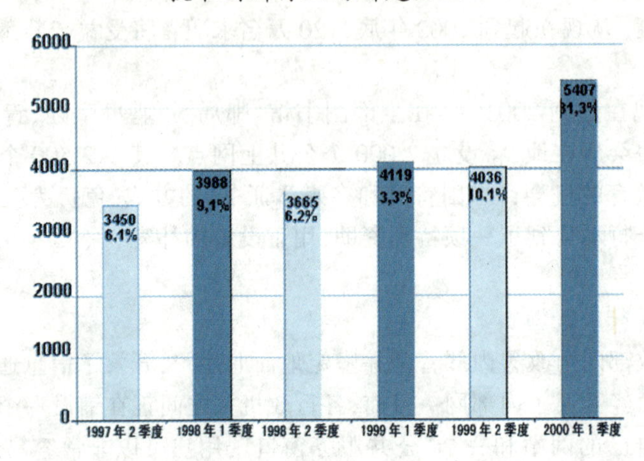

与上一年同一季度相比增长的百分率

在科研方面的投入是巨大的(全部科研经费占国民生产总值的近2.2%,国立与私立的科研机构各占50%),然而在信息与通讯技术领域中,还应该作出更大的努力,法国在此领域的科研人员比美国少八倍。法国企业登记的专利在日益增加(2000年第一季度有5135项,增加了1.5%),但是这个速度仍嫌不足。电信、软件技术、视听及多媒体"科研网"的设立,可以把国家和私人的投入有机地组合在一起。国家创新委员会(ANVAR)也强化了自己在信息通讯技术方面的能力,并且,正在发展对"服务"创新的支持。这样,就不会再把创新仅仅局限在技术方面。这些机构大力促进众多项目的招标工作,从资金上支持创新计划,帮助法国企业从欧盟的资助计划中获益。国家在科研方面确实作出了巨大努力,加强国家信息应用研究所的能力,以及在国家科学研究中心内设立的"信息技术"部,都收到了明显成效。新一代的因特网基金会原是一个私立机构,现在,它把企业的积极性引向了因特网的新应用方面,已经取得了政府的支持。

多文化的信息社会

信息社会要得到充分发展,必须尊重各国人民的语言和文化。法国支持语言的多元化原则,并且对其发展进行积极扶助,这就自然而然地延伸到因特网上。

半数以上的上网者,入网时都是用英文之外的其他语言(以日语、德语、法语、西班牙语、意大利语为主)。因此,必须使应用与信息材料、软件和网上的技术标准符合语言的多样化(书写字符、数据索引编制、信息检索、键盘和界面等),并把软件和它们的改编材料译成法文,法语的总授权委员会支持法语标准化协会、因特网标准化法语集团和法语软件编程协会的行动。这个委员会也支持在自动翻译和辅助翻译方面的研究工作,设立和传播包括法语在内的多种语言资源库。总之,信息高速公路法语基金组织可以在很多项目上帮助发展中国家。

为了有利于多媒体内容的制作并使之进入法语网站, 一些相关的资助机构已建立。全国电影中心管理的资助基金,支持法国多媒体产品的创作和把它们译成多种语言。教育部为生产教学多媒体内容的企业设立了一个专门视窗,并且为有“教育意义”的产品制定了一套标签制度程序。国家文化遗产基金数字化也受到了优先照顾。文化传播部支持各大区中进行的教学、图画和音响资料数字化工作。法国国家图书馆的因特网服务器 Gallica,可以提供近 200 万页的数字化资料。1999 年,已经使过去专门收藏从中世纪到 19 世纪法国文学经典作品的精典数字化图书馆大大丰富起来。

LEÇON 12

Les vins de France

par Pascal Ribéreau-Gayon

L' existence du vin remonte à la plus lointaine antiquité. Il suffit d'écraser le raisin pour que spontanément une ébullition apparaisse, liée à un dégagement de gaz carbonique, le milieu s'échauffe, la fermentation se déclenche.

Par rapport au jus de raisin, le vin présente une certaine stabilité grâce à la présence d'alcool ; dans une certaine mesure, on peut le conserver et même le transporter. Surtout, les hommes ont toujours apprécié la consommation du vin, peut-être à cause du caractère euphorisant de l'alcool. Mais aussi ils ont trouvé dans le vin, plus que dans tout autre produit de leur alimentation, une hiérarchie et une diversité de qualité permettant d'élever les harmonies olfactives et gustatives au niveau d'un art, comme l'harmonie des sons ou des couleurs est le fondement d'un art dans la musique ou la peinture.

Ces vins anciens étaient certainement très différents de nos vins contemporains et plus proches des "piquettes" d'aujourd'hui. Mais le plus important est de constater la place du vin dans les civilisations anciennes, parfaitement exprimée dans les rites de la religion catholique. Cette situation se perpétuera au cours des siècles, avec un souci permanent d'affiner la qualité qui sera développée dans une double direction parfaitement complémentaire : d'une part, la sélection des meilleurs terroirs sur lesquels la vigne donne les meilleurs raisins, d'autre part, la maîtrise des pratiques culturales et des techniques de vinification. Pendant longtemps cette démarche vers le progrès technique s'est appuyée presque exclusivement sur l'observation empirique. Le développement des sciences chimiques et biologiques au cours de la deuxième moitié du XIXe siècle a trouvé dans la production des vins de qualité un domaine privilégié d'application et, à la suite de Louis Pasteur, les scientifiques français ont joué un rôle majeur dans les développements des technologies de la vigne et du vin.

La période contemporaine a été marquée, particulièrement en France mais aussi un peu partout dans le monde, par un intérêt toujours plus grand pour le vin. Il est certain que cet intérêt pour le vin, sa place sur les marchés, les écrits dont il est l'objet, sa fonction culturelle doivent beaucoup à l'amélioration de la qualité.

Plus que tout autre, la viticulture française est restée fidèle à cette reconnaissance de terroirs privilégiés, valorisés par une technologie performante. Même si la concurrence des autres pays est aujourd'hui certaine, la France reste indiscutée pour la production des plus grands vins ; il existe une concurrence certes, mais elle se manifeste sur les vins de gamme intermédiaire.

Les différents types de vin

Par définition, le vin est "le produit obtenu exclusivement par la fermentation alcoolique, totale ou partielle, de raisin frais, foulé ou non, ou de moût de raisin". La fermentation alcoolique correspond à la transformation du sucre du raisin en alcool et gaz carbonique ; elle est provoquée par la levure, champignon microscopique déposé, par les insectes, sur les raisins pendant qu'ils mûrissent. Aujourd'hui on connaît une autre fermentation ; la fermentation malolactique correspond à la dégradation de l'acide malique par certaines bactéries, avec une baisse d'acidité qui assouplit le goût ; elle est indispensable pour les vins rouges, moins générale pour les vins blancs. Mais, en fonction de nombreux facteurs, les produits obtenus, peuvent être sensiblement différents.

Les vins blancs et les vins rouges se différencient par leur couleur et la structure tannique des seconds. Ces caractères sont dus à la nature du cépage, mais aussi à l'intervention de la macération des peaux dans le jus en fermentation. Sans cette macération, on peut obtenir un vin blanc à partir d'un raisin noir (Pinot de champagne). Les vins rouges représentaient seulement 43% de la production nationale en 1950 et atteignent aujourd'hui plus de 70%.

Les vins secs contiennent moins de 4 g/l de sucre ; ils comprennent la totalité des vins rouges et une majorité des vins blancs. Les vins sucrés ou vins doux possèdent des quantités variables de sucre (entre 10 et 80 g/l) qui participent à leur équilibre gustatif. Ils sont obtenus sans addition d'alcool. La production des vins doux suppose des raisins d'une grande maturité, riches en sucres, dont une partie seulement est transformée en alcool par la

fermentation. L'intervention, sur le raisin d'un champignon, *Botrytis cinerea* (pourriture noble) permet une surmaturation et l'obtention d'une grande qualité avec une richesse exceptionnelle en sucre. Contrairement aux vins doux, les vins de liqueur (vins doux naturels rouges et blancs) sont obtenus par addition, pendant ou après la fermentation, d'alcool neutre, d'eau-de-vie de vin, de moût de raisin concentré ou d'un mélange de ces produits.

Par opposition aux vins tranquilles, les vins mousseux ou vins effervescents sont caractéristiques par la présence, au débouchage de la bouteille, d'un dégagement de gaz carbonique, dont la pression est de l'ordre de 6 bars et qui doit provenir impérativement d'une deuxième fermentation. Dans la "méthode champenoise", cette deuxième fermentation (prise de mousse) se produit dans la bouteille définitive ; elle permet une qualité optimale, à l'issue d'un vieillissement en bouteille obligatoire, après dégorgement, pour éliminer le dépôt de levure. Si la deuxième fermentation est faite en cuve, avant le tirage en bouteille, on parle de "méthode en cuve close" ; elle est moins onéreuse, mais ne permet pas d'atteindre la même qualité.

La diversité de la qualité

Les vins de table correspondent aux anciens "vins de consommation courante" ou "vins ordinaires". La législation européenne leur impose exclusivement un degré alcoolique minimal de 8,5 % vol. ou 9 % vol. selon la zone géographique. Mais dans cette catégorie se développent rapidement les "vins de Pays" dont l'intérêt est d'individualiser les vins en fonction de leur lieu de production. Actuellement les vins de Pays représentent approximativement la moitié de l'ensemble des vins de table qui eux-même représentent la moitié de la récolte totale.

Alors que les vins de table classiques ne peuvent pas faire référence à un cépage, les vins de Pays signalent les cépages dont ils sont issus. Tous les vins faisant référence à un cépage sont donc commercialisés aussi sous le nom principal de leur origine. Cette démarche spécifiquement française affirme l'importance de l'origine sur la typicité d'un cépage donné, contrairement à d'autres pays viticoles qui estiment que le cépage constitue l'élément primordial d'individualisation des vins.

Cette notion d'origine est encore plus essentielle pour les vins d'Appellation d'origine controlée (AOC) qui constituent avec les "Vins délimités de qualité supérieure" (VDQS) l'application à la viticulture française de la législation européenne sur les Vins de qualité produits dans des régions déterminées (VQPRD). Ils sont soumis à des règlements de contrôle, établis par les producteurs eux-mêmes, sous le contrôle des pouvoirs publics, précisant la zone viticole, les cépages et les modes de conduite de la vigne, les rendements, les techniques de vinification et les critères analytiques. Il peut intervenir en outre, chaque année, une dégustation d'agréage individuelle attestant que les vins issus des différentes exploitations possèdent le niveau qualitatif requis. Les vins AOC sont produits à partir de un ou plusieurs cépages, prévus dans le règlement de contrôle. Mais, sauf l'exception de l'Alsace, le nom du ou des cépages ne doit pas figurer sur l'étiquette.

Le système des AOC constitue une pièce maîtresse du système viticole français qui manifestement est envié par de nombreux autres pays. Il est basé sur une longue pratique qui, au cours des siècles a identifié les meilleures zones aptes à la culture de la vigne et les cépages les mieux adaptés. Les pays de viticulture plus récente n'ont pas pris le temps d'effectuer un travail en profondeur aussi complet et ont préféré assurer l'identification de leur vin uniquement par le cépage.

Cette notion d'AOC s'est imposée au début du XXe siècle, à la suite des catastrophes culturales (mildiou, phylloxéra) et des crises économiques. Ces situations ont entraîné des fraudes dont les viticulteurs ont été les premières victimes. C'est ainsi qu'ils se sont regroupés pour défendre ensemble leur patrimoine commun. La mise en place d'un tel système a été difficile. Le succès du système des AOC est cependant évident puisqu'elles sont environ 350 sur les différents vignobles de France. L'Institut national des appellations d'origine (INAO) est chargé d'approuver les conditions de production et de veiller au respect de la réglementation.

On parle aussi, à propos de la production vinicole, de "vins de crus" et de "vins de châteaux". Les crus correspondent aux terroirs les plus exceptionnels qui produisent des vins marqués par une forte typicité ; généralement ils nécessitent plusieurs années de vieillissement en fût d'abord, en bouteille ensuite pour atteindre leur apogée. Ils ont fait la notoriété de nos grands vins ; à ce titre, ils sont les moteurs de l'économie viticole et ont permis à des crus plus modestes de se faire connaître et apprécier. Mais la mention de cru qui figure sur les étiquettes ne relève pas de la même réglementation dans toutes les régions. En Bourgogne, les grands crus et les premiers crus sont la propriété de plusieurs viticulteurs. Le célèbre Clos-de-Vougeot est un grand cru qui s'étend sur 50 hectares et il est la propriété de 70 vignerons. En Gironde un cru est une propritété individuelle. Château-Lafite-Rothschild est un 1er Cru Classé prestigieux comportant 100 hectares de vigne avec un propriétaire unique. L'utilisation des noms "Château" est réservée aux vins d'Appellation d'origine contrôlée ; pour les vin vinifiés en caves coopératives, il faut pouvoir attester que les raisins proviennent exclusivement de l'exploitation en question. Cette mention est plus ou moins utilisée selon les régions.

Il faut mentionner enfin l'existence de "vins de marque". Ils peuvent être des vins de table ou des vins d'AOC. Issue de l'assemblage de vins de plusieurs propriétés d'une même origine, la marque permet une sélection sévère et des volumes substantiels pour alimenter les marchés importants, avec une qualité suivie. Pour les vins moins prestigieux que les grands crus, les vins de marque ont manifestement leur place à côté de vins de propriétés ; ces derniers sont plus individualisés par rapport une origine, mais leur faible production les réserve à des marchés ciblés et ne leur permet pas d'accéder à une renommée universelle.

Le Champagne constitue un exemple caractéristique de vins de marque de grande notoriété. Cette région comprend une seule appellation, avec des vins différents par leur cépage et leur terroir. À partir de ces différents vins, chaque Maison produit ses propres marques, à partir de critères commerciaux qui lui sont personnels.

Une autre mention d'un emploi courant, mais avec des sens différents est celle de "primeurs". Les "vins primeurs", dont le plus célèbre est le "Beaujolais nouveau", sont des vins qui sont commercialisés en bouteille et consommés quelques semaines après les vendanges car, dès ce stade, ils atteignent un optimum qualitatif. La "vente en primeur" concerne les vins qui seront prêts à boire dans plusieurs mois, mais qui sont commercialisés dans l'année qui suit la récolte, avant même leur mise en bouteille et leur livraison aux négociants acheteurs. Le marché des grands vins de Bordeaux est très attaché à ce mode de commercialisation ; il permet aux viticulteurs de recevoir rapidement une rémunération pour assurer le fonctionnement de leur propriété ; elle permet aux négociants d'espérer dégager une plus-value, nécessaire pour assurer la promotion commerciale.

La production française de vin

Avec une surface plantée en vigne de près de 950 000 hectares et une production de 50 à 60 millions d'hectolitres (6,7 à 8 milliards de bouteilles), la France est, avec l'Italie, le plus gros producteur de vin du monde. Un tableau montre la répartition de la production 1999 ; à côté de l'importance des vins rouges, un fait significatif est l'augmentation des vins AOC, aujourd'hui 51 %, au lieu de 37 % il y a 10 ans.

La production française de vin en 1999
(en millions d'hectolitres)

Vin d'Appellation d'origine contrôlée
Rouges et rosés : 17,9
Blancs : 8,5
Total : 26,4 (51 %)
Vin de table avec mention de vin de Pays
Rouges et rosés : 13,4
Blancs : 2,8
Total : 16,2 (31 %)
Vin de table sans mention de vin de Pays
Rouges et rosés : 6,8
Blancs : 2,4
Total : 9,2① (18 %)
Total
Rouges et rosés : 38,1 (73 %)
Blancs : 13,7 (27 %)
Total : 51,8② (100 %)

La production mondiale est de l'ordre de 280 millions d'hectolitres. Entre 1990 et 1991, la part de l'Europe est passée de 79 à 74%, et par conséquent celle

① *En réalité les vins de table sans mention de vin de Pays sont plus importants, parce que certains ne revendiquent pas cette mention à laquelle ils peuvent prétendre.*
② *À cette production totale il faut ajouter 11,1 millions d'hectolitres de vin destinés à la production de Cognac et d'Armagnac.*

du reste du monde de 21 à 26%. Dans la même période, la part de la production française est passée de 23 à 21% de la production mondiale. Malgré le développement de la vigne dans les pays du Nouveau Monde, la France garde une position privilégiée ; mais ces chiffres doivent être interprétés avec prudence, compte tenu des nouvelles plantations qui vont augmenter la production aux États-Unis et en Australie. La concurrence des vins étrangers reste sérieuse du fait de la tendance à la baisse de la consommation mondiale qui, en tout état de cause, ne suit pas l'augmentation de la production.

L'essentiel du marché du vin (80%) se trouve en Europe ; la France représente 25% des échanges commerciaux. Mais néanmoins la part des vins issus du Nouveau Monde est passée de 8 à 17% en 10 ans. Dans la production française, 35 millions de bouteilles sont consommées sur place et 15 millions de bouteilles exportées. Deux tiers des exportations se font vers les pays de l'Union européenne. Un autre tiers est dirigé vers les États-Unis, le Canada, le Japon et la Suisse. Les vins d'AOC couvrent 55% des exportations en volume, mais 83% en valeur.

Simultanément les importations essentiellement des vins de table en provenance d'Italie et d'Espagne, représentent seulement 5 millions d'hectolitres. Globalement le commerce du vin a dégagé un excédent de 18 milliards de francs en 1993, passé à 34 milliards de francs en 1999, soit 56% de l'excédent total de la balance commerciale agro-alimentaire (61 milliards de francs).

Les métiers du vin

Dans de nombreux pays, le vigneron est un agriculteur, qui cultive la vigne et produit du raisin qu'il transfère à une entreprise de style agroalimentaire qui assure la transformation en vin et la commercialisation.

Traditionnellement en France, le vigneron assurait, en plus de la culture de la vigne, la première transformation du raisin en vin. Ensuite le vin brut était acheté par un négociant-éleveur qui affinait le produit, assurait éventuellement les assemblages nécessaires et commercialisait le produit. Grâce aux progrès de l'œnologie, même les petites propriétés sont capables aujourd'hui d'assurer elles-mêmes la mise en bouteille, apportant au consommateur une plus grande garantie de l'origine.

On admet qu'il y aurait en France 150 000 producteurs qui commercialisent leur vin. Certains sont indépendants, d'autres sont adhérents à une cave coopérative.

Les caves coopératives ont été créées dans les années 1930 dans le but d'aider les petites exploitations à surmonter les difficultés économiques de l'époque. Leur niveau de pénétration est très variable selon les régions ; elles regroupent 46 % de la production viticole française.

La vente peut se faire par le viticulteur indépendant ou par la cave coopérative, en vrac auprès d'un négociant-éleveur et embouteilleur qui utilise le vin pour l'assemblage de ses marques. Elle peut se faire aussi en bouteille, directement par le producteur, auprès d'une clientèle particulière, et les caves coopératives ont largement développé ce créneau. Enfin, les négociants-distributeurs assurent la diffusion des grands vins en bouteille dans le monde entier, grâce à leurs réseaux commerciaux.

En France, la distribution auprès des consommateurs se fait pour les deux tiers environ par la vente en grande surface, un tiers par le petit commerce spécialisé et les ventes directes des producteurs. Les courtiers sont d'autres intermédiaires indispensables de la filière vitivinicole ; ils assurent le suivi et la bonne fin des transactions. Les œnologues et les spécialistes de la viticulture sont responsables de la maîtrise technique des opérations viticoles et vinicoles.

Globalement, en ajoutant les viticulteurs, les salariés des 2 500 entreprises de négoce et de plus de 800 coopératives, ce sont quelque 200 000 personnes qui tirent directement leurs ressources des métiers du vin.

Le marché du vin n'obéit pas à des règles économiques simples. Bien sûr le prix est fonction de la loi de l'offre et de la demande avec des écarts de 1 à 100 selon le prestige de l'origine et la qualité. Les prix doivent tenir compte des coûts de production et doivent être harmonisés entre les différents pays producteurs. Tout au moins pour les vins tant soit peu réputés, le prix est également fonction de la qualité du millésime. Le prix est aussi fonction de la situation économique, surtout de l'importance des stocks pouvant exister.

Grâce à la qualité de ses terroirs et aussi à la performance de ses techniques vitivinicoles, perfectionnées en permanence, la France a su, jusqu'à ce jour, relever les défis que représentait le développement de la production de vin dans plusieurs pays du Nouveau Monde. Elle reste même la référence indiscutable pour la production des plus grands vins. Si on peut avoir quelques interrogations pour l'avenir, elles portent plutôt sur une consommation insuffisante, à l'échelle mondiale, par rapport à la production.

L'intérêt porté au vin au cours des dernières années a eu pour conséquence d'augmenter considérablement le prix des plus grands vins. Bien sûr, on peut le regretter parce qu'aujourd'hui ils ne sont plus accessibles que par une minorité de personnes suffisamment riches. Mais il faut considérer aussi qu'il s'agit de produits d'exception, pouvant être assimilés à des œuvres d'art, dont la production est limitée ; ils sont connus dans le monde entier par suffisamment d'amateurs prêts à les acquérir, même à prix élevé. D'ailleurs cette situation permet de promouvoir des vins moins prestigieux qui sont néanmoins d'excellente qualité et à des prix plus abordables. Il existe actuellement plusieurs guides d'achat publiés annuellement et qui renseignent les consommateurs sur la qualité et les prix des principaux vins produits en France.

Pour en savoir plus

Atlas Hachette des vins de France, Hachette, Paris, 2000.
Ribéreau-Gayon (Pascal) et Dovoz (Michel), *Guide Pratique du vin*, Hachette, Paris, 1997.
Le Guide Hachette des vins 2001, Hachette, Paris, 2000.
Sur les chemins des vignobles de France, Sélection du Reader's Digest, Paris, 1984.
Les vins de France, Dormonval, Lucerne (CH), 1991.
Ribéreau-Gayon (Pascal), *Le vin*, "Que sais-je?" Presses Universitaires de France, Paris, 1991.

Vocabulaire

ébullition	*n.f.*	沸腾
carbonique	*adj.*	碳的;碳酸的
fermentation	*n.f.*	发酵

euphorisant, e	*adj.*	使人感到舒适的;令人兴奋不已的
olfactif, ve	*adj.*	嗅觉的
piquette	*n.f.*	低度土酒,带酸味的劣等酒
vinification	*n.f.*	葡萄酒酿造
moût	*n.m.*	(酿葡萄酒过程中尚未发酵的)葡萄汁
levure	*n.f.*	酵母
malique	*adj.*	[化] 苹果酸(acide malique)
bactérie	*n.f.*	细菌
tannique	*adj.*	[化] 含丹宁的丹宁酸(acide tannique),鞣酸
cépage	*n.m.*	葡萄栽培品种
macération	*n.f.*	浸渍
effervescent, e	*adj.*	起泡的,冒泡的
optimal, e	*adj.*	最佳的,最令人满意的
fût	*n.m.*	酒桶
optimum	*n.m.*	最佳状态,最适宜的状态
oenologie	*n.f.*	酿酒学
en vrac	*loc.adv.*	散装地,不打包地;按重量地
courtier, ière	*n.*	经纪人,代理人
millésime	*n.m.*	酿造年份

Questions

1. Qu'est-ce que AOC signifie?
2. Pourquoi le système AOC a été mis en place?
3. Quelle position la France occupe-t-elle dans le marché mondial du vin? Est-ce qu'elle rencontre de la concurrence?

第十二课　法国葡萄酒

帕斯卡尔·里贝-加永

葡萄酒的历史源远流长,可以上溯到远古时代。酿制时,只要把葡萄碾碎,它本能地就会出现沸腾,同时放出二氧化碳气体,内部一发热,发酵就开始了。

葡萄酒具有一定的稳定性,因为酒精的存在,与葡萄汁就不同了,所以采取一定程度的措施后,就可以储存和运输。人们历来喜欢喝酒,可能是因为酒精能使人兴奋。更重要的原因是,人们发现了酒在品质上的等级性和多样性。这一点在其他食品里不像酒这样明显。因此,人们就可以从艺术水准上提高嗅觉和味觉的和谐,这就像声音或色彩的和谐是音乐和美术的艺术基础一样。

古代的酒和当代的酒非常不同,古代的葡萄酒和今天带酸味的劣质酒差不多。但最重要的是要看到它在古代文明中的地位, 天主教的宗教仪式足以说明这个问题。这种状况持续了几百年。人们一直探索着酿制出美酒的途径,其实改良酒质的两个途径是相辅相成的:一方面,要选择最好的土壤,最好的土壤才能结出最好的葡萄果实;另一方面,要掌握好种植技术和酿酒技术。在很长一段时期,这项技术的进步几乎只靠观察来积累经验。19 世纪后半叶,化学和生物科学的进步在生产高品质葡萄酒方面找到了用武之地,在路易·巴斯德开辟出的道路上,法国科学家们在提高葡萄种植技术和酿酒工艺方面起了极为关键的作用。 当今时代的特点之一, 是人们对葡萄酒表现出越来越浓厚的兴趣。这一点在法国尤其突出,世界各地也是如此。毫无疑问,人们对酒的兴趣,酒在市场上的地位,以酒为主题的艺术创作,以及酒的文化功能,主要源于葡萄酒质量的提高。 法国的葡萄栽培技术比其他任何东西都始终忠实于对得天独厚的土壤的确认,以完美的酿制工艺来充分体现它的自身价值。即使今天来自其他国家的竞争已经存在,但最上等的葡萄酒产自法国这一事实仍然无可争议。确实存在着竞争,但它只在中低档级别上进行。

酒的不同种类

从定义上讲,酒是"通过新鲜葡萄全部或局部酒精发酵获取的产品,葡萄是否经过压榨均可,用未发酵的葡萄汁直接酿制亦可。"酒精发酵,就是要把葡萄中的糖转化为酒精和二氧化碳气体。这种转化是由小真菌制成的酵母,用成熟时葡萄上的昆虫引发的。今天,人们知道另一种发酵方法:马罗拉克发酵法。就是用一些细菌造成果酸下降的方法,通过降低酸度,使酒味变柔和。红葡萄酒必须采用这种方法,白葡萄酒一般也这样做。因为产品质量取决于多种因素,酒质可能会明显不同。

白酒和红酒不仅颜色不同,而且鞣酸结构也不一样。这些特点来自葡萄品种的本性,也与泡在发酵葡萄汁中的葡萄皮的作用密切相关。如果不进行葡萄皮浸泡,我们可以用一种黑葡萄(香槟省的比诺葡萄)做白葡萄酒。1950 年红酒只占全部酒产量的 43%,今天已经超过 70%了。

干酸葡萄酒每升含不足 4 克糖分,全部红酒和大部分白酒都是如此。甜酒或半甜酒中的糖含量差异很大(每升 10 克到 80 克之间),糖含量的差异参与甜酒味觉平衡。这些酒不掺酒精,生产甜酒要用熟透的含糖量大的葡萄做原料,糖分中只有其中一部分通过发酵变为酒精。在葡萄中加入一种极为高贵的腐烂物真菌氪,取得超成熟效果,从而使含糖量剧增,酿造出高档甜酒。和甜酒相反,葡萄甜烧酒(天然红白甜酒)是在发酵过程中或发酵后用勾兑中性酒精、葡萄烧酒、浓缩葡萄汁或上述材料的混合液体制成的。

发泡酒或称起泡酒,和"安静酒"相反,其特点是在开瓶时会释放出二次发酵产生的二氧化碳,其压力在6巴左右。在"香槟方法"中,这第二次发酵(产生泡沫)是在最后装进瓶子里完成的。必须在瓶内存放一定时间之后,经过排除酵母沉淀,才能得到最令人满意的质量。

如果在装瓶之前,第二次发酵是在大酒桶中完成的,这就是人们说的"密封酒桶法",这种方法比较省钱,但无法达到同样的质量。

质量的多样性

"餐桌酒"相当于过去的"日常消费酒"或"普通酒"。欧洲法律规定餐桌酒的最低酒精度,依产地不同应为8.5 %或9%。这个档次的葡萄酒中,"本地酒"发展很快,本地酒的好处是因产地不同,而各具特色。餐桌酒的产量占法国葡萄酒产量的一半,而目前"本地酒"产量已占餐桌酒产量的一半左右。

传统的餐桌酒不能以葡萄品种作为参照,而"本地酒"的产地就已经标明了该酒的葡萄品种。以葡萄品种为参照的全部葡萄酒在销售时,也需标明产区名称。这种做法是法国独有的,说明在对同一葡萄品种的酒进行分类时其产地的重要性。而其他种植葡萄的国家则认为,葡萄品种是区别酒质量的首要因素。

对于控制产地名称 (AOC) 的名酒,产地的概念尤为重要。这些酒与"高级限定产地酒"(VDQS)一样,实施欧盟关于对法国葡萄种植"在确定地区生产高档酒"的法律(VQPRO)。这些酒的生产必须服从由生产商自己制定的监督条例,同时接受政府部门检查,明确说明葡萄种植区域、葡萄品种、种植培育方式、产量、酿制技术和分析标准。另外,每年应该组织一次品尝鉴定会,以便证明不同酒厂的产品是否达到规定的质量要求。控制产地名称酒是采用监控条例中所规定的一个或多个葡萄品种生产酿制的。除阿尔萨斯外,葡萄品种不应在酒瓶标签上出现。

控制产地名称制度是法国葡萄栽培制度的一件法宝,很明显,不少国家对此十分羡慕。这个制度建立在长期实践的基础上,在几百年的实践中,法国人找到了种植葡萄的最佳地区,又找到了最适合这些地区的葡萄品种。新近种植葡萄的国家,还没来得及作如此完整的深入实际工作,所以更喜欢只靠葡萄品种来确保酒的级别。

控制产地名称的概念是在20世纪之初确立的。在经济危机和种植灾难(霜霉病和葡萄根瘤蚜虫害)之后,出现了假酒泛滥,首当其冲的受害者就是法国葡萄种植者。他们组织起来,一齐保护共同财富。设立这样一个制度是步履维艰的,但控制产地名称制度的成绩却是显而易见的,法国各地葡萄种植区中,大约有350家都加入了这一系统。全国产地品名中心 (INAO)负责批准生产条件和监督各项条例的落实情况。

有关酒的生产,人们常谈到"本地特产酒"和"城堡酒"。前者是指生产著名品牌酒的最优秀地区,一般来说,这些酒首先必须在酒桶中存放多年,然后又在瓶中存储,才能达到最佳品质。这些著名产地的名酒使法国葡萄酒享誉四海,可称之为法国酒业的发动机,使不甚出名的本地酒同样也受到世人青睐。但是酒瓶上标签的产地说明与各产区的条例并无关系。在勃艮第地区生产的名酒是很多制酒商的共同财产。著名的伏若葡萄园是一块50公顷的种植园，产权属于70家种植园主。吉伦特省有一种名酒，产权仅属一家所有。“拉菲特·罗西尔德城堡”是著名的上等酒，100公顷的葡萄园仅属一家所有。城堡名称的使用仅限控制产地名称酒，合作酒窖生产的酒在使用城堡名称时，必须能够证明全部葡萄产地是城堡所在地区。各区使用这个标识的情况不尽相同。

最后，应该对“名牌酒”作一说明。这些酒可以是餐桌酒，也可以是控制产地名称酒，来自同一产地和产权的酒集中在一起，组成一个品牌。这一品牌可以通过严格筛选，汇集成足够的数量，加以质量的充分保障，为大市场提供货源。对这些比不上最高档产地的名酒来说，“名牌酒”与本地酒相比，具有显而易见的优势。本地酒虽然具有当地特色，但产量不高，只能供应固定的消费市场，难以取得四海皆知的知名度。

香槟酒是高知名度的品牌酒类当中颇具特色的例子。这个地区只有一个品牌，然而酿酒所用的葡萄品种和种植土壤都不相同。每家酿酒公司，因生产酒的厂家不一，自己的商业标准也与众不同，所以各自生产自己的品牌。

“新酒”是另一个带有不同含义，而且通常使用的标识，其中名气最大的当属“新博若莱”。这些瓶装上市的新酒，仅在采摘葡萄后的几周内饮用。因为在这期间，酒的质量达到最佳水平。“销售新酒”的含义也包括那些在几个月内饮用的酒，但它们是在采摘的当年，甚至在装瓶和为酒商发货之前就已经投入市场销售的酒。波尔多的高档酒市场对这种营销方式情有独钟。它使葡萄园的经营者可以快速收回报酬，而确保自己产业的运转，酒商也希望可以腾出一部分增值利润，用于必不可少的商业促销开支。

法国葡萄酒的产量

法国有95万公顷土地种植葡萄，每年生产五十到六十亿升（六七十亿至八十亿瓶）葡萄酒。法国和意大利一样，是世界最大的产酒国。下面说明了1999年酒产量的分类情况，除红酒产量大幅增加外，一个意义重大的事实是，控制产地名称酒从十年前仅占总量37%提高到今天的51%。

1999年法国的酒产量（以亿升为单位）：

控制产地名称酒

红酒和玫瑰红葡萄酒：17.9

白葡萄酒：8.5

总计：26.4 (51%)

带本地酒标识的餐桌酒

红酒和玫瑰红葡萄酒：13.4

白葡萄酒：2.8

总计：16.2 (31%)

无本地标识的餐桌酒

红酒和玫瑰红葡萄酒：6.8
白葡萄酒： 2.4
总计： 9.2① (18%)

总产量

红酒和玫瑰红葡萄酒：38.1 (73%)
白葡萄酒： 13.7 (27%)
总计： 51.8② (100%)

全世界的总产量为280亿升。1990年到1991年欧洲产量份额从世界总产量79%降74%，世界其他地区从21%升至26%。法国的同期产量从世界总产量的23%降为21%，尽管其他国家的葡萄种植不断发展，法国始终保持着独占鳌头的地位。但考虑到美国和澳大利亚的新种植园将提高产量，上述的数字理应谨慎对待。因为世界饮酒总量有下降趋势，不管出自什么原因，酒的消费量不会随着酒产量的增加而提高，所以应该严肃对待外国酒业的竞争。

葡萄酒市场的主要部分在欧洲(80%)。法国占世界总交易额的25%。但近十年中，其他国家的市场从8%已升至17%。法国每年生产3 500万瓶酒供当地消费，1 500万瓶供出口。出口的三分之二给欧盟各个国家，其余三分之一运往美国、加拿大、日本和瑞士。控制产地名称酒占出口量的55%，占出口额的83%。

从意大利、西班牙进口的主要是餐桌酒，仅5亿升。总之，1993年葡萄酒的贸易额超过180亿法郎，而1999年已经超过340亿法郎，在农业食品贸易总额(610亿法郎)中占56%。

葡萄酒行业

在很多国家中，葡萄种植者是农民。他们栽种葡萄，生产葡萄(果实)，然后把葡萄转给一家农业食品类的企业，这家企业再制酒、销售。

长期以来，法国的葡萄种植者除种植葡萄外，还负责把葡萄进行制酒的初加工。然后把粗酒卖给批发商，后者再把产品细化，他们也可能负责把产品集中，进行销售。得益于酿酒工艺的进步，今天，甚至一些小企业也能完成直至装瓶的全部酿酒过程，这样一来，消费者就有了更大的产地保证。

大家都认为，法国有15万葡萄酒生产商。其中有些人是个体户，另一些人加入了合作酒窖。合作酒窖是20世纪30年代组织起来的，目的是帮助小企业克服当时的经济困难。他们在各地区的深入水平差异很大，这些合作酒窖集中了法国酒产量的40%。

---

① 实际上，没有本地酒标识的餐桌酒的产量更大，因为很多酒对这种标识极不重视。

② 在这个总量上，还应该加上为自产白兰地所使用的1 110万升葡萄酒。

酒的销售，可以由酿制葡萄酒个体户或合作酒窖，向批发商和装瓶商成批出售，后者再集中这些酒进行品牌出售，也可以装瓶直接向私人顾客出售。合作酒窖大大拓宽了这条渠道。批发经销商则依靠他们的销售网络，负责把装瓶的高档酒推往世界各地。

法国国内三分之二左右的酒都是通过超级市场(其中约三分之一是通过小专卖店)卖给消费者的，三分之一是由经销商直销的。酒业经纪人是另一种必不可少的中间人，他们负责交易的跟踪调查和成交全过程。葡萄种植工艺家和专家们负责掌握种植和酿酒的技术。

总之，2 500 家贸易公司和 800 家合作企业的工薪人员，加上葡萄种植者，直接从事葡萄酒行业的人共 20 万。

酒市场不服从简单的经济规则。当然，价格取决于供求规律、产地的知名度和质量，价格的差异可以从一到一百。价格必需考虑到生产成本，所以应该在不同产酒国之间协调。就是那些不甚出名的酒，价格也取决于酿造年份和质量。同样，价格也随着经济形势，特别是当时的储量变化而变化。

由于得天独厚的土壤质量和极其先进的葡萄种植、制酒技术，法国始终对来自最近发展葡萄制酒国家的挑战应对自如，在生产最高档酒方面，则一直遥遥领先。对于未来前景，如果有疑问的话，那也是在世界范围内，相对生产而言消费不足的问题。

近几年来，人们对葡萄酒的兴趣提高了，结果使高档葡萄酒价格大幅度增长。这当然令人遗憾。因为只有相当富有的少数人，才能享受这类酒。但也应该注意到，这种档次的酒，只是一些像艺术品一样的精品，产量是很有限的。世界上有相当多的爱好者对这类酒十分熟悉，即使价格很高，他们仍然要买。另外，这种状况促使那些名气稍逊一筹，但品质极佳、价格又不太贵的酒得到畅销机会。目前有不少每年都有新版的购买指南，为消费者提供法国生产的主要葡萄酒质量和价格方面的信息。

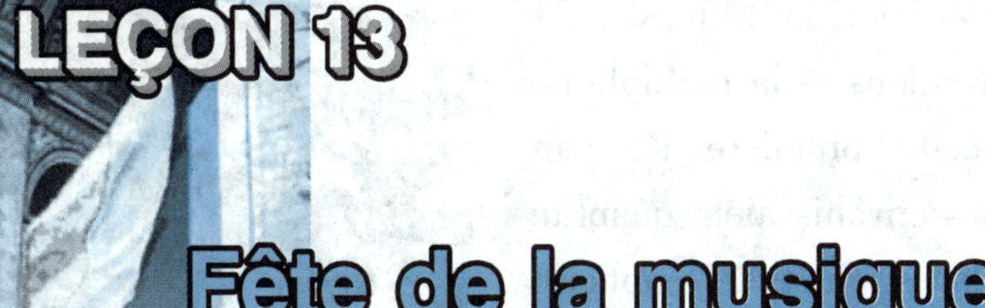

Fête de la musique – Faites de la musique

par Christian Dupavillon

Un matin de janvier 1982, le directeur de la Musique au ministère de la Culture, Maurice Fleuret, me communiquait une note indiquant que les Français possédaient plus de quatre millions d'instruments de musique. Les trois quarts de ces instruments agonisaient dans des placards, des greniers et des caves, avant de trépasser dans des poubelles ou dans des décharges. Je ne pouvais que me lamenter sur le destin de ce patrimoine.

Affiche 2000 Michel Bouvet

Cette note se révéla par la suite moins funeste. Pourquoi ces violoncelles, guitares, trombones à piston, timbales, triangles et grosses caisses, ne pouvaient-ils pas, un jour par an, s'éveiller, être restaurés, émettre un son, trouver un interprète, charmer une oreille? Pourquoi, ce jour-là, des exécutants, professionnels et amateurs, ne s'exprimeraient-ils pas en toute liberté, dehors, dedans, partout, sur les places, sous les portiques, dans des préaux d'écoles et d'hôpitaux, aux portes des conservatoires et sous les auvents des cafés, pour le seul plaisir de jouer ? Il ne manquait à ce concert géant qu'un nom, qu'une date et qu'un prince charmant pour réveiller la Belle au bois dormant.

Le 21 juin 1982 était la première fête de la musique. Elle portait le si bel homonyme de Faites de la musique. La date du solstice d'été ou du jour le plus long fut retenue, un moment en concurrence avec celle de la Saint-Jean et de ses feux, trois jours plus tard. Et le directeur de la Musique au ministère de la Culture tint le rôle du jeune prince. Afin de ne pas narguer ceux et celles qui, pour une raison ou pour une autre, exècrent la musique et la confondent avec du tapage nocturne, cette fête devait se dérouler de 20 h 30 à 21 heures. La diversité des interventions et la multiplicité des lieux allaient faire de cette première fête un événement inédit. Les mélomanes envahissaient quantité de monuments, de rues et de places. C'était l'euphorie de Calais à Menton. à Paris, la fanfare de la garde républicaine défila à cheval avenue de l'Opéra, des chœurs d'enfants interprétèrent a capella des chants chorals de Poulenc et de Britten dans des kiosques à musique, des quatuors à cordes firent entendre Brahms et Schumann dans les cours des hôtels de Rohan et d'Albret, l'orchestre de l'Opéra de Paris interpréta la Symphonie fantastique de Berlioz sur les marches du palais Garnier, les musiciens celtiques donnèrent rendez-vous sur l'esplanade de la gare Montparnasse et les médias plantèrent leurs podiums place de la République, de la Bastille et sur l'esplanade du Trocadéro.

1999 François Boirond

Bien nous prit de préserver cette idée. Dès l'année suivante, les contraintes horaires disparaissaient. Aujourd'hui, avec un succès qui a prospéré dix-huit années durant, la fête relève des habitudes. Orchestres, fanfares, groupes de jazz, groupes de rock, groupes pop, musiques techno, world music, funk-rap, gospels, chœurs et maîtrises, artistes de variété, musiciens des régions, musiciens du monde, fêtent la musique chaque 21 juin. Au même titre que notre fête nationale le 14 juillet, celle du Travaille 1er mai et de la Victoire le 8 mai, le 21 juin est fêté, non plus pour la Saint-Rodolphe, jeune martyr oublié, mais pour toutes les musiques. Bien qu'il ne soit pas encore programmé sous l'intitulé "Fête de la musique" sur les plannings des agendas de poche ou sur les calendriers des Postes, et bien qu'il ne soit pas encore chômé.

Qu'est-ce que la fête de la musique ?

L'occasion donnée, prise d'office maintenant, aux musiciens, amateurs et professionnels, de s'exprimer là où ils le veulent, de jour comme de nuit. La salle des pas perdus d'une gare, la cour d'une école, l'intérieur des cathédrales et des églises, la terrasse d'un café ou d'une brasserie, le perron d'une mairie, un monument, une préfecture, un passage, une maison d'arrêt, etc. Les amateurs, qu'on dit timorés lorsqu'ils doivent chanter ou jouer d'un instrument en public, ont l'occasion de s'exprimer en toute liberté. De plus, pour l'administration de la Culture, pour celles des régions et des villes, la fête n'est pas une charge budgétaire. Il suffit d'une affiche, de la liste des lieux à travers la France, d'une information par téléphone et internet, de la suppression des droits d'auteur ce jour-là, de l'augmentation du nombre des trains desservant les banlieues et de lignes d'autobus et de métropolitain en service jusqu'à l'aube.

On assista à des concerts exceptionnels : des adhérents de la carte vermeille chantant Palestrina et Gounod au fond d'une impasse, un soliste de 12 ans jouant un concerto pour violon et orchestre, lui au violon et l'orchestre sur 91.70, longueur d'onde de France Musique, des artistes de variétés chantant dans les hôpitaux, un joueur d'harmonica dans le renfoncement d'une porte cochère, deux pianistes interprétant une fantaisie de Schubert aux deux étages d'un même immeuble, les fenêtres grandes ouvertes, des femmes distribuant les partitions de *Si tu t'imagines* de Kosma ou de *La chanson pour l'auvergnat* de Brassens, aux passants pour qu'ils les reprennent au son de l'accordéon, des cortèges de percussions, un concert de musique polonaise dans un temple exceptionnellement ouvert, des chants yiddish dans un musée en chantier, des mélodies scandinaves accompagnées au nickelharpa dans le jardin d'un centre culturel, Higelin chantant *Beauté crachée* sur un char descendant de la place de la République à la Bastille, de la folk musique dans le métro, une imitation balbutiante de Freddie Mercury dans la cour d'un collège.

1993 Pascal Colrat

Si certains professionnels dénoncent la fête de la musique comme une opération gadget et d'autres comme une récupération par des marques sponsors et des médias au moyen des shows qu'ils produisent à Paris, elle est une chance donnée à tous les publics pour les satisfaire et les sensibiliser à toutes les musiques. Un cérémonial de plus de quinze cents concerts en une nuit et sans grands incidents.

Une fête mondiale

La fête de la musique s'internationalise. Parce qu'elle est joyeuse, parce qu'elle est la seule à dépasser les langues et les écritures, parce qu'elle se dispense des politiques, parce qu'elle est diversifiée, populaire, parce que tout individu à travers le monde est mélomane malgré lui, parce qu'elle peut devenir la première fête mondiale. En 2000, la fête de la musique s'est déroulée dans plus d'une centaine de pays : dans les quinze pays de l'Union européenne, mais aussi en Pologne, Égypte, Syrie, Maroc, Cambodge, Viêtnam, Congo, Cameroun, Togo, Chili, Nicaragua, Japon, etc. L'Hymne à la joie à la porte de Brandebourg à Berlin, toutes les musiques électroniques place de la Monnaie à Bruxelles, plus de deux cents concerts dans les rues de Barcelone, des parades musicales sur les avenues d'Athènes, des Camions Musique dans les rues d'Istanbul, des concerts dans le métropolitan de New York, le Spirit of music à San Francisco, etc.

1997 Hervê di Rosa

Cette première fête allait faire école. Une idée pour sensibiliser les uns et les autres à un art ou à un drame. Les Journées du patrimoine le dernier week-end de septembre, le Printemps des poètes, la Fête du cinéma, Lire en fête en octobre, la Fête de la science une semaine en octobre lancée en 1991, la Techno Parade le second samedi de septembre ou la Journée mondiale du sida instituée en 1988. Il arrivera que ces journées rythmeront nos almanachs autant que le font encore nos saints et nos saintes.

Vocabulaire

auvent	*n.m.*	(门窗上的)挡风披檐
homonyme	*n.m.*	同音异义词
solstice	*n.m.*	夏至(solstice d'été)
narguer	*v.t.*	蔑视,嘲弄
mélomane	*n.*	音乐迷
euphorie	*n.f.*	安乐,舒适
Calais		加莱
Menton		芒东
fanfare	*n.f.*	军乐队
Poulenc		普朗克(1899—1963),法国作曲家

Brahms		勃拉姆斯(1833—1897),德国浪漫主义作曲家
Schumann		舒曼(1810—1856),德国浪漫主义作曲家
Berlioz		柏辽兹(1803—1869),法国作曲家,作品有《幻想交响曲》(*la Symphonie fantastique*)等
esplanade	*n.f.*	广场
gospel, gospelsong	*n.m.*	[英] 北美黑人唱的福音赞美诗
timoré, e	*adj.*	谨慎小心的
vermeil, le	*adj.*	鲜红的,肉红的
soliste	*n.*	独奏者,独唱者
cochère	*n.f.*	能通过车辆的大门(porte cochère)
gadget	*n.m.*	[美] 新奇的小玩意儿
Brandebourg		勃兰登堡,德国地区

Questions

1. Quelle est la date de la première fête de la musique en France?
2. Quels sont les apports de la fête de la musique?

第十三课　音乐节——让音乐奏响吧

1982 年 1 月的一天早晨，文化部音乐处处长莫里斯·弗勒雷转交给我一份报告，说法国人总共拥有四百多万件乐器。但其中的四分之三被长年累月地弃置在壁柜、阁楼或地下室里,最后全都被丢弃在垃圾桶或垃圾场。我不禁对这些文化遗产的悲惨命运叹息不已。

这份报告的下半部分,倒似乎不那么令人沮丧。我想,为什么不能让这些大提琴、吉他、长号、定音鼓、三角铁和大鼓每年苏醒一次,把它们修理好、调好音,再给他们找一位演奏者,让人们的耳朵为其美妙的音色而陶醉呢？为什么现在职业或业余的音乐家不能自由自在地在室内、室外或任何地方表演,为什么他们不能在广场上、回廊下、学校或医院的草坪上、音乐戏剧学院的大门前、咖啡屋的挡雨披檐下,纯粹为了欢乐而表演呢?对于这样一场大型音乐会来说,现在缺少的只不过是一个名称、一个日子和一位能够唤醒睡美人的白马王子。

于是,1982 年 6 月 21 日,举行了首届音乐节。音乐节这个名称在法语里,恰好与“让音乐奏响吧”这句话的读音一模一样。选择夏至这一天,也就是一年中白天最长的一天，在圣让纪念日和三天之后的圣火日之间确定一段时间，举办这个节日。文化部音乐处处长就充当了白马王子的角色。为了避免刺激出于这样或那些的原因讨厌音乐、认为这和夜间喧哗没有区别的人，节日应该在20点30分至21点之间举行。各色各样的参加者，以及不计其数的举办地，使第一届音乐节成为了一个史无前例的事件。许多纪念建筑、街道和广场拥满了音乐迷。从加莱到芒通，一片欢腾。在巴黎，国民卫队军乐团骑着马在歌剧院大街游行，童声合唱团在露天音乐台演唱了普朗和布里顿的合唱歌曲，弦乐四重奏在罗安和阿尔贝饭店献上了勃拉姆斯和舒曼的作品，巴黎歌剧院交响乐团在加尼埃宫的台阶上，演奏了柏辽兹的幻想交响曲，凯尔特音乐家在蒙巴拿斯火车站广场欢聚，大众媒体将他们的转播台安置在共和广场、巴士底狱广场以及人权广场上。

我们认为，保留这个想法是个好主意。于是从第二年起，取消了时间限制。伴随着18年的成功发展，今天这个节日已经进入了人们的习俗。交响乐团、军乐队、爵士乐队、流行乐队、技术音乐、世界音乐、说唱乐、黑人福音赞美诗、合唱团以及唱诗班各色各样的艺术家，来自全国各地的音乐家、来自世界各地的音乐家，每年的6月21日，都一起来庆祝这个音乐节。同7月14日的国庆节、5月1日的劳动节、5月8日的胜利日一样，6月21日不再是为纪念被人遗忘的年轻殉道者——圣鲁道夫，而是所有的音乐家共同欢庆的节日，虽然这一天，既还没有以“音乐节”的名义被编入袖珍日记本或邮政日历，也还没有成为公众假日。

音乐节是什么？

现在，经官方许可，业余和专业的音乐家在这一天，可以在他们希望的任何地点，整日整夜地进行表演。地点可以是火车站的候车大厅、学校的校园、大教堂或礼拜堂、咖啡屋或餐厅的露天座，也可以在市政厅的台阶上、纪念建筑物、警察局、步行通道和拘留所里。业余爱好者在公众面前演奏乐器或是演唱，往往会感到拘谨，如今他们有了自由表演的机会。此外，对于国家文化局，或是省市的文化部门，音乐节不需要任何财政开支。只需张贴一张海报、一份法国各地表演地点的清单、一条电话或互联网信息，取消当天的版权，增加通向郊区的火车班次和运行到黎明的公共汽车及地铁的线路就足够了。

人们也可以参加一些特别的音乐会：红卡会员在一条死胡同里演唱帕莱斯特里纳及古诺的歌曲；一位12岁的独奏者表演小提琴协奏曲，他演奏小提琴，乐队是波长91.70的法国音乐台；民间艺人在医院里放声歌唱；一位口琴演奏者在进出车辆的加固平台上表演；两位钢琴演奏家在同一幢楼的两层，窗户洞开，弹奏着舒

伯特的幻想曲；女士们向过往行人散发科斯玛的《如果你能想象一下》，或是布哈桑斯的《奥弗涅人的乐谱》，希望他们能跟着手风琴和打击乐的伴奏同声歌唱；在一所特别开放的基督教礼拜堂里，举行着波兰音乐会；在一座正在施工的博物馆里，有意第绪语的歌曲演唱；在文化中心的花园里，镍风琴伴奏着斯堪的纳维亚乐曲；在一辆从共和广场开向巴士底狱广场的彩车上，伊热兰演唱着《付钱的美》；地铁里有民间音乐；中学的院子里有人结结巴巴地模仿弗雷迪·梅尔库里。

尽管有些专业人士谴责音乐节成了新奇小玩意儿的演示会，而另外一些人说它成了一些品牌赞助商和巴黎媒体通过作秀收回投资的活动，但是音乐节的确让广大公众感到满意，它还是一次让人们了解各种音乐类型的机会。这个庆典之夜有超过 1 500 百场音乐会上演，却不会混乱。

全世界的节日

音乐节正在国际化。因为它充满欢乐，是唯一能超越语言和文字的节日，因为它能避开政治，因为它既多样又通俗，因为世界上的每一个人自觉不自觉地都是音乐爱好者，因为它能成为世界上最大的节日。2000 年，音乐节在一百多个国家中举行：不仅有 15 个欧盟国家，还有波兰、埃及、叙利亚、摩洛哥、柬埔寨、越南、刚果、喀麦隆、多哥、智利、尼加拉瓜、日本等国家。柏林勃兰登堡大门前的欢乐颂，布鲁塞尔钱币广场上的各种电子音乐，巴塞罗那街道中超过两百场的音乐会，雅典大道上的音乐游行，伊斯坦布尔街道上的音乐卡车，纽约大都会博物馆的音乐会，旧金山的音乐之魂活动，等等。

这第一个节日要形成一股流行风。可以通过一个节日让人们对一种艺术或一种戏剧产生兴趣。九月最后一个周末的文化遗产日、诗人之春、电影节、十月的读书节、1991 年推出的每年十月为期一周的科学节、九月第二个星期六的科技表演，还有 1988 年确立的世界艾滋病日。这些节日将和圣徒、圣女的纪念日一样出现在年历中，使我们的生活更加丰富多彩。

LEÇON 14

La laïcité

par Jean Baubérot

La laïcité est, depuis plus d'un demi-siècle, une caractéristique constitutionnelle de la République française. En effet, elle aété inscrite une première fois dans la Constitution de la IVe République (octobre 1946) et cela a été confirmé, douze ans plus tard, lors de l'instauration de la Ve République. L'article 2 de la Constitution actuelle, promulguée le 4 octobre 1958, énonce "La France est une République indivisible, laïque, démocratique et sociale. Elle assure l'égalité devant la loi de tous les citoyens sans distinction d'origine, de race ou de religion. Elle respecte toutes les croyances." En outre, le préambule de la Constitution "proclame solennellement son attachement aux droits de l'homme et aux principes de la souveraineté nationale tels qu'ils sont définis par la Déclaration de 1789, confirmée et complétée par le préambule de la Constitution de 1946". Or ces deux textes, porteurs des valeurs sur lesquelles se fonde le lien social en France, précisent ce qu'il faut entendre par laïcité. Ainsi, la Déclaration des droits de l'homme et du citoyen de 1789 indique, dans son article 10 : "Nul ne doit être inquiété pour ses opinions, même religieuses, pourvu que leur manifestation ne trouble pas l'ordre public établi par la loi." L'article 11 qui affirme que "la libre communication des pensées et des opinions est un des droits les plus précieux de l'homme [...]" est également parfois invoqué en matière de laïcité.

Le préambule de 1946 proclame que "tout être humain, sans distinction de race, de religion ni de croyance, possède des droits inaliénables et sacrés". Il déclare "comme particulièrement nécessaires à notre temps" un certain nombre de principes politiques et sociaux (égalité entre hommes et femmes, droit de grève...) dont un concerne explicitement notre sujet : "Nul ne peut être lésé dans son travail ou son emploi, en raison de ses origines, de ses opinions ou de ses croyances." Il considère comme "un devoir de l'État" d'organiser un "enseignement public gratuit et laïque à tous les degrés." Il se réfère enfin aux "principes fondamentaux reconnus par les lois de la République". Parmi ces principes figurent, selon les constitutionnalistes, la séparation des Églises et de l'État, promulguée le 11 décembre 1905, la liberté de l'enseignement ainsi que, naturellement, la liberté de conscience. Peut-on donner une définition de la laïcité française à partir de cet ensemble ?

On peut la caractériser, dans une première approche, par un double refus : celui d'un athéisme d'État (explicite notamment par la mention : la République respecte toutes les croyances) et celui de toute religion officielle (enseignement public laïque, séparation des Églises et de l'État) en vue d'assurer une complète égalité des citoyens en matière de croyance et une pleine liberté de conscience.

Ainsi définie, la laïcité française apparaît comme un moyen de relier le lien social à des valeurs reconnues comme universelles. D'un point de vue français maintenant assez consensuel, il s'agit du moyen le meilleur. Cela peut être débattu. L'essentiel est de comprendre que la laïcité constitue une voie spécifique pour incarner des valeurs communes. La laïcité s'inscrit dans ces valeurs et la France a ratifié la Convention européenne des droits de l'homme dont l'article 9 reprend et précise l'article 18 de la Déclaration universelle des droits de l'homme. Rappelons cet article 9 qui peut aujourd'hui servir de recours devant la Cour européenne des droits de l'homme, pour toute personne qui considérerait qu'elle n'a pas obtenu auprès d'une juridiction française, le respect de ses droits fondamentaux.

1. Toute personne a droit à la liberté de pensée, de conscience et de religion ; ce droit implique la liberté de changer de religion ou de conviction, ainsi que la liberté de manifester sa religion ou sa conviction individuellement ou collectivement, en public ou en privé, par le culte, l'enseignement, les pratiques et l'accomplissement des rites.

2. La liberté de manifester sa religion ou ses convictions ne peut faire l'objet d'autres restrictions que celles qui, prévues par la loi, constituent des mesures nécessaires, dans une société démocratique, à la sécurité publique, à la protection de l'ordre, de la santé ou de la morale publiques, ou à la protection des droits et

libertés d'autrui.

Dans chaque pays, la façon dont on se réfère aux principes indiqués par cet article provient, pour une large part, de l'expérience historique de ce pays. C'est pourquoi, avant de décrire plus précisément le dispositif juridique et social qui garantit la laïcité en France et quelques débats autour de la laïcité, il faut indiquer très brièvement les étapes principales de la construction historique de la laïcité française.

L'invention de la laïcité "à la française"

Si la laïcité ne constitue nullement une "exception française"–d'autres pays l'ont plus ou moins adoptée, chacun à leur manière et des courants d'idées s'y réfèrent sur plusieurs continents – on peut cependant écrire que, globalement, il s'agit d'une "invention française". Elle s'est effectuée en plusieurs étapes.

La Révolution française

Elle constitue, pour la France, l'époque fondatrice de référence pour tout ce qui concerne les droits de l'homme. On sait que la déclaration française de 1789 fut rédigée peu après des déclarations américaines assez semblables. Mais cela s'effectua dans un contexte fort différent. Pour une jeune nation de culture protestante et aux dénominations multiples, les droits de l'homme proviennent du "Créateur" et n'induisent aucun conflit majeur avec une confession religieuse. Dans le contexte français marqué par le monopole religieux imposé du catholicisme (suite à la révocation de l'édit de Nantes de 1685) et, liée à cela, la dénonciation par la philosophie des Lumières du "fanatisme religieux", il ne peut en être de même. La Déclaration des droits s'effectue "en présence et sous les auspices de l'Être suprême" et elle sera désavouée par le pape (alors même que de nombreux ecclésiastiques ont contribué à son élaboration). Tandis qu'en Amérique, une séparation à l'amiable apparaît comme la condition de la liberté religieuse, la Révolution française entre très vite en conflit avec la religion catholique. Dans ce conflit, elle tente

de contrôler le catholicisme (1790), de se sacraliser elle-même (cultes révolutionnaires de 1793, accompagnés d'une persécution politico-religieuse) avant d'instaurer une éphémère séparation de l'Église et de l'État (1795) qui, coexistant avec le maintien de la religiosité révolutionnaire, n'arrive pas à pacifier le conflit. Au total, la Révolution a proclamé des principes laïques mais n'a pas réussi à les mettre en application. On comprend alors que, longtemps, l'héritage de la Révolution apparaîtra ambivalent.

Le XIXe siècle et l'instauration de la laïcité

Tout en mettant fin à la séparation des Églises et de l'État, Bonaparte confirme certains changements opérés par la Révolution et stabilise ainsi un premier seuil de laïcisation. L'État est laïque dans son fondement et le code civil des Français ne contient aucune prescription religieuse. L'état civil est laïcisé et un mariage civil constitue le préalable obligatoire à toute cérémonie de mariage religieuse (libre et facultative)①. Si l'Église catholique bénéficie d'un Concordat (signé en 1801 avec le pape), elle doit accepter un régime d'égalité formelle avec d'autres "cultes reconnus" : protestantismes luthérien et réformé, judaïsme. Ces cultes, en se pliant à une loi désormais agnostique, assurent un service public de "secours de la religion" et socialisent à la morale commune.

La société française est donc officiellement une société religieusement pluraliste. À partir de 1815, ce pluralisme va se trouver surdéterminé par un conflit dualiste que les historiens qualifient de "conflit des deux Frances". Malgré des accalmies et de nombreuses tentatives de conciliation, ce conflit va dominer le siècle. Son enjeu met aux prises un "camp clérical" et un "camp anticlérical". Pour le premier camp, la France doit redevenir une nation catholique, la "fille aînée de l'Église" ; le catholicisme est un élément essentiel de l'identité du pays. Le second envisage la France moderne comme fondée sur les "valeurs de 1789". Cette France, "fille de la Révolution", n'a pas d'identité marquée par une allégeance religieuse.

Après une première victoire des républicains, marquée par la laïcisation de l'école (années 1880), le conflit atteint son paroxysme au tournant du XIXe et du XXe siècle : à la campagne de "haine" contre les minorités juive, protestante, franc-maçonne (qui aboutit à l'affaire Dreyfus) d'un certain catholicisme

① *Ces mesures, prises dans le mouvement révolutionnaire de 1792, deviennent des réalités stables qui différencient la France des autres pays européens.*

intransigeant, répondent des mesures d'exception contre les congrégations religieuses. Celles-ci se voient interdire d'enseigner (juillet 1904). C'est dans ce climat qu'intervient la séparation des Églises et de l'État (décembre 1905).

La pacification laïque

Le contexte de la laïcisation est donc conflictuel. Pourtant, l'instauration de la laïcité républicaine va progressivement pacifier le conflit. Le paradoxe n'est qu'apparent. Si la logique du combat peut entraîner l'anticléricalisme vers des mesures rigoureuses, les idéaux de référence qui l'animent comportent le respect des libertés, l'attachement à la démocratie. Les dispositions juridiques des lois laïques sur l'école et de la loi sur la séparation font prévaloir ce second aspect. Ainsi, en 1905, si le régime des cultes reconnus est aboli, la liberté de religion est plus complète : sous le Concordat, toute assemblée d'évêques était interdite. Or ceux-ci se réunissent librement dès mai 1906. Bien plus, obligé par une encyclique papale de ne pas se conformer à la loi de séparation, le catholicisme français échappe aux conséquences logiques de ce refus par une nouvelle loi de janvier 1907 dont le ministre A. Briand donne l'objectif : "mettre l'Église catholique dans l'impossibilité, même quand elle le désirerait d'une volonté tenace, de sortir de la légalité".

Cette politique d'apaisement porte progressivement ses fruits. Un accord est trouvé avec le pape (1923–1924). En 1946, lors de l'élaboration de la Constitution, la France était alors gouvernée par une coalition de trois partis : le Parti communiste, le Parti socialiste (SFIO) et le Mouvement républicain populaire (MRP, parti d'obédience démocrate-chrétienne). Paradoxe significatif : la laïcité est devenue constitutionnelle lors d'un des rares moments de la vie politique française où la démocratie chrétienne a eu une influence importante. Cependant, si le conflit frontal portant sur la conception de l'identité de la France a disparu, toute tension n'est pas abolie pour autant. L'interprétation de la notion de laïcité notamment en ce qui concerne les rapports de l'État à l'école privée reste un des enjeux du débat démocratique et de grandes manifestations, représentant des points de vue opposés, ont notamment eu lieu en 1984 et 1994.

La liberté de conscience et de culte

La loi de séparation des Églises et de l'État établit les dispositions fondamentales de la laïcité française : liberté de conscience et de culte ; libre organisation des Églises[①] ; non-reconnaissance et égalité juridique de celles-ci ; libre manifestation des convictions religieuses dans l'espace public. À cela s'ajoute la laïcité des institutions, et notamment de l'école et la liberté de l'enseignement. Sur bien des points, le consensus est tel que les pratiques sociales s'effectuent sans qu'il soit besoin, sauf circonstances exceptionnelles, de faire référence à la loi. Sur certains autres, notamment des problèmes encore très neufs, la loi et la jurisprudence laïques s'accompagnent d'un débat social.

Ainsi en est-il du droit à la liberté de conscience. Celui-ci est culturellement compris comme incluant la liberté de l'athée, de l'indifférent, de celui qui mêle diverses croyances, de l'adepte d'un ex-culte reconnu ou d'un autre culte. Ce droit commence par la liberté en ce qui concerne le "for intérieur" : personne ne doit être obligé d'exprimer ses convictions religieuses ou philosophiques. Ainsi, la mention de l'appartenance religieuse dans les recensements est interdite et en des temps troublés[②], le Conseil d'État a rappelé que personne ne peut obliger les clients d'un hôtel à déclarer leur religion.

Mais si personne n'est obligé d'exprimer ses convictions, chacun doit pouvoir le faire librement sans qu'il en résulte aucune pénalité sociale. La loi protège, notamment, les fonctionnaires : dans tout document administratif les concernant, il est interdit de mentionner leurs "opinions ou activités [...] religieuses ou philosophiques". De même, menacer quelqu'un (en lui faisant craindre, par exemple, une perte d'emploi) pour l'inciter "à exercer ou à s'abstenir d'exercer un culte, à faire partie ou cesser de faire partie d'une association cultuelle, à contribuer ou à s'abstenir de contribuer aux frais d'un culte" est un délit.

On constate, pour ce dernier texte, que la liberté de conscience ne se réduit pas à la liberté de croyance individuelle. Elle implique, très logiquement, la liberté de culte qui est aussi soigneusement garantie, permettant, chaque fin de semaine, aux

① *Le terme "église" est ici utilisé comme un terme générique, synonyme de "culte" ou de "religion".*

② *Lors de la Seconde Guerre mondiale, au moment où des lois discriminatoires sévissaient à l'encontre des juifs.*

millions de personnes qui le souhaitent de participer paisiblement à un service religieux. Là encore, en général, cette liberté est tellement intégrée par la culture commune qu'il ne viendrait plus à quiconque l'idée d'aller troubler l'exercice d'un culte. Il arrive cependant, en cas de conflit comme la guerre du Golfe en 1991, que préventivement, la force publique protège certains offices religieux.

La liberté d'organisation des églises pose des problèmes plus délicats à résoudre car il faut concilier là une liberté individuelle et une liberté collective. La question s'est posée dès l'élaboration de la loi de séparation : à qui allait-on remettre l'usage des édifices cultuels, propriété publique ? En prenant exemple sur la législation de certains États des États-Unis d'Amérique et celle régissant l'Église libre d'Écosse, il a été décidé que ces biens seraient remis aux associations "se conformant aux règles d'organisation générale du culte dont elles se proposent d'assurer l'exercice" (article 4). Cela signifiait qu'une paroisse catholique, dont la majorité des membres ne reconnaissait plus l'autorité de leur évêque, voyait l'église dévolue à la minorité restée fidèle à sa hiérarchie. Cela a évité, à l'époque, tout risque de dislocation de l'Église catholique en France. Mais dans le long terme, il a fallu pondérer l'application d'un tel principe. Ainsi, aujourd'hui, quelques églises sont occupées par un courant traditionaliste "schismatique". Le principe de non-reconnaissance met fin à la situation antérieure à 1905 où, nous l'avons vu, il existait quatre cultes reconnus. Si les Églises existent comme corps constitués de droit privé, il ne peut y avoir de régime de droit public pour toute forme d'activité religieuse. Cela entraîne notamment deux conséquences : la suppression du "service public" demandé aux Églises et la disparition, dans les services publics de l'État, de tout caractère religieux. Disparition parfois lente : ainsi, il faudra attendre 1972 pour que soit supprimée la demande faite aux jurés en cour d'assises, de prêter serment "devant Dieu et devant les hommes".

Cette neutralité religieuse du domaine public implique qu'il ne doit pas exister d'emblèmes religieux sur les édifices publics construits après 1905. Cette restriction semble simplement refuser les actions iconoclastes mais, en fait, elle va beaucoup plus loin. S'il n'y a plus de religion officielle, l'ensemble des traces du rôle public joué historiquement

en France par la religion est maintenu. Cela se marque notamment dans le calendrier, où la IIIe République a même ajouté le lundi de Paques et le lundi de Pentecôte aux quatre "fêtes d'obligation" catholiques – Noël, Ascension, Assomption et Toussaint, déclarées jours fériés en 1802. Ainsi, la France ne se coupe pas de ses racines religieuses mais d'autres religions – comme le judaïsme, l'islam ou le bouddhisme – ne voient leurs fêtes prises en compte qu'à titre d'autorisations individuelles d'absences pour fonctionnaires, agents publics et élèves.

Cet exemple montre la difficulté de réaliser complètement l'idéal lié à la fin du système des cultes reconnus : établir l'égalité entre tous les cultes, du culte majoritaire aux cultes les plus minoritaires. Le fondateur de l'école laïque, Jules Ferry, affirmait : "les questions de liberté de conscience ne sont pas des questions de quantité, ce sont des questions de principes". Mais il faut reconnaître que si ce principe d'égalité fonctionne souvent bien, il a cependant trois limites. D'abord, il n'est pas établi partout : trois départements de l'Est de la France①, qui étaient allemands de 1871 à 1918, ont conservé le régime des cultes reconnus. Ce droit local constitue, de fait, une dérogation importante qui pourtant ne soulève actuellement aucun conflit majeur. Ensuite, dans la réalité empirique, les pouvoirs publics sont bien obligés de tenir compte de la taille des groupements religieux. Ainsi, les émissions religieuses qui font partie du cahier des charges de la télévision publique, concernent le catholicisme, le protestantisme, le christianisme oriental, le judaïsme, l'islam et le bouddhisme. Il n'est naturellement pas possible d'ouvrir à l'infini l'accès à ce type d'émission. Enfin, l'association cultuelle doit "avoir exclusivement pour objet l'exercice d'un culte". Même si la jurisprudence n'interprète pas cet "exclusivement" de manière stricte, cela signifie que le fait d'organiser une activité cultuelle n'est pas en soi suffisant pour être considéré comme un groupement pouvant bénéficier de la loi de 1905. Des associations ayant des fonctions d'édition, de publication et de guérison ne sont pas reconnues par le Conseil d'État comme des associations cultuelles. Pour l'opinion publique, très souvent, ce ne sont pas des "religions". On retrouve, parfois, par là, un débat sur le "religieux légitime" que le principe laïque de non-reconnaissance a justement pour fonction d'éviter.

La neutralité laïque, le principe de non-reconnaissance officielle d'aucun culte entraîne l'absence de salaire ou de subventions directes versées aux Églises. Ce

① *Le Haut-Rhin, le Bas-Rhin (= l'Alsace) et la Moselle (= une partie de la Lorraine).*

principe va cependant de pair avec l'existence d'aumôneries subventionnées par l'État, de règles très souples concernant les legs, la possibilité d'abattements fiscaux pour les dons et l'entretien du parc immobilier cultuel mis à la disposition des Églises en 1905. Notons que, ces derniers temps, les pouvoirs publics trouvent des solutions qui concilient le principe de non-reconnaissance et celui de la liberté des cultes pour favoriser l'érection de mosquées.

La laïcité de l'institution scolaire

La libre manifestation des convictions religieuses dans l'espace public ne pose, en général, aucun problème particulier. Elle prend place dans la liberté d'opinion qui est fortement garantie. Ainsi, durant l'été 1997, des jeunes catholiques ont entouré Paris d'une chaîne symbolique de l'amitié lors des JMJ. D'autres religions effectuent régulièrement de grands rassemblements tel celui du Bourget, organisé chaque année par des groupements musulmans. Les contacts entre les représentants de communautés religieuses et les pouvoirs publics, ainsi que les rencontres entre les communautés elles-mêmes contribuent au caractère paisible de l'expression des manifestations religieuses.

Plus connues, les affaires dites de "foulards" ont porté le débat sur la laïcité de l'institution scolaire. Les adversaires du port du foulard à l'école ont insisté sur la nécessaire distinction entre croyances et connaissances et sur le risque d'un refus de l'égalité entre hommes et femmes que pourrait symboliser ce vêtement rituel spécifique à ces dernières. Les partisans de la tolérance ont rappelé que la transmission du savoir peut viser à l'universel sans nier l'existence de particularismes ont mis en avant la pluralité des significations symboliques du foulard. Le débat, au-delà des passions qu'il a pu susciter, donc permis d'expliciter publiquement des problèmes essentiels pour une société démocratique. Le Conseil d'État a tranché : le port de signes religieux à l'école n'est pas, en soi, contraire à la laïcité. Il devient s'il est ostentatoire, facteur d'absentéisme scolaire, de prosélytisme et de désordre. Il faut donc régler le problème au cas par cas.

La liberté de l'enseignement – qui a toujours été garantie par la loi – a suscité un autre débat : doit-elle inclure l'octroi de fonds publics aux écoles privées ? Après maintes péripéties, la loi Debré (1959) est devenue la règle commune : des aides financières très substantielles sont données aux établissements privés qui passent un contrat avec l'État. Ce contrat permet à ces établissements d'avoir un "caractère propre", un projet pédagogique spécifique à condition que les programmes établis par le ministère de l'Éducation nationale soient respectés et que la liberté de conscience soit assurée. Si les principes fondamentaux sont ainsi établis, l'institution scolaire reste le domaine où les applications suscitent des différences d'interprétation. Cela est logique car si la laïcité implique le respect de la liberté de conscience au sens large (incluant la liberté de l'exercice du culte et la libre manifestation des convictions religieuses), elle implique également la liberté de penser, c'est-à-dire l'égalité des droits entre engagement et désengagement religieux, la possibilité d'acquérir les instruments d'une démarche critique face à tout système dogmatique et totalisant. L'enseignement primaire, secondaire et supérieur est le garant de cette liberté de penser et c'est pourquoi l'organisation d'un "enseignement public gratuit et laïque" est, en France, un devoir constitutionnel de l'État.

La laïcité, en effet, ne saurait se réduire à un système juridique, elle est aussi une culture, un ethos, un mouvement de libération de tout "cléricalisme" entendu comme la domination de l'esprit par un discours établi qui refuserait la mise en débat. Le professeur Claude Nicolet a parfaitement mis en lumière cet aspect essentiel (et non codifiable) de la laïcité. La conquête qu'elle a historiquement représentée sur les tentatives de domination cléricale, chaque être humain, chaque citoyen doit l'effectuer à son tour "presque à tout instant, au cœur de lui-même. En chacun sommeille, toujours prêt à s'éveiller, le petit 'monarque', le petit 'prêtre', le petit 'important', le petit 'expert' qui prétendra s'imposer aux autres ou à lui-même par la contrainte, la fausse raison ou tout simplement la paresse et la sottise". Or la laïcité est "un effort difficile mais quotidien (pour) essayer de s'en préserver [...] Elle vise au maximum de liberté par le maximum de rigueur intellectuelle et morale [...] ; elle exige la pensée libre, et quoi de plus difficile que la vraie pensée et la vraie liberté ?"①

① *Cl. Nicolet, La République en France, Paris, Le Seuil, 1992.*

Quelques éléments bibliographiques

Barbier (M.), *La laïcité*, Paris, L'Harmattan, 1995.
Baubérot (J.) (éd.), *La laïcité, évolution et enjeux*, Paris, La documentation Française, 1996.
Baubérot (J.), *Histoire de la laïcité française*, "Que sais-je ?" Paris, PUF, 2000.
Boussinescq (J.), *La laïcité française*, Paris, Le Seuil, 1994.
Costa-Lascoux (J.), *Les trois âges de la laïcité*, Paris, Hachette, 1996.
Durand-Prinborgne (Cl.), *La laïcité*, Paris, Dalloz, 1996.
Haarscher (G.), *La laïcité*, "Que sais-je ?" Paris, PUF, 1996.

Vocabulaire

léser	*v.t.*	损害,损伤
auspices	*n.m. pl.*	保护,支持
accalmie	*n.f.*	(活动、激动、动荡后的)暂时平静
congrégation	*n.f.*	圣会
encyclique	*adj.*	通谕的
papal, e	*adj.*	教皇的
schismatique	*adj.*	教会分立(论)的
iconoclaste	*adj.*	破坏圣像的
Pentecôte	*n.f.*	[基督教的]圣灵降临节,复活节后第七个星期日
ethos	*n.m.*	民族习性(精神)
cléricalisme	*n.m.*	教权主义

Questions

1. Quelle est la signification de la laïcité française?
2. Résumez les étapes principales de la construction historique de la laïcité française.
3. Quelles sont les dispositions fondamentales de la laïcité française?
4. Quelle est l'origine des affaires dites de "foulards"?

第十四课　政教分离

让·博贝罗

半个多世纪以来,法兰西共和国制宪特点之一,就是政教分离。事实上,政教分离原则被首次(1946)列入了第四共和国宪法,12 年之后,成立第五共和国时,又再次得到确认。1958 年 10 月 4 日颁布的现行宪法第二条宣告:“法兰西是一个不可分割的、政教分离的、民主的、社会的共和国。全体公民不分出身、种族或宗教信仰,在法律面前一律平等。法兰西共和国尊重一切信仰。” 此外,宪法前言庄严宣布:“像 1789 年的人权宣言及 1946 年宪法前言对此宣言再次确认和补充的那样,法兰西热切关注人权和国家主权的原则。”上述两份文件体现了法国社会关系的基本价值,明确了政教分离的含义。同样,1789 年人权与公民权宣言第十条指出:“任何人只要其行动不干扰法律规定的公共秩序,都不必为其政见、信仰或是宗教见解而担忧。” 第十一条强调:“思想和观点的自由交流,是人最宝贵的权利之一。” 关于政教分离的这一条款,同样经常被引用。

1946 年宪法的前言宣布:“任何人不分种族、宗教和信仰,均享有神圣不可侵犯的权利。” 宪法的一些政治和社会原则(男女平等、罢工权……),在我们这个时代尤为重要,其中一项与我们研究的主题密切相关:“任何人不能因其出身、观点和信仰,在工作或职务中受到侵害。” 该宪法前言认为:“在不同程度上,组织义务的无神论公众教育是国家的职责。”它引用了共和国法律承认的基本原则,依照制宪专家的意见,这些基本原则就是 1905 年 12 月 11 日颁布的:教会与国家分离、教育自由和信仰自由。从这些文献中,我们能否对法国政教分离提出一个定义呢?

首先,我们可以排除两点反对意见,一是国家无神论(共和国尊重一切信仰,宪法明确地规定了这一点),二是任何正式宗教观念(无神论的公共教育、教会与国家分离)都确保在信仰方面完全平等,政治观点完全自由。

这样定义之后,法国的政教分离就表现为把人际关系与普遍公认的价值连接在一起的一种方式。从目前被广泛认同的法国观点来看,这是最好的方式。诚然,这一观点可以进行讨论。根本问题是要懂得政教分离是代表共同价值的专门途径。政教分离被纳入了这些价值观。法国批准了欧洲人权公约,其中第九条重申并明确了世界人权宣言第十八条。大家知道,今天,任何人认为在法国司法裁决中他的基本权利没有得到尊重,都可以引用这第九条,到欧洲人权法庭请求援助。

1. 任何人都享有思想、信仰和宗教自由。这一权利包括:改变宗教或观念的自由。以个人或集体方式、在公共或私下场合,通过崇拜、教育、进行和完成宗教仪式等方式,表现宗教信仰的自由。
2. 表现宗教或观念的自由,须在法律规定范围内进行,在一个民主社会中,在不构成对公共安全、公共秩序、公共健康、公共道德或维护他人的权利与自由造成损害的原则之内进行。

在每个国家中，人们都参照这一条款规定的原则，这种方式在很大程度上来源于该国的历史经验。所以，在更详尽地描述保障政教分离原则、社会机构和以政教分离为题的讨论之前，必须简短地回顾一下形成法国政教分离的历史主要阶段。

“法兰西式”政教分离的发明

如果说政教分离根本不是一个“法兰西特例”的话，在许多大陆上，各国参照自己的方式和思潮，也在不同程度上采取了这一方针。然而，大体上我们可以说，这是一项法兰西发明。它的实施过程可以分为以下几个阶段。

法国大革命

对法国来说，法国大革命构成了全部与人权有关的内容的基础参照时代。众所周知，1789 年的法国人权宣言是在内容极其相似的美国人权宣言发表不久提出的。但二者之间的实施环境却有天壤之别。对于一个多元的基督教文化的年轻民族来说，人权来源于“造物者”，不会与宗教忏悔产生任何重大冲突。而对于天主教占绝对统治地位(在废除 1685 年的南特敕令之后)，又与启蒙派哲学揭露的“宗教狂热”密切相关的法国社会相比，情况就大相径庭了。人权宣言是在“上帝”面前，并在其庇护下实施的(很多教会人士参加了宣言起草工作)，但是教皇依然否决了这一宣言。在美国，宗教是以宗教自由为条件，友好地与政治分离的，而法国大革命很快就与天主教会发生了冲突。在冲突中，大革命曾试图控制天主教会(1790 年)，而且进行自我加冕(1793 年的革命崇拜，伴随了一场政治宗教迫害)，此后，与维持革命宗教狂热共存的短暂政教分离(1795 年)也未能平息这场冲突。总而言之，法国大革命宣布了无神论原则，但未能成功地付诸实施。这样，人们就会懂得大革命的遗产长期呈现出的两重性。

19 世纪和政教分离的确立

拿破仑在教会与国家分离之后，肯定了大革命带来的变革，跨越了无神论的第一个门槛。国家的基础是非宗教的，法国人的民法法典也不包含任何宗教内容。婚姻状况被非宗教化。一切宗教婚礼仪式(自由的和可以自行决定的)之前①，必须到民政机关登记结婚。如果天主教会与法国政府就宗教事务达成协议(1801 年与教皇签约)，教会应该与其他“承认的崇拜”：路德改革基督教派、犹太教，同样接受形式上的平等制度。这些崇拜信奉一条不可知论法理，提供一项“宗教援助”式的公众服务，并使公众道德社会化。

这样看来，法国社会是一个名副其实的宗教多元化社会。自 1815 年起，这一多元

① 1792 年革命运动中采取的这些措施，变成了法国与其他欧洲国家相区别的不变现实。

化特征，被历史学家称为“两个法兰西之争”的二元化冲突及其他多种因素确定。尽管出现过暂时平静和多次和解尝试，这场冲突实际上延续了整整一个世纪。冲突的双方，一方是“教会阵营”，一方是“反教会阵营”。前者欲使法国重新变为天主教国家，成为“教会的长女”，使天主教成为国家实体的主要组成部分。后者期望使现代的法国建立在“1789 年价值”基础上。这个“大革命的女儿”——法兰西的身份，不许打上任何宗教标记。

在共和党取得以学校非宗教化(19 世纪 80 年代)为标志的第一次胜利后，这场冲突在 19、20 世纪之交时达到了顶点：一方发动了对付犹太教、新教和某些偏执天主教共济会(引发了德雷福斯案件)少数派的“仇恨”运动，另一方则采用抗辩措施来对付宗教圣会。这些圣会被迫停止授课(1904 年 7 月)。正是在这种氛围中，出现了教会与国家的分离(1905 年 12 月)。

非宗教化运动的平息

虽然非宗教化运动是在冲突不断的氛围中进行的，但是共和国政教分离原则的确立，却逐步平息了这场冲突。这种似是而非仅仅是表面现象。如果战斗的逻辑能够把反教权主义引向严厉措施，那么支持这一逻辑的理想借鉴则是对自由的尊重和对民主的追求。学校非宗教化的法律措施因政教分离而得以实施。这样，1905 年，由于取消了核准教派制度，宗教自由得到更加全面的保证：在罗马教皇与法国政府实行和解协议时期，任何主教集会都被禁止，而从 1906 年 5 月起，主教可以自由集会。另外，法国天主教会，迫于罗马教皇关于不准政教分离的通谕，却因 1907 年 1 月颁布的一项新法律，避免了因教皇拒绝而可能引起的不良后果。布里昂部长为新法律制定的目标是：即使天主教会有脱离合法性的愿望，法律也将使它无法实现。

这项平息政策逐步收到成效，1923 年至 1924 年间， 达成一项与教皇的谅解协议。1946 年立宪时，法国由三个政党联合执政：共产党、社会党和人民共和运动(基督教民主党)。意味深远的自相矛盾之处是，法国政治生活中，在基督教民主党取得重大影响的这一历史罕见时刻，政教分离却被写入了宪法。然而，如果说法兰西同一性观念的正面冲突已经不复存在，各地的紧张气氛并未因此而得到缓解。对于政教分离这一概念的解释，尤其是涉及国家与私立学校的关系，仍是对立观点进行民主辩论和大规模游行示威的主题，尤其在 1984 年和 1994 年，这类活动真可谓声势浩大。

信仰和崇拜自由

国家和教会分离的法律，确立了法国非宗教性质的基本原则：信仰与崇拜自由，教会组织自由[1]，对教会不予承认和法律平等，在公共场合发表宗教信仰自由。除此之外，增加了学校及其他机构的非宗教性质以及教学自由的原则。除特殊情况外，人们的观点完全一致，在社会实践中，已经无需再去参照法律条文。如果出现某些关于非宗教化的法律原则问题，就往往会掀起一场社会讨论。

① 这里的“教会”一词用做统称，和“宗教活动”或“宗教”为同义词。

信仰自由的权利也是如此。从文化上讲,这一权利应包括无神论和不信奉宗教的自由、信奉多种宗教的自由、信奉被认为是被排除的崇拜或对另一种崇拜的自由。这一权利,以涉及"内心"自由开始:任何人都不应被迫申明自己的宗教信仰或哲学观点。因此,统计信仰某一教派人数的行为被禁止,因此在混乱时期[①],国家法院提醒人们,任何人都无权强迫投宿旅馆的客人公开自己的宗教信仰。

如果任何人都不必公开自己的信仰,每个人应该可以自由地从事自己信奉的活动,而不会因此而引来任何社会制裁。法律特别保护公职人员:在任何有关这些人的行政文件中,禁止提及他们的"哲学或宗教观点或活动"。同样,"强迫一个人(例如以失去公职进行威胁)去从事或终止某项宗教活动、参加或退出一个宗教团体、支付或停止支付某项宗教活动费用"均构成犯罪。

在这最后一份文件中,人们注意到,信仰自由并不局限于个人信仰自由。这项自由合乎逻辑地包含进行集体宗教活动的自由,完全保护并允许几百万人在周末,按照他们的愿望,不受任何干扰地去参加宗教祭祀活动。一般来说,这项自由因高度融入了公共文化,任何人都不会再去想干扰宗教活动的进行。然而,在像1991年海湾战争时发生冲突的情况下,国家会采取预防措施,动用军队,对某些宗教活动进行保护。

组织宗教的自由,提出了一些必须解决的棘手问题,因为,这里必须使个人自由与集体自由不发生冲突。从政教分离的法律制定之日起就提出了这个问题:应该把属于公共财产的宗教活动建筑物使用权交给谁?参照美国一些州和管理苏格兰自由教会的立法,决定把这些财产交给符合一般宗教活动组织条例的协会,这些宗教组织表示:愿意保证宗教活动的正常进行(第4条)。这就意味着,大多数成员不再承认主教权威的教区,会看着教堂转归忠于主教的少数成员之手。在当时,这种做法避免了法国教会分裂的危险。但从长期看,当时应该平衡好这一原则的实施。今天,某些教堂被一股由来已久的教会分立风潮所纠缠,就是当时的做法留下的后遗症。我们注意到,1905年以前存在着四个得到承认的教派,不予承认的原则终结了这种局面。如果说教会的存在像是由私法形成的话,那对于任何形式的宗教活动就不可能有公法制度。这主要会带来两种后果:一是取消要求教会实施的"公共服务";二是在国家的公用事业部门中,取消一切宗教色彩:这种取消过程往往是漫长的,直到1972年,刑事法庭法官必须"在上帝和人面前"宣誓的要求才得以取消。

公共事业领域的宗教中立的特性,包括1905年以后在兴建的公用建筑上,不应存在任何宗教徽志。这种要求似乎仅仅是避免破坏宗教艺术的行为。实际上,它具有更为深远的意义。如果国家正统宗教不复存在了,宗教在法国历史上承担过的公共事业角色的全部踪迹,依然被完好地保存着。这一特点在日历中最为显而易见,1802年,

① 指二战中期,对犹太人实施种族歧视法律时期。

第三共和国在四个法定天主教节日——圣诞节、耶稣升天节、圣母升天节和万圣节之外，又加上星期一复活节和星期一圣灵降临节两个宗教节日。法兰西没有剪除它的宗教之根，但对其他宗教，如犹太教、伊斯兰教或佛教，官员、公务员和学生在他们的宗教节日时，可以以个人名义请假。

这个例子显示出，要想完全实现与承认宗教活动制度有关的理想，即在各宗教之间，从人数众多的大教会到人数颇少的小教会之间，实行平等是何等的艰难。无神论派创始人于勒·弗里曾说过："信仰自由的问题，不是人数多少的问题，而是一些原则的问题。"然而必须承认，即使这个平等的原则经常得以实现，它仍有三个局限性。首先，它不能到处都得到实施，1871年到1918年，法国东部的三个省份[1]属德国管辖，就保持着承认宗教制度。这项地方法规虽然事实上构成严重违宪，但目前并未引起重大风波。其次是，在全凭经验的日常实践中，政府不得不对宗教团体的规模加以考虑。因此，国家电视台播放宗教节目的预算只划拨给下述宗教：天主教、耶稣教、东方基督教、犹太教、伊斯兰教和佛教。当然，不可能无限制地对这些节目开放。最后一点是，宗教团体"应以举行宗教活动为唯一目标"。即使法律原则不把这"唯一"解释为严格意义上的排他，也意味着组织一项宗教活动的事实本身，并不足以被视为一个可以受到1905年法律保护的团体。有些具有出版、发行和治疗职能的社团，也不被国家法院承认为文化团体。通常，公众舆论也不认为这些团体是"宗教组织"。有时人们会遇到"宗教合法性"讨论，不予承认的无神论原则正好有回避这一问题的功能。

无神论的中立原则，即政府对任何宗教都采取不予承认原则，使教会神职人员既没有工资，也得不到直接资助。这一原则与国家给予布道牧师资助并行不悖，与涉及馈赠、捐助和维修宗教建筑物，减免税收可能性十分灵活的规定，相辅相成。值得注意的是，近年来，政府部门找到了一些协调不予承认原则和宗教自由的方案，为修建清真寺提供了方便。

学校的非宗教性质

在公众场合，自由表示宗教信念，一般情况下不会造成任何问题。这也是受到绝对保证言论自由中的一个重要部分。1997年夏天，一些信奉天主教的青年人，用一条象征友谊的长带围住了巴黎。其他宗教也定期地组织大型集合，例如，布尔热大会就是伊斯兰教团体每年组织的活动。宗教社团代表与政府机关的联络宗教团体之间的聚会，都具有表现宗教活动的和平特征。

更加著名的是所谓"头巾事件"，它引发了一场有关学校非宗教性质的大辩论。反对在学校中戴蒙面头巾的人强调：必须在信仰与知识之间进行区别，这些伊斯兰教女学生的特殊着装，可能象征着男女之间的不平等。然而，赞同容许带头巾的人指出：知识的传播可以在不否认存在特殊神秘论的条件下，达到更加广博的目标，而特殊神秘论则把头巾的象征意义推向了多元化。这场辩论引起了普遍关注，表明在一个民主社会中，一切关键性的问题都可以公开解释清楚。国家法院的裁决是，在学校中佩带宗

① 上莱茵省和下莱茵省，就是今天的阿尔萨斯省莫塞尔地区，洛林省的一部分。

教标志，并不影响学校的非宗教性质。如果此举过分张扬，以致变成学生缺勤、发展新教徒和造成混乱的因素，则应具体问题具体处理。

教育自由始终受到法律保护，但也引起过一场争论：这项自由应否包括允许国家资金资助私立学校？经历多次曲折反复之后出台的德伯雷法(1959)变成了共同准则。与国家签订合同的那些私立学校获得了可观的资助。这个合同允许私立学校有“自己的特点”，只要执行教育部制定的教学大纲，并保证信仰自由，私立学校可以按照自己特殊的教学计划上课。尽管确立了基本原则，学校在实施这些原则时，因理解存在差异，仍然会引起争论。这是完全可以理解的。因此，政教分离包含了广义上的尊重信仰自由(包括参加宗教仪式及表现宗教信念的自由)，以及思想自由，这就是说，在加入和退出宗教的问题上有着同样的平等权利，对任何教条主义和集权的制度，具有批评的武器和途径。初等教育、中等教育和高等教育都保证了这种思想自由，所以在法国，组织“非宗教化的、免费的公共教育”，是宪法规定的国家职责。

事实上，政教分离不仅是一种法律制度，同时也是一种文化、一种品格、一种摆脱一切“教权主义”的解放运动。这里所说的教权主义，是指不许讨论统治人们思想的说教，克洛德·尼科莱教授对政教分离这一个根本方面(不成体系方面)的论述十分精辟。从历史角度看，政教分离代表了对教权统治斗争的胜利，那个时代，每个人、每个公民，每时每刻都要在内心深处想着教义。每个人的思想里都沉睡着随时会醒来的“小君主”、“小神父”、“小大人”、“小专家”。这些精灵声称：其他人和他们自身(迫于无奈)，都要顺从歪理、懒惰和愚蠢。为维护政教分离原则，每天都要作出艰苦的努力。它要求人们思想自由，但世上有什么东西比真正的思想和真正的自由更困难？[①]

① 见克罗德·尼高来著《法兰西共和国》，巴黎：色伊出版社，1992年。

LEÇON 15

Les investissements français à l'étranger

par Lionel Fontagné

L'ouverture des économies est généralement accompagnée par une forte progression des échanges internationaux. Or, c'est aujourd'hui l'activité de production à l'étranger des firmes multinationales qui participe le plus activement à l'internationalisation des économies. Les ventes réalisées à l'étranger par les filiales de ces firmes multinationales représentent le double de la valeur du commerce mondial de biens et services ; leur production à l'étranger représente la moitié du commerce mondial.

Cette évolution suggère d'examiner la dynamique des investissements directs étrangers : ces investissements, qui constituent un préalable à l'activité dans le pays hôte, peuvent avoir en retour un impact important sur les échanges, l'activité et l'emploi dans le pays investisseur. Ces questions préoccupent l'opinion publique et ses représentants : n'assisterait-on pas à une "expatriation des compétences et des capitaux" ? ①

Plus généralement la mondialisation est-elle subie ? Les investissements directs à l'étranger (IDE) n'ont-ils pas pour contrepartie des fermetures d'entreprises sur le territoire national, dans une logique où les investissements à l'étranger se substitueraient à des investissements en France ? Ces questions se posent avec une acuité particulière

① *Rapport Ferrand "Mondialisation : réagir ou subir ? La France face à l'expatriation des compétences, des capitaux et des entreprises", Sénat, juin 2001.*

car la France est au troisième rang mondial des pays investisseurs à l'étranger et au cinquième rang mondial des pays d'accueil.

Quelques définitions

L'investissement direct étranger se définit par la prise d'intérêt dans l'entreprise cible par l'investisseur. Le seuil de 10 % de contrôle direct est retenu par convention. En deçà de ce seuil, on parlera d'investissement de portefeuille. L'IDE peut être comptabilisé en flux (valeur des opérations enregistrées en balance des paiements au cours d'une année) ou en stock. Dans le deuxième cas, une convention de comptabilisation, valeur comptable ou valeur de marché, s'impose. Les flux financiers comptabilisés concernent:

- des opérations en fonds propres (création d'entreprise, acquisition ou extension d'une entreprise existante, achat d'obligations convertibles en actions, subventions, financement de déficits d'exploitation, consolidation de prêts, immobilier) ;
- les bénéfices réinvestis sur place (résultats diminués des dividendes distribués);
- les prêts à long terme (plus d'un an) entre maisons mères et filiales ;
- enfin les flux financiers à court terme entre affiliées résultant de la gestion centralisée des trésoreries au sein des groupes.

Ainsi, dès que le seuil de 10% de participation est atteint, les opérations de trésorerie ou les prêts entre entreprises sont considérés comme un investissement direct.

Une forte augmentation des flux sortants

Les flux d'investissements étrangers de la France ont fortement augmenté sur les trois dernières années, pour atteindre 101 milliards d'euros en 1999.

Ceci correspond à 7,5 % du PIB de la France, soit un triplement sur trois ans. Cette progression rapide des IDE sortants de France (dépassant de beaucoup celle des IDE entrants, qui n'atteignent que 2,7 % du PIB en fin de période) a une explication principale bien différente de la perception qu'on a généralement des investissements à l'étranger.

C'est en effet le dynamisme des fusions-acquisitions transfrontières qui est le premier facteur explicatif de l'explosion récente des investissements français à l'étranger. Ainsi, en 1999, les opérations d'Aventis en Allemagne (Hoechst), de

Total Fina en Belgique et aux États-Unis (Petrofina), de Renault au Japon (Nissan), de Vivendi et de la Lyonnaise des Eaux aux États-Unis (distribution d'eau, ordures ménagères) ou encore de Carrefour aux Pays-Bas traduisent une accélération de l'internationalisation des firmes françaises.

Dans tous les cas, il s'agit d'un rachat d'entreprises existantes, qui ne peut être assimilé à une délocalisation. Ces opérations sont motivées par l'achèvement du marché unique européen et plus généralement par l'accentuation de la concurrence au niveau international. De ce point de vue, la tendance enregistrée en France ne diffère absolument pas de ce qui est observé dans le reste de l'Union européenne.

Un doublement du stock d'investissements français à l'étranger en huit ans

Évalué à sa valeur comptable courante, le stock des investissements français à l'étranger a atteint 240 milliards d'euros en 1998. Cela représente 18% du PIB français, contre 12% en 1996. La progression récente est donc saisissante. Lorsque l'on calcule la valeur de ces actifs à l'étranger en valeur de marché, et non plus en valeur comptable, on atteint 632 milliards d'euros, soit 48 % du PIB.

Ces chiffres sont-ils élevés, relativement aux pays comparables ? En valeur comptable, les comparaisons internationales sont possibles : ce sont les Pays-Bas qui sont les plus internationalisés, suivis de la Belgique : respectivement 65 % et 47 % du PIB de ces pays. Sans surprise, les petits pays sont donc très ouverts, y compris en matière d'investissement direct. Suivent le Royaume-Uni (34 %) et le Canada (25%). L'Allemagne est au niveau de la France (17 %), devant l'Italie (13 %) et surtout devant les Etats-Unis (11 %) et le Japon (7 %).

Deux caractéristiques de l'implantation française à l'étranger doivent être relevées.

On retiendra tout d'abord la part désormais limitée de l'industrie dans ce total, élément important par rapport à l'analyse des conséquences possibles de l'IDE sur l'activité, les échanges et l'emploi. La répartition sectorielle des secteurs dans lesquels ces investissements ont été réalisés évolue dans le temps : l'industrie au sens strict ne représente plus que 30 % du total en 1999, soit 9 points de pourcentage de moins qu'en 1991. La part du crédit s'est dans le même temps développée au détriment des autres services marchands et l'énergie a également progressé. Mais surtout, le poids des holdings à l'étranger a triplé dans le stock total, pour atteindre 12 %. La place des groupes et de leur restructuration financière est donc prédominante.

L'autre caractéristique est le caractère très européen de cet IDE. Plus de la moitié des avoirs français à l'étranger sont situés dans un autre pays de l'Union européenne à quinze membres (UE15). Hors UE15, le principal pays d'intérêt pour les investisseurs français reste les États- Unis (plus d'un cinquième du stock). Les autres destinations importantes, comme le Brésil ou la Suisse, représentent des parts marginales. On remarquera la part infinitésimale du Japon. L'UE étant une économie intégrée, il est donc difficile de parler d'investissement à l'étranger pour la moitié des encours. Ceci est cohérent avec le fait qu'une proportion importante des échanges se fait entre pays européens.

Le stock d'investissement à l'étranger représente, on l'a dit, 11% du PNB américain (en valeur comptable), chiffre à comparer à 18% du PIB français. Mais en limitant la comparaison aux seuls investissements non-communautaires de la France, la part est de 9 % du PIB français.

Cette analyse en termes de stocks masque toutefois une réorientation géographique des flux d'investissements français : en 1999, 26 % des flux sortants (bénéfices réinvestis compris) se sont dirigés vers les États-Unis, 60 % vers l'UE15. Le premier pays de destination de ces investissements reste l'Allemagne, avec 29 % des sorties ; c'est aussi le premier partenaire commercial de la France. Un pays tel que la Chine ne représente que 0,2 % des flux français. On est donc bien loin d'un phénomène de délocalisation massive.

Les conséquences sur l'économie d'origine

L'investissement à l'étranger des entreprises nationales est motivé par un constat simple : les perspectives de profit (y compris à long terme, en prenant en compte les questions de stratégie de positionnement sur les marchés extérieurs) y sont plus élevées que sur le territoire national. On ne peut donc considérer que ces investissements se substituent à des investissements dans le pays d'origine. Les sommes investies à l'étranger n'auraient tout simplement pas été investies sur place, faute d'opportunité. Et, comme on l'a vu, cette opportunité est de plus en plus fréquemment une opération de fusion-acquisition : dans des marchés très ouverts, comme au sein de l'Union européenne ou de l'OCDE, le meilleur partenaire n'est généralement pas, pour des raisons stratégiques comme en termes de respect des règles de concurrence, une entreprise nationale. Renault n'a pas envisagé de fusionner avec le français PSA, mais avec l'européen Volvo. Et l'élu est finalement le japonais Nissan. Il n'y avait pas de Nissan en France, et cette opération énorme de croissance externe est, *de facto*, un IDE.

Comment donc savoir ce qui se serait passé en l'absence d'IDE, en termes de production et donc aussi en termes d'emploi ? La production à l'étranger ne prend-elle pas la place de la production et des emplois nationaux ? Nous devons exclure de notre analyse les fusions-acquisitions, pour lesquelles la réponse est totalement indéterminée, dans le cas général.

Pour tous les autres investissements, au niveau microéconomique, la réponse est claire : il existe des cas de délocalisation d'activité. Telle entreprise de main d'œuvre fermera ses unités de production en France pour ne garder que les activités de conception et de diffusion. Mais l'économie est une somme de secteurs, et au sein de ceux-ci une somme d'entreprises. L'exemple individuel, aux conséquences sociales toujours difficiles, ne saurait donc guider la réflexion. Une réponse plus circonstanciée est donnée par l'observation de la relation statistique entre commerce international, IDE et emploi.

Lorsque l'on examine cette relation au niveau bilatéral (la France face à l'Allemagne, par exemple), l'IDE et le commerce sont apparemment complémentaires au niveau macroéconomique entre les deux pays considérés. Il s'agit toutefois en grande partie d'une illusion statistique, dont on ne peut tirer aucun argument en termes d'effet d'entraînement. Ce sont les mêmes déterminants qui expliquent l'IDE et les échanges : les deux pays sont proches, ont une frontière et une monnaie communes, sont de grande taille (en termes économiques), ont un revenu par tête élevé, etc. Mais surtout, la dimension sectorielle de la relation est très importante : une activité de service à l'étranger entraîne le plus souvent une présence (un réseau bancaire par exemple), ce qui n'est pas le cas dans l'industrie. Et d'une industrie à l'autre, le choix entre "produire et exporter" et "investir pour produire sur place" diffère : les économies d'échelle, les coûts de transport, l'intensité de la concurrence et la technologie contenue dans les produits affectent les choix des firmes. Enfin, la France investit et exporte dans les mêmes branches, qui sont les branches compétitives, ce qui est une difficulté d'analyse supplémentaire.

Lorsque l'on contrôle, avec des méthodes statistiques appropriées, ces différents mécanismes "bruitant" la relation recherchée, une relation de complémentarité apparaît finalement entre commerce et IDE : investir à l'étranger entraîne des exportations supplémentaires (machines, pièces détachées, composants), en particulier dans les premières années, mais aussi des importations supplémentaires en provenance du pays d'accueil. Au total, l'effet net reste positif pour le commerce du pays exportateur. À l'intérieur des branches, chaque euro d'IDE français est ainsi associé à un excédent commercial de 30 cents dans l'industrie d'investissement, vis-à-vis du pays d'accueil. À long terme, toutefois, cet effet positif pour le pays émetteur s'estompe : l'activité des filiales françaises à l'étranger a un effet permanent marginal sur les exportations ou les importations françaises. Généralement, le contenu local de la production de la filiale s'élève, et la filiale s'autonomise. Cela n'empêche pas cette filiale de rester le plus souvent un centre de profit très important pour la maison mère.

Au total, l'IDE ne "déplace" pas l'activité et l'emploi dans le pays d'origine. Le niveau de la production intérieure n'est pas affecté à long terme, et il l'est plutôt positivement à court terme. Ceci n'exclut pas un impact sur les qualifications : les activités maintenues sur le territoire national sont généralement plus qualifiées, plus intensives en recherche et développement, en un mot des activités à haute valeur ajoutée. De ce point de vue, l'IDE n'a donc pas des effets très différents du commerce pour des pays comme la France.

Pour en savoir plus

Le site portail du secrétariat d'État au Commerce extérieur: www.commerce-exterieur.gouv.fr

Le site du Centre français du commerce extérieur: www.cfce.fr

Vocabulaire

filiale	*n.f.*	子公司
expatriation	*n.f.*	移居国外
convertible	*adj.*	可兑换的,可调换的
dividende	*n.m.*	[财] 股息
affilié, e	*adj.*	加入的
	n.m.	加入者,成员
trésorerie	*n.f.*	国库;财政

saisissant, e	*adj.*	惊人的，激动人心的，剧烈的
holding	*n.m.*	[英]持股公司，股权公司
infinitésimal, e	*adj.*	极小的，无穷小的
encours	*n.m.*	[金融] 未偿贷款
stock	*n.m.*	[英] 储备，贮存
positionnement	*n.m.*	定位，调整位置
microéconomique	*adj.*	微观经济学的
s'estomper	*v.pr.*	变淡薄，减弱

Questions

1. *Quelle est la définition de "l'investissement direct étranger"?*
2. *Pourquoi les flux d'investissements étrangers de la France ont-ils fortement augmenté pendant les dernières années?*
3. *Quelles sont les deux caractéristiques de l'implantation française à l'étranger?*
4. *Quelles sont les conséquences qu'exercent les IDE sur l'économie d'origine?*

第十五课　法国的海外投资

里奥奈尔·封达涅

经济开放一般都会伴随着国际贸易的大幅增加。今天，正是各国在海外的跨国企业最积极地参与了经济国际化。这些跨国公司的子公司在海外实现的销售额是产品与服务世界贸易值的一倍，在海外的生产总值也占世界贸易的一半。

这种变化促使我们认真研究外国直接投资的动力：这些投资在接纳国中是经营活动的前提条件，但反过来对投资国本身的生产经营和就业也会产生重要影响。这些问题引起了公众舆论及媒介的密切关注：我们会不会面临技能和资本外流的局面呢？① 更广义地讲，这种世界一体化能使人承受吗？海外直接投资会不会以关闭本土的企业为代价呢？照此推理，向海外投资会否取代在本国的投资呢？这些问题提得十分尖锐，因为法国是世界上在海外投资的第三大国，同时也是吸收国外投资的第五大国。

① 参见费朗的参议院报告，《全球化：反抗还是忍受？法国面对人才、资本和企业外流》，2001 年 6 月。

有关投资的几个定义

外国直接投资是由投资者在目标企业中占有的股份来确定的。按照惯例，直接控股的数量界限是10%，超过这个界限，人们就称之为证券投资了。海外直接投资可以用适量库存或流动资金进行计算(一年中实现的收支差额总量)。用适量库存的方式计算时，统计的现金流包括：

- 自有资产的运作(建立企业、收购或扩展一家企业、购买可能化为股票的债券、资助、投资经营中出现亏损的企业、加强信贷、不动产)；
- 利润在原地进行再投资(减少红利分配)；
- 在母公司与子公司之间的长期贷款(一年以上)；
- 在集团内部，因集中管理现金造成的各公司之间的短期资金流动。这样，一旦参股数额达到了10%的界限，现金的收支活动或者企业之间的贷款行为就被视作一项直接投资。

法国在境外投资量大增

最近三年，法国在境外的投资数额猛增，1999年达到了1010亿欧元。这个数字相当于法国国内生产总值的7.5%，三年中增加了两倍。法国海外直接投资的迅速增长(远远超过同期外国在法国的直接投资总量，后者只占国内生产总值的2.7%)，其主要原因与人们通常对于在国外投资的概念不尽相同。

事实上，跨国并购行为是法国境外投资量猛增的首要因素。1999年，在德国，阿旺蒂斯(Aventis)对Hoechst的并购活动；在比利时和美国，道达尔炼油公司(Total Fina)对Petrofina的并购；在日本，雷诺对尼桑的并购；威望迪和里昂水务集团在美国的并购行为(供水和家庭垃圾处理)以及家乐福在荷兰的并购活动，都反映出法国公司正在加快国际化进程。

上述情况都是收购现成企业的行为，不能视为企业外迁。这些并购行为是为了适应建立欧洲统一市场和国际竞争加剧的需要。从这个意义上说，法国资本运作的趋势和欧盟其他国家的情况区别不大。

八年中法国向海外投资总量翻番

按照通常的账面值估算，1998年法国向海外投资总量达到了2 400亿欧元，这相当于法国国内生产总值的18%，而1996年只占12%。最新的增长速度无疑是惊人的。法国在海外的这些资产按市值估算，已经达到6 320亿欧元，即占法国国内生产总值的48%，与可比照的国家相比，这些数字是否算高的呢？按账面值估算，我们就可能在国与国之间进行比较：荷兰是最国际化的国家，其次是比利时，它们的海外投资额分别占本国国内生产总值的65%和47%。这不足为奇，因为小国都非常开放，包括在海外的直接投资方面。继上述国家之后是英国(其海外投资占国内生产总值的34%)、加拿大(25%)。德国与法国处于同一水平(17%),在意大利(13%)之前,尤其比美国(11%)和日本(7%)的高。

应该注意到,法国的海外直接投资具有两个显著特点:首先是在投资总量中,工业投资所占比例今后会很有限。分析海外投资对企业运营、贸易和就业可能产生的影响,工业投资是重要因素。随着时间的推移,这些投资的行业分配已经发生了变化:1999年,严格意义上的工业投资只占投资总额的30%,与1991年相比减少了9个百分点。同期,贷款投资所占的比例因商业投资的比例减少而有所增加,能源投资也出现了显著增长。在投资总量中,海外控股集团所占的比例增加了两倍,已经达到12%。因此,这些集团以及它们的资金重组的重要性极为突出。

另一个特点是,法国的海外直接投资具有很强的欧洲特点。海外投资总量的近一半投在欧盟十五国内,其余50%以上投在欧盟十五国之外的国家,主要是美国(占总量的五分之一以上)。而投向巴西或瑞士的资金只占法国海外投资总量的很少一部分。我们还注意到,法国在日本投资的数额少得实在微不足道。

由于欧盟是一体化经济,所以法国一半的海外投资(指在欧盟地区的)都很难称之为海外投资。这和欧盟各国之间贸易所占的比重相一致。

前面已说过,美国海外投资总量占其国民生产总值(按账面值计算)的11%,而法国的海外投资总量占其国内生产总值的18%。但是,法国对非欧盟国家的投资只占其国内生产总值的9%。

然而,这种对投资总量的分析忽略了法国投资的地域新流向:1999年,占法国海外投资总量26%的法国资金(包括利润再投资)投向美国,60%投向欧盟十五国。德国仍然是接纳法国投资的第一大国,占法国海外投资总额的29%,德国也是法国的第一贸易伙伴,而中国只占法国海外总投资的0.2%。由此看来,目前还谈不上生产地大量外迁的现象。

对投资国本身的经济影响

国内企业向海外投资的动机相当单纯:利润前景(包括考虑到在国外市场定位战略问题上的长远利益)比国内高。所以我们不可以认为,这些海外投资取代了在国内的投资。投向海外的资金并不是因为缺乏机会而进行简单的落地投资。如同我们所观察到的,这种机会越来越经常是一种并购行为:在一些特别开放的市场中,像欧盟或经济合作发展组织内部的市场,最佳的合作伙伴通常不是一家本国企业,这往往是出于要遵守竞争规则的战略原因。雷诺汽车公司没有考虑和法国的PSA公司实施合并,而去与欧洲的沃尔沃公司进行磋商,而最终选择了尼桑公司。法国过去没有尼桑的分公司,这种大规模的外部扩张行动,事实上是海外直接投资。

从生产和就业的角度考虑,如果没有海外直接投资,情形会怎么样呢?在国外的生产活动会否取代在本国的生产进而影响本国就业呢?我们分析上述情况时应该排除并购行为所产生的影响,因为在通常情况下,并购的结果是完全不确定的。

其余投资,从微观经济看,答案非常清楚,确实存在着生产地点迁移的情况。例如:一个劳动力密集型企业,就会把在法国的生产单位关闭,而只留下设计和销售单位。然而,经济是各行各业的总和,而行业又是企业之总和。个别例子可能会有社会效果不佳的情况,但个别例子不应主导我们的思考。我们应该通过对国际贸易、海外直接投资以及就业这三者之间的数字关系加以观察分析,才会找到一个更为确切和详尽的答案。

以双边关系的角度(比如法国与德国之间)来研究这种关系时,从宏观经济上看,两国之间的直接投资和贸易明显是互补的。然而,在很大程度上,这是一种统计错觉,从连带效应上并不能说明什么。两国的海外直接投资和贸易是相同的:两个邻国近在咫尺,共一条国界,持相同的货币,而且同属经济大国,人均收入都很高等等。尤其是关联的部门规模非常大:在海外的服务业经营活动,经常会带动相关行业的介入(例如银行网),而工业则不存在这种情况。从一种工业转向另一种工业,在"生产与出口"及"在原地投资生产"之间进行选择是不同的:经济规模、运输费用、市场竞争的激烈程度和产品的技术含量,都会影响公司的选择。法国始终在同样的部门中进行投资和出口,这些部门都具有很强的竞争力,这就会使我们的分析变得更加困难。

用相应的统计方法研究这些不同机制时,最终会发现在贸易和海外直接投资之间有一种互补关系:尤其是在国外投资的最初几年中,会带动一些附带的出口(机器、零件、元件),而同时也会带动投资接纳国的进口。总之,对于出口国的贸易,纯效应始终是正面的。在部门内部,法国在海外直接投资的每一个欧元,都会对本国的工业产生三十欧分的贸易顺差。然而从长远看,对投资国来说,这种正面效应会逐渐减弱:长期以来,法国海外子公司的生产活动对于法国的进出口贸易,都只起一种相当微弱的作用。一般说来,子公司产品中的本地成分会不断增加,而且子公司会变得越来越独立。但这并不妨碍子公司在母公司中仍然保持赢利中心的重要地位。

总而言之,在海外的直接投资不会"转移"投资国中的生产和就业。从长期看,国内的生产水平也不会受到负面影响,而且在短期还会产生正面影响。当然,这并不排除对于资质和技能可能造成的影响:保留在国内的生产活动,一般是那些要求具有更高技能,更强研发能力,也就是那些附加值更高的活动。从这个观点出发,对于像法国这样的国家,海外直接投资不会产生与国际贸易明显不同的效应。

LEÇON 16

La francophonie

Apparue en 1880 sous la plume du géographe Onésime Reclus pour décrire la communauté linguistique et culturelle que la France constitue avec ses colonies, la francophonie s'est aujourd'hui affranchie de cette connotation coloniale pour désigner deux réalités différentes mais complémentaires. Dans son acception la plus large, elle englobe l'ensemble des actions de promotion du français et des valeurs qu'il véhicule sans considération des pays dans lesquels elles s'inscrivent. Au sens institutionnel – on l'écrit alors avec un f majuscule – elle qualifie l'organisation internationale qui regroupe les 51 États et gouvernements membres et quatre États observateurs.

Une capacité d'attraction fondée sur le rayonnement du français

La langue française continue en effet d'occuper dans le monde une place importante, malgré ses faiblesses dans certains secteurs, tels que les sciences dures, le droit commercial ou les relations internationales, et malgré le pessimisme que nourrissent certains propos nostalgiques. Le français est, avec l'anglais, la seule langue parlée sur les cinq continents, elle demeure langue de travail des organisations internationales, en Europe comme en Afrique par exemple où elle occupe une place privilégiée à l'Organisation de l'unité africaine (OUA). Le français est la langue maternelle de près de 80 millions de locuteurs, ce qui place cette langue au 11e rang dans le monde (sur plus de 2 000 langues comptabilisées) et au 9e rang avec 160 millions, si l'on prend en compte le français langue seconde. Enfin, on évalue à plus de 250 millions le nombre de personnes "capables d'utiliser occasionnellement le français". Au-delà de ces données chiffrées, des enquêtes menées dans de nombreux pays montrent que le français garde l'image positive d'une langue utile, indispensable dans certains secteurs professionnels, mais aussi d'une langue indissolublement liée à des valeurs, à une culture, à des projets de société de portée universelle. La langue française a le privilège d'être mondialement reconnue comme une grande langue de civilisation. C'est ce statut du français qui fonde sa diffusion dans le monde, sa présence dans les systèmes éducatifs et son enseignement. On évalue à 57 millions le nombre d'élèves et d'étudiants qui apprennent le français ou étudient en français à l'étranger, et à 900 000 le nombre d'enseignants concernés.

Une communauté de destin ouverte et tolérante

La Francophonie institutionnelle est récente. Son acte fondateur est la création, le 20 mars 1970, à Niamey de l'Agence de coopération culturelle et technique, devenue depuis Agence de la francophonie. Elle a été voulue et conçue comme une communauté linguistique et culturelle par les pays du Sud eux-mêmes, à la suite des indépendances. Et sans intervention directe de la France : le général de Gaulle était réservé vis-à-vis de la constitution d'une organisation structurée de la francophonie. C'est seulement après qu'il eut quitté le pouvoir que celle-ci a vu le jour. L'Agence de la francophonie, dont on a célébré les trente ans en 2000, a été portée sur les fonts baptismaux par cinq hommes d'État emblématiques, le Tunisien Habib Bourguiba, le Cambodgien Norodom Sihanouk, le Nigérien Hamani Diori, le Libanais Charles Hélou et le Sénégalais Léopold Sédar Senghor. Leur préoccupation était de conserver vivaces les liens qu'une histoire et des références communes avaient créés autour d'une langue. Ce projet a rapidement débordé les contours de l'ancien empire français. De nouveaux pays sont venus rejoindre les membres fondateurs.

Organisation à vocation universelle, la Francophonie est par nature une communauté ouverte sur le monde ainsi que sur les peuples et les cultures qui la composent. Pour l'essentiel, la Francophonie entend réunir autour des valeurs de fraternité, de tolérance et d'universalité des pays très divers par leur histoire, leur culture et leur niveau de développement mais qui veulent tous affirmer leur identité dans le mouvement de mondialisation actuel. La Francophonie ne saurait donc se confondre avec l'ensemble des actions qui visent à promouvoir le rôle du français dans le monde. Elle n'est pas figée. Ses critères d'appartenance ne sont pas, contrairement au Commonwealth par exemple, conditionnés par une histoire coloniale commune. Ils n'imposent pas non plus que le français soit langue officielle dans les états qui en sont membres.

Un dispositif multilatéral rénové

Le dispositif institutionnel de la Francophonie compte des instances politiques et des opérateurs. Les instances politiques sont dominées par les conférences des chefs d'État et de gouvernement de la Francophonie (les sommets) qui se réunissent tous les deux ans dans un pays différent et fixent, dans une déclaration et un plan d'action, les grandes orientations du mouvement pour les deux années à venir. Environ une ou deux fois par an; la Conférence des ministres chargés de la Francophonie arrête la programmation des opérateurs de la Francophonie après les sommets et se réunit également à mi-parcours et à la veille du sommet suivant. Le Conseil permanent de la francophonie (CPF), constitué des représentants personnels des chefs d'État et de gouvernement membres de l'organisation, est convoqué à intervalles plus réguliers, dès que son ordre du jour le justifie. Chargé du suivi régulier de la Francophonie, le CPF prépare le travail des autres instances politiques de la Francophonie. À côté des instances politiques et placés sous leur autorité, les opérateurs de la Francophonie sont chargés de la programmation sectorielle de l'organisation. L'Agence intergouvernementale de la francophonie est l'opérateur principal de l'organisation. Les opérateurs directs sont au nombre de quatre: l'Agence universitaire de la francophonie, l'Association internationale des maires et responsables de métropoles francophones, l'Université Senghor d'Alexandrie et la chaîne de télévision TV5 monde. Seule l'Agence intergouvernementale a une vocation généraliste. Elle est compétente dans tous les domaines à l'exclusion de ceux qui ressortissent de la compétence spécialisée d'un autre opérateur direct.

Intervenue au sommet de Hanoï en 1997, la réforme institutionnelle a eu une portée considérable car elle a permis de donner un visage à l'organisation avec l'institution d'un Secrétaire général de la Francophonie. Élu par les chefs d'État et de gouvernement pour un mandat de quatre ans renouvelable, le Secrétaire général peut être considéré comme le "chef d'orchestre" de la Francophonie : plus haut responsable de l'Agence intergouvernementale, président du conseil permanent, porte-parole politique et représentant officiel de la Francophonie au niveau international, il exerce également des fonctions éminentes en matière de coopération puisqu'il est le responsable de l'animation de la coopération multilatérale. Il propose aux instances politiques de la Francophonie, conformément aux orientations des sommets, les axes prioritaires de l'action multilatérale, en concertation avec l'Administrateur général de l'Agence de la francophonie et avec les autres opérateurs directs. Trois ans après Hanoï, la mise en œuvre de ce nouveau dispositif institutionnel peut être considérée comme un succès.

Une communauté dynamique

En trente ans, la Francophonie institutionnelle a vu le nombre de ses membres passer de 22 à 55. La Francophonie regroupe désormais plus du quart des pays du monde (51 membres à part entière et quatre observateurs). Ses États membres abritent 10 % de la population mondiale, fournissent 10 % de la production mondiale et génèrent 15 % du commerce international. Elle est présente sur les cinq continents et constitue une mosaïque de peuples qui, par-delà leurs différences, nourrissent une ambition politique et culturelle commune : celle de bâtir de véritables états de droit et de promouvoir la diversité linguistique et culturelle.

En termes de missions, la Francophonie a également connu des évolutions profondes. Elle est désormais bien plus qu'une simple communauté linguistique et, si la langue française reste son dénominateur commun, elle véhicule, partout dans le monde, des valeurs et un message d'universalité et de démocratie. La Francophonie est un acteur reconnu du développement. La somme cumulée des interventions de ses opérateurs, auxquelles la France contribue à hauteur des deux tiers, est supérieure à un milliard de francs par an. Elle est également à l'écoute des grandes mutations internationales comme en témoigne sa percée en Europe de l'Est depuis la chute du mur de Berlin. Une part non négligeable de ce mouvement revient, enfin, au pouvoir d'attraction que conserve la langue française.

Les sommets de Hanoï (1997) et Moncton (1999) ont permis d'engager des réformes ambitieuses qui contribuent à refonder et à préciser le projet francophone. C'est ainsi que la vocation politique de la Francophonie a été consacrée. Elle s'articule désormais autour de deux priorités : l'approfondissement de la démocratie et de l'état de droit au sein de l'espace francophone et la promotion de la diversité linguistique et culturelle.

L'approfondissement de la démocratie et de l'État de droit

Sous l'impulsion du Secrétaire général, la Francophonie a confirmé cette orientation à Bamako au mois de novembre 2000 en adoptant une importante déclaration, à l'issue d'un symposium sur les pratiques de la démocratie et des droits de l'homme dans l'espace francophone. Ce symposium, qui rassemblait de nombreux responsables politiques et des représentants de la société civile, a permis de dresser un bilan contrasté et impartial de dix années de transitions démocratiques. La déclaration dote la Francophonie de termes de référence communs en matière de démocratie et de droits de l'homme. Elle prévoit des mécanismes destinés à prévenir les crises de la démocratie ainsi que des mesures graduées à l'encontre des pays connaissant une rupture de la démocratie ou des violations massives des droits de l'homme.

Le symposium a aussi adopté, à l'intention des opérateurs de la Francophonie, un projet de programme qui recense les actions de coopération à mettre en œuvre au cours de la période 2002 – 2003 en matière de formation des magistrats, de consolidation des institutions juridiques et d'appui aux processus électoraux. Ce programme d'action sera soumis à l'approbation des chefs d'État et de gouvernement des pays ayant le français en partage lors du sommet de Beyrouth, en octobre 2001.

Plaçant clairement l'enracinement de la démocratie dans l'espace francophone au centre de l'action de la Francophonie, le symposium de Bamako a répondu aux attentes de la France qui estime que l'appartenance à l'espace francophone ne peut plus admettre d'entorses à la démocratie et d'atteintes aux droits de l'homme. Il était d'ailleurs encourageant de noter qu'à Bamako les pays du Sud ont fait leur le credo démocratique et ont été les premiers à estimer que le renforcement de l'État de droit était une condition déterminante du développement.

La promotion de la diversité linguistique et culturelle

Celle-ci vise à prévenir les risques de dérive que peut engendrer la mondialisation. L'objectif est d'éviter qu'elle ne devienne une source d'aggravation des inégalités et de négation des identités, et qu'elle soit, au contraire, un facteur de développement et de dialogue des cultures. Les états et gouvernements membres de la Francophonie estiment que les biens culturels ne sont pas réductibles à leur seule dimension économique ou marchande et que les états ou gouvernements ont le droit d'établir librement leur politique culturelle, et notamment les moyens et instruments nécessaires à leur mise en œuvre.

C'est la raison pour laquelle les chefs d'État et de gouvernement de la Francophonie ont décidé lors du sommet de Moncton que le thème de leur prochain sommet serait consacré au dialogue des cultures et à la promotion de la diversité culturelle. La troisième Conférence des ministres de la Culture de la Francophonie a été organisée dans cette perspective au mois de juin 2001 à Cotonou. C'est encore pour le même motif que le mouvement francophone a engagé, depuis la Conférence ministérielle de l'OMC à Seattle, une concertation active qui a permis de réaffirmer la volonté des pays membres de promouvoir la diversité culturelle et linguistique. Cette mobilisation de la Francophonie et des autres grandes aires linguistiques concernées – arabophonie, hispanophonie, lusophonie – a facilité la prise de conscience par les pays du Sud qu'ils avaient des intérêts très concrets à défendre en matière de protection du patrimoine, de diffusion de leurs productions culturelles ou de circulation des créateurs et que la Francophonie pouvait les aider dans cette tâche. L'action de la Francophonie vise en effet à aider ces partenaires du Sud à structurer leur réflexion et à faire valoir leurs points de vue dans les instances internationales compétentes.

Une attention constante des autorités

En France, le suivi des questions relatives à la francophonie est notamment assuré par :

–les services compétents du ministère des Affaires étrangères. Ils préparent et mettent en œuvre, sous l'autorité du ministre délégué à la Coopération et à la Francophonie, la politique du Gouvernement en matière de francophonie. Ils contribuent à la définition des actions menées par l'État et par les organismes intéressés au développement de la francophonie et de la langue française.

–le Haut Conseil de la francophonie. Présidée par le chef de l'État, cette institution est composée d'une quarantaine de membres originaires de tous les continents qui se réunissent au cours d'une session annuelle sur un thème choisi par le président de la République. Le Haut Conseil de la francophonie organise, par ailleurs, de nombreux séminaires de réflexion sur des thèmes liés à la Francophonie et publie un rapport annuel sur l'état de la Francophonie dans le monde.

Pour en savoir plus

Le site internet du ministère des Affaires étrangères: www.diplomatie.gouv.fr

Le site internet du Haut conseil de la francophonie: www.hcfrancophonie.org

Le site internet de l'Organisation internationale de la Francophonie www.francophonie.org

Le site internet de l'Agence intergouvernementale de la francophonie: http://agence.francophonie.org

Vocabulaire

francophonie	*n.f.*	[集] 讲法语的国家,法语地区;法语推广运动
connotation	*n.f.*	内涵
locuteur, trice	*n.*	讲某种语言的人
fonts	*n.m.pl*	洗礼池,洗礼盒
vivace	*adj.*	富有生命力的;持久的,根深蒂固的,永恒的
contour	*n.m.*	轮廓,外形
multilatéral, e	*adj.*	多方的,多边的
symposium	*n.m.*	专题讨论会
violation	*n.f.*	违反,违背;侵害

Questions

1. Quelle place la langue française occupe-t-elle dans le monde d'aujourd'hui?

2. Combien de pays membres la Francophonie comprend-elle?

3. Quelles sont les deux priorités de la vocation politique de la Francophonie?

第十六课　法语国家

1880年，地理学家奥内西姆·赫柯吕在描写法国及其殖民地构成的语言文化共同体时，首次使用了这个词。今天"法语国家"这个词已经摆脱了殖民地的内涵，用于表示两种既不相同又互相补充的真实。从广义上说，它包含全部推广法语及其承载价值的行动，而不去考虑使用该语言的国家。从组织的意义上讲，这时的第一个字母要大写，表示包括愿意加入其宪章精神的55个国家及政府间的跨国组织。

建立在法语传播基础上的凝聚力

尽管在某些领域，例如在硬科学、商法或国际交流中，法语的地位被削弱了，尽管某些怀旧言论中蕴含着悲观情绪，实际上法语依然占据着重要地位。五大洲都讲英语，但法语和英语一样，依然是国际组织的工作语言。在欧洲和在非洲一样，而在非洲统一组织中，法语的地位是独一无二的。法语是近八千万人的母语，在世界上排第十一位（在统计出的两千多种语言中），如果加上把法语作为第二语言的人，则共有一亿六千万人，应该排在第九位。人们估计，有两亿五千万人"偶尔使用法语"。除了这些统计数字，在很多国家中进行的调查表明：法语保持着一种有用语言的正面形象，在某些专业领域是不可或缺的，同时也保持着与某些价值、一种文化和一些具有全球意义的社会计划紧密相关的形象。法兰西语言得天独厚地被世界公认为一种伟大的文明语言。正是法语的这种地位使它传播到世界各地，在教育体系和教学中占据一席之地。人们估计，学习法语或使用法语在外国学习的大中学生有五千七百万人，法语教师有九十万人。

开放和宽容的命运共同体

法语国家组织的历史不长。它原是1970年3月20日在尼亚美成立的文化技术合作办事处，后来就变成了讲法语国家组织，这是南部国家在取得独立后打算成立的一个语言文化共同体。戴高乐将军对于成立一个有一定结构的法语国家组织，始终持保留态度，但法国也不会进行直接干预。直到他离开政权之后，这个组织才得以重见天日。2000年，法语国家组织举行了成立三十周年庆典。五位有象征意义的国家元首可以被视为这个组织的教父，他们是突尼斯的哈比伯·布尔吉巴、柬埔寨的诺罗顿·西哈努克、尼日利亚的哈马尼·迪奥里、黎巴嫩的查理·埃卢和塞内加尔的利奥波德·塞达尔·桑戈尔。他们殷切希望由一种语言为核心创造出的共同历史和价值所形成的密切关系能够得以延续。这项计划很快就超越了法兰西前帝国的范围。很多新国家加入了发起国的队伍。事实上，法语国家组织生来就是世界性的，从本质上，它是面向全世界，同时向组织内的全体人民和各国文化开放的共同体。尤其是该组织渴望把历史、文化和发展水平极不相同，赞同当前世界一体化运动的国家，团结在博爱、宽容和世界大同的价值周围。法语国家组织不应和为提高法语在世界上地位的行动相混淆。这个组织不是停步不前的，也不像英联邦那样，其加入标准并不一定要有一段共同的殖民地历史，也不一定像其成员国那样必须以法语为官方语言。

革新的多边机构

它的组织机构有政治会议和日常运作两类。前者主要是法语国家组织的国家和政府元首会议（高峰会），每两年召开一次，会议地点每届都在一个不同的国家。在会议宣言和行动计划中，确定未来两年的运动大方向。负责法语国家事务的部长们，每年召开一至两次会议，在高峰会议后、两届高峰会议间和下届高峰会议前夕，决定组织的运作规划。由成员国国家和政府首脑私人代表组成的常务委员会，议程一经确定，就较规律地定期召开会议。常务委员会负责日常工作和为高峰会议作准备。在高峰会授权下，这个组织的下述五个直接运作单位负责地区性规划。它们是：法语国家组织的政府级委员会、法语国家组织大学委员会、法语城市市长和负责人国际协会、亚历山大桑戈尔大学和法国电视五台。只有政府级委员会赋有总体性使命，除直接运作单位的特殊职能领域外，其他各个领域都能全权负责。

1997年，河内高峰会议上提出的机构改革具有重大意义，由于法语国家组织秘书长的设立使该组织具有了新的面貌。国家和政府首脑推选出四年任期可连任的秘书长，被看做是法语国家组织的“乐队指挥”，他是政府级委员会的最高负责人、常务委员会主席、政治代言人和国际上法语国家组织的正式代表。由于他是促进多边合作的负责人，所以在有关合作事务方面，行使最高权力。他按照高峰会议的大方向，和行政负责人及其他直接运作单位一起，确定多边行动的优先方向。河内高峰会议三年之后，这个新机构的运作是成功的。

一个朝气蓬勃的共同体

30年中，法语国家组织成员国从22个增加到55个，包括了全世界四分之一以上的国家（49个成员国、2个联合成员国、4个观察员国）。

成员国占世界总人口的10%，占世界工业总产量的10%，占国际贸易总额的15%，遍布五大洲不同种族的人民有一个共同的政治和文化理想，这就是建立一个真正的法治国家，并促进语言和文化的多样化。

法语国家组织在使命方面，同样经历了深刻的变化。今后，它不再仅仅是一个简单的语言共同体，即便法语依然是它的共同名称，在世界各地，法语运载着民主和世界大同的价值及使命。法语国家组织是公认的发展角色。运作单位的支出累计额已超过每年十亿法郎,法国提供其中三分之二。这个组织也紧密关注着国际上的大动荡,柏林墙倒塌之后,该组织成功地打入了东欧国家,就是很好的证明。这一运动不容忽视的一个组成部分,又重新回到了法语保持的凝聚力之中。

河内(1997 年)和蒙克东(1999)的高峰会议,发动了一场雄心勃勃的改革,这对于重新确定和明确组织计划大有裨益,将使其政治使命更加神圣。今后的工作将围绕两个中心:一是在法语国家组织成员国中加快民主与法制进程,二是促进语言和文化的多样性。

加强民主与法制

2000 年 11 月, 法语国家组织在巴马科召开了法语国家民主与人权状况研讨会。在秘书长的推动下,该组织确认了加强民主与法制的大方向。在研讨会后发表了一项重要声明。这次研讨会邀请了很多政界人士和民间团体代表,对民主过渡的十年作出一个不全面的对比总结。宣言赋予法语国家组织在民主与人权方面,具有普遍参政权力,计划设立了一些防止出现民主危机的机制,并将采取一些逐步提高民主水平的措施,这与那些中断民主或大肆侵犯人权的国家正好背道而驰。

研讨会为法语国家组织的运作单位,通过了一个纲领性草案,计划在 2002—2003 年期间,实施培训法官、加强司法机关和支持选举程序的合作行动。这个行动纲领将提交法语国家和政府首脑批准,下届高峰会议将于 2001 年 10 月在贝鲁特召开。

巴马科研讨会明确地把在法语国家强化民主定位为行动中心, 满足了法国的期望,法国认为,在法语国家地区,不能再容许发生践踏民主损害人权的现象。另外,令人鼓舞的是,在巴马科研讨会上,南方国家把民主视为他们的信条,首先认定,加强法治国家是发展的决定条件。

促进语言和文化的多样性

推进语言和文化多样性,是为了防止世界一体化可能带来的失控风险,目的是避免世界一体化变成加剧不平等和否定自身的根源,相反,世界一体化,应该成为发展的动力和文化对话的契机。法语国家组织成员国的国家和政府认为,文化财富不能因经济和商业的发展而减少, 国家和政府有权自由地制定他们的文化政策, 更重要的是,要有付诸实施这些政策所需的资金和必要的手段。

因此,在蒙克东高峰会议上,法语国家组织的国家和政府首脑决定,下次高峰会议的主题将是文化对话和促进文化的多样性。在这个前景中,2001 年 6 月,将在贝宁的科托努城召开法语国家文化部长会议。正是出于同一原因,从西雅图世界贸易组织部长级会议以来,法语国家组织开始积极协调各成员国,坚定了促进文化和语言多样性的意愿。法语国家组织和其他相关的语言地区,如阿拉伯语地区、西班牙语地区、葡萄牙语地区,各地区人民都动员起来,唤起南方国家的觉悟,使他们意识到他们有着很具体的利益要加以保护,这就是在保护文化遗产、传播他们的文化产品或是发表创作等方面的任务。他们应该知道,法语国家组织可以帮助他们。该组织的行动,就是要帮助这些南方伙伴,使他们的思路更加条理化,以便在相应的国际会议上发表他们的观点。

法国政府的不断关注

法国负责法语国家问题的主要单位如下：

- 外交部职能部门。在负责合作和法语国家部长的领导下，制定并实施法国政府对法语国家的政策，关注法语国家及法语发展组织采取的行动。
- 国家元首领导的法语国家最高参议委员会，由 40 名来自五大洲的成员组成，每年召开一次会议，会议主题由共和国总统选定。高级参议委员会组织多次专家讨论会，主题都与法语国家组织有关，并且出版一份该组织在世界上状况的年报。

LEÇON 17

Le Pacte civil de solidarité

par Frédéric Martel

Dans les années récentes, la reconnaissance des droits des couples non-mariés, parmi lesquels les homosexuels, est devenue une question publique dans la plupart des démocraties occidentales. En fonction de leur tradition historique, de leur culture, et bien sûr des lois existantes, chaque pays a choisi sa propre manière d'aborder le débat.

La France s'est ainsi récemment dotée d'une loi qui, en créant le Pacte civil de solidarité (PACS), permet d'offrir un statut à tous les couples non-mariés, hétérosexuels et homosexuels. Depuis sa création (la loi a été adoptée définitivement le 13 octobre 1999), 75 000 personnes ont signé un PACS.

Quelle a été la genèse de cette loi ? À quels pro-blèmes a-t-elle voulu répondre ? Quelles évolutions juridiques essentielles a-t-elle apporté ? Quelles sont ses limites ? Enfin, comment cette loi se situe-t-elle dans le débat autour du modèle républicain français ?

La genèse du PACS

L'inscription d'une loi sur l'agenda politique comporte toujours une part de mystère et celle du PACS plus que tout autre. Comment, sur le chemin qui va de 1992 à 1999, du Contrat d'union civile (première mouture de la proposition de loi) au Contrat d'union sociale (CUS), puis du CUS au PACS, peut-on renouer les fils d'une histoire difficile à décrypter ? Comment en sept années, une proposition de loi aussi originale a-t-elle pu non seulement être déposée, débattue et votée, mais également se métamorphoser en loi emblématique après avoir été un texte mal aimé et anxiogène ? Pour une part, le mystère demeure. Pour tenter d'en comprendre la genèse, il est possible de partir des problèmes juridiques qui se posaient aux couples non-mariés et de la description des forces sociales qui se sont mobilisées en faveur de ce texte au cours des années 1990. Avant cela, il faut commencer par évoquer succinctement la situation des homosexuels en France à l'égard des droits.

La situation juridique des homosexuels

Avant 1981, les discriminations juridiques à l'égard des individus homosexuels étaient encore inscrites dans le droit français. L'âge de la majorité sexuelle était fixée à 15 ans pour les hétérosexuels et à 18 ans pour les homosexuels ; les législations concernant les fonctionnaires (qui devaient "être de bonnes mœurs") et les locataires (qui devaient se conduire "en bons pères de famille") étaient implicitement antihomosexuelles ; différents contrôles de police, constitution de fichiers et interdictions de lieux et de films décuplaient encore, dans la pratique, le peu d'intérêt du législateur. Dès son élection à la présidence de la République, en 1981, François Mitterrand devait faire abroger la totalité de ces textes, établir une stricte égalité quant à l'âge de la majorité sexuelle (fixé à 15 ans pour tous à partir de la loi de 1982) et rendre la loi neutre du point de vue de la sexualité. Dès lors, l'individu homosexuel n'était plus discriminé en tant que tel (pas plus qu'il n'était d'ailleurs, comme le veut la tradition républicaine française, reconnu en tant que tel). L'égalité républicaine et le refus des différences étaient établis. Pour l'individu, mais pas pour les couples.

La loi et les couples non-mariés

Jusqu'au vote du PACS, les couples non-mariés, quel que soit le sexe des partenaires, ne bénéficiaient d'aucune reconnaissance légale en France. Si au cours des années 1970 et 1980, la jurisprudence avait peu à peu pris acte de l'existence des concubins hétérosexuels et reconnu certains de leurs droits (en matière de Sécurité sociale ou de logement par exemple), aucun statut général n'avait été défini. Surtout, les couples homsexuels étaient exclus de ces évolutions puisque, ne pouvant pas se marier, ils ne pouvaient pas non plus être considérés comme de véritables concubins (en vertu d'une jurisprudence constante de la Cour de cassation, l'autorité judiciaire la plus haute en France). Au cours de l'épidémie de sida, cette inadaptation du droit, comme de la jurisprudence, avait été la source d'injustices graves : des malades du sida n'avaient pas pu bénéficier de la couverture sociale de leur compagnon, ni du transfert de bail ; certains homosexuels étaient rejetés par la famille de leur ami défunt, sans parler des limites au droit de visite à l'hôpital ou des exclusions éventuelles aux cérémonies de deuil.

La mobilisation des associations en faveur du PACS

Face à ces problèmes concrets, des associations – notamment le Collectif pour le CUS et Aides (la fédération de lutte contre le sida) – et des députés se sont mobilisés en faveur d'une loi permettant une reconnaissance légale de tous les couples non-mariés, quel que soit le sexe des partenaires. Des intellectuels influents, des associations féministes et de défense des droits de l'homme, des partis politiques de gauche, s'y rallièrent peu à peu dans les années 1994–1995, suivis en 1996, par d'anciens ministres (Martine Aubry, élisabeth Guigou). Par cercle concentrique, l'idée d'un statut pour les couples non-mariés gagna en audience, et la presse s'en fit un relais efficace jusqu'aux élections législatives de 1997. Il faut ajouter que la tolérance à l'égard des homosexuels s'était fortement accrue en France depuis les années 1970 (*voir tableau 1*).

1 – L'acceptation de l'homosexualité France depuis 1973

	Rappel enquête *L'Express* **SOFRES** **décembre 1973**	Rappel enquête *Elle* **SOFRES** **janvier 1981**	Rappel enquête *GI* **SOFRES** **décembre 1987**	Rappel enquête *Le Nouvel Observateur* **SOFRES** **octobre 1987**	*Le Nouvel Observateur* **SOFRES** **juin 1997**
Une maladie que l'on doit guérir	42	34	28	27	23
Une perversion sexuelle que l'on doit combattre	22	24	19	24	17
Une manière acceptable de vivre sa sexualité	24	29	41	36	55
Sans opinion	12	13	12	13	5
	100 %	100 %	100 %	100 %	100 %

Sources : SOFRES, L'état de l'opinion. (Seuil, 2001)

Durant la première année du gouvernement Jospin, trois textes d'inspiration différente étaient en concurrence : la sociologue Irène Théry proposait un texte d'ensemble sur le concubinage incluant les couples homosexuels, le juriste Jean Hauser défendait une législation minimaliste sous le nom de Pacte d'intérêt commun (PIC), alors que des députés mobilisés autour de la présidente de la commission des Lois, la députée Catherine Tasca, défendaient un texte baptisé, à partir de février 1998, le PACS. Cette nouvelle proposition de loi, améliorée d'un point de vue juridique, fut finalement retenue par le Gouvernement peu avant l'été 1998.

Celui-ci, par la voix d'Élisabeth Guigou, devenue garde des Sceaux, devait donner son feu vert à la discussion de la proposition de loi lors de la session d'automne.

Apports et limites du PACS

Texte profondément original, le PACS a fait l'objet de près de cent vingt heures de débat au Parlement. La mouture initiale a évolué : il convient donc ici de se limiter à l'évocation des principales innovations de ce texte.

La définition du PACS

Le PACS est un "contrat conclu entre deux personnes physiques majeures, de sexe différent ou de même sexe, pour organiser la vie commune" précise l'article 1er de la loi. Cette notion de "contrat", volontariste, a été préférée à celle de "constat", plus faible du point de vue de l'engagement des cocontractants. Parallèlement, le législateur a choisi de définir également, en plus du PACS, le concubinage, qui figure désormais explicitement dans le code civil comme "union de fait, caractérisée par une vie commune présentant un caractère de stabilité et de continuité, entre deux personnes de sexe différent ou de même sexe, qui vivent en couple " (article 3 de la loi).

Les principaux effets juridiques du PACS

Les personnes liées par un PACS s'apportent "une aide mutuelle et matérielle". Elles bénéficient d'une imposition commune (trois années après la signature du PACS) et d'un abattement de 375 000 francs sur les droits de mutation (articles 4 et 5). Le partenaire non assuré social bénéficie, le cas échéant, de la couverture sociale de son partenaire (article 7), en revanche les prestations sociales et les minima sociaux seront calculés, comme pour les personnes mariées ou en concubinage, au taux "couple" et non plus "individuel" dès lors que les personnes sont "pacsées". Le PACS est pris en considération quant au logement et toute personne pacsée qui n'aurait pas cosigné le bail peut obtenir automatiquement le transfert de bail (article 14). Les dispositions du code du travail en matière de droit aux congés et d'autorisations exceptionnelles d'absence pour événements familiaux, sont étendues à la personne cosignataire du PACS (article 8). L'existence du PACS est prise en compte pour les mutations des fonctionnaires (article 13). Enfin, en ce qui concerne l'obtention d'un titre de séjour pour un partenaire étranger, la conclusion d'un PACS constitue "l'un des éléments d'appréciation des liens personnels en France" (article 12). Ces différents droits et devoirs, dont il faudrait détailler avec plus de précision l'étendue exacte et la portée, marquent à coup sûr une évolution significative du droit civil français. Ils comportent néanmoins des limites que les associations critiquent.

Les limites du PACS

Depuis qu'un cadre concret et tangible a été construit, plusieurs propositions ont été faites en vue de corriger les quelques dysfonctionnements juridiques du texte et, ce faisant, le pérenniser. La question des délais fixés pour l'imposition commune et du taux d'abattement différencié en matière de succession fait débat. La question du droit au séjour et de la naturalisation suscite également discussion. Enfin, une clarification du régime de l'indivision est demandée et on peut imaginer que le PACS ouvrira à terme aux personnes pacsées un véritable statut d'héritier – ce qu'il ne fait pas pour l'instant.

Le PACS et le droit de la famille

S'il offre donc des droits significatifs aux couples non-mariés et comporte certaines limites, le PACS ne change cependant rien au droit de la famille. Il est, de ce point de vue, un acte neutre. Il ne modifie ni les règles en matière de filiation et d'adoption, ni les règles concernant la procréation médicalement assistée ou l'autorité parentale. S'agissant de la filiation, le Pacs n'a aucun effet ; de même pour l'adoption qui est interdite à deux personnes pacsées comme elle est interdite à deux concubins (mais une procédure d'adoption existe pour une personne célibataire).

Le PACS, un universalisme concret à la française

Près de deux ans après le vote solennel de la loi, on peut regarder avec intérêt les premiers effets du PACS. Près de 75 000 personnes sont pacsées et cette nouvelle législation semble désormais comprise et approuvée par une majorité de Français : 70 % d'entre eux y sont favorables selon un sondage de la SOFRES en 2000 *(voir tableau 2)*.

2 – L'opinion favorable au PACS

Septembre 1998 (Enquête IFOP)	49 %
Juin 2000 (Enquête IFOP)	64 %
Septembre 2000 (Enquête IFOP)	70 %

Pourcentage des personnes interrogées qui sont "très" ou "assez" favorables au PACS.

Source : SOFRES, L'état de l'opinion, (Seuil, 2001).

Le PACS répondait donc à un besoin réel dans notre société. À l'étranger même, le PACS a fait école. En Allemagne, le Parlement débat d'un texte qui ressemble à notre législation et, aux États-Unis, l'État du Vermont a décidé d'octroyer des droits aux couples homosexuels sur un modèle singulier, une sorte de "PACS à l'américaine". Exemple qui, après les échecs à répétition des référendums sur le mariage gay, pourrait se répandre dans d'autres États américains.

Au-delà des chiffres – révélateurs – et des exemples étrangers, le PACS a eu depuis son adoption toute une série d'effets qui n'étaient pas forcément attendus par ses détracteurs, comme par ses partisans. Le premier effet du PACS, c'est bien sûr, et avant tout, d'avoir donné des droits à des couples qui en étaient privés. Depuis, ses effets sociaux se multiplient. Caisse primaire d'assurance maladie (CPAM), Air France, Mutuelle d'Électricité de France (EDF) : on ne compte plus les collectivités, les entreprises, les syndicats, les administrations qui s'adaptent et accueillent positivement les couples pacsés en leur sein. Dans la lignée du PACS, le Gouvernement a fait voter une législation antidiscriminatoire en matière de droit du travail (l'article 122-45 du Code du travail interdit désormais toute discrimination en fonction de "l'orientation sexuelle").

Le PACS et la République

Autre effet du PACS : il a fait bouger la "République" dans son rapport aux identités. Il était nécessaire de faire évoluer la position française, pour la rendre moins "inhospitalière" à la différence. Comme pour la parité hommes/femmes, mais avec son originalité propre, le PACS est une législation volontariste qui assure aux homosexuels non pas seulement la tolérance, dans une République jusqu'ici hermétique aux différences, mais des droits. Le PACS marque symboliquement une non-différence, non pas une indifférence (simple tolérance), mais une reconnaissance indifférenciée (égale à celle des couples hétérosexuels).

Au fond, le PACS est une illustration originale de ce que peut être un "universalisme concret" à la française, très différent d'un certain "universalisme abstrait" qui a longtemps prévalu en France. En cela, le PACS marque peut-être une évolution significative de notre histoire juridique et sociale.

Bibliographie

- **sur les aspects juridiques du PACS**: Pillebout (Jean-François), *Le PACS*, Litec, 2000.
- **sur l'histoire du PACS**: Martel (Frédéric), *Le Rose et le Noir : les homosexuels en France depuis 1968*, éditions du Seuil, Coll. Points, 2000 (traduction en américain chez Stanford University Press).
- **sur l'état de l'opinion à l'égard de l'homosexualité puis du PACS**, voir les deux ouvrages suivants: SOFRES, sous la direction d'Olivier Duhamel et Philippe Méchet, *L'État de l'opinion 1998* (Seuil, 1998) et *L'État de l'opinion 2001* (Seuil, 2001).

Vocabulaire

pacte	*n.m.*	公约,协约
genèse	*n.f.*	产生,起源
mouture	*n.f.*	(文章的)第一稿
décrypter	*v.t.*	边判断边阅读(指难懂或字迹难以辨认的文章)
emblématique	*adj.*	象征的,标记的,寓意的

anxiogène	*adj.*	[医] 引起抑郁的，引起焦虑的
succinctement	*adv.*	简单扼要地
abroger	*v.t.*	废除，废止
concubin,e	*adj.,n.*	姘居的
cocontractant,e	*adj.,n.*	共同签约的(人)
imposition	*n.f.*	征税，课税
abattement	*n.m.*	减免(税金)
cosigner	*v.t.*	共同签约
tangible	*adj.*	确实的，明确的
dysfonctionnement	*n.m.*	机能障碍
pérenniser	*v.t.*	使持久
procréation	*n.f.*	[书] 生育
universalisme	*n.m.*	[宗] 普救说
détracteur,trice	*n.*	诽谤者，贬低者
inhospitalier,ière	*adj.*	不好客的
parité	*n.f.*	相同，均等
hermétique	*adj.*	密封的，封闭的；神秘的，无法理解的

Questions

1. *Quelle est la définition du PACS?*
2. *D'où vient la naissance de cette loi?*
3. *Quelles évolutions juridiques essentielles le PACS a-t-il apportées?*
4. *Quelles sont ses limites?*

第十七课　公民结合契约

弗雷德里克·马戴尔

最近几年，在大多数西方民主社会中，承认非婚伴侣的权利，包括同性恋者的权利，变成了一个公众问题。每个国家都在根据各自的历史、文化传统，当然也依据现行的法律，选择不同的方式展开讨论。

法国最近通过了一项法律，创立了公民结合契约(PACS)，给予异性和同性的非婚伴侣一个合法地位。从它诞生以来(这项法律于1999年10月13日最终获得通过),已有75 000人签订了公民结合契约。

这项法律是怎样形成的?它要解决什么问题?它带来了哪些主要的法律变革?它有哪些局限性?总而言之,目前在围绕法兰西共和国模式的讨论中,这项法律应该处于什么位置呢?

公民结合契约的形成

把一条法律草案列入政治议事日程总会含有一定的神秘性,公民结合契约则更是如此。从1992年到1999年,这条法律提案如何从公民结合合同(法律提案的初稿)变成了社会互助合同,然后又如何从社会互助合同,变成了公民结合契约,这是比较令人费解的。一项如此特别的法律提案,在七年之中,能够不仅被提交讨论获得通过,而且从一项不受青睐、令人焦虑的提案,变成了一项具有象征意义的法律,这实在让人莫测高深。为了试图弄清原委,我们可以先看一看非婚伴侣面对的法律问题,同时,关注一下90年代社会力量被动员起来支持这项提案的过程。在此之前,让我们简单扼要地回顾一下法国同性恋者在法律方面的状况。

同性恋者的法律状况

1981年以前,在法国的法律中,存在着对同性恋个人的法律歧视。对于异性恋者的性成熟年龄,法律定为十五岁,而对同性恋者,却定在十八岁。涉及公务员(应该作风正派)和房客(应该在行为上是“家庭中受人尊重的父亲”)的有关法律隐含着对同性恋行为的反对。警察局在某些聚会场所对同性恋者进行监视,并另立档案纪录,禁止影视作品中出现此类镜头画面更能说明这一点。实际上,立法者对此毫无兴趣。弗朗索瓦·密特朗从1981年当共和国总统起,就着手废除与此有关的全部法律文件。关于性成熟年龄(从1982年起的法律,一律定为十五岁),实行了平等对待,在性关系方面,法律变得中立。从此以后,同性恋个人不再遭受过去那样的歧视(像法国共和传统要求的那样,他们的情况比得到法律正式承认之前有所好转,但仅此而已)。我们可以说,从此法律上的平等确立了,同性恋不会再受法律的区别对待。对于同性恋个人是这样,但对同性伴侣并非如此。

法律和非婚伴侣

在法国,直到对公民结合契约投票通过之前,不管伴侣是什么性别,非婚伴侣不受任何法律认可。七八十年代,判例逐渐考虑到异性同居的现实,承认了他们的某些权利(例如在社会保险和住房方面),但没有确定任何正常地位。尤其是同性恋伴侣被排除在这些变化之外,因为他们不能结婚，也不被视为真正的同居(根据法国最高司法机构最高法院的判例汇编)。在艾滋病流行期间，这种判例中屡见不鲜的法不容情现象造成了很多严重不公正的后果；同性恋者不但不能享受他们伴侣的社保待遇，也不能进行租约转让。一些同性恋者受到他们已故同伴家庭的抛弃，他们的医院探视权受到限制，同伴的葬礼也被拒绝参加。

动员社团支持公民结合契约

面对这些具体的社会问题，一些社会团体，特别是社会互助合同和防艾滋病联合会等团体，以及部分议员，全部被动员起来，他们为制定一条承认不分性别的非婚伴侣的法律而斗争。1994 年到 1995 年，一些有影响的知识分子，一些女权运动团体和保卫人权协会及一些左翼政党，在两位前部长(马蒂娜·奥布里和伊丽莎白·吉古)协调下，逐渐联合起来。1996 年，他们进一步加强了联合阵线。对非婚伴侣地位的认同逐步被越来越多的公众所接受，新闻界给予的有效支持一直持续到 1997 年的立法选举。此外，还应该补充一个原因，这就是从 70 年代起(见表 1)，法国人对于同性恋的容忍态度大大增强了。

表 1　1973 年以来法国对同性恋的接受程度

	调查单位：《快报》法国民意测验调查所 1973 年 12 月	调查单位：《她》法国民意测验调查所 1981 年 1 月	调查单位：《干线》法国民意测验调查所 1987 年 12 月	调查单位：《新观察家》法国民意测验调查所 1987 年 10 月	调查单位：《新观察家》法国民意测验调查所 1997 年 6 月
一种需要治疗的疾病	42	34	28	27	23
应该打击的性反常现象	22	24	19	24	17
一种可以接受的性生活方式	24	29	41	36	55
说不清楚	12	13	12	13	5
合计	100	100	100	100	100

信息来源：法国民意测验调查所“舆论状况”(2001 年色伊出版社)

在若斯潘政府执政的第一年中，有三个不同思路的法律提案竞相出台：社会学家伊雷娜·泰里提出一项包括同性恋在内的同居总体方案；法学专家让·奥赛尔以共同利益契约的名义，为最低限度的立法进行辩护；然而，团结在法律委员会主席卡特琳·塔斯卡周围的议员们，从 1998 年 2 月起，积极地为一项名为公民结合契约的法律提案进行辩护。这项新的法律提案在法律观点方面有了改进，它最终在 1998 年春夏之交被政府接受。司法部长伊丽莎白·吉古的努力为秋季进行此项法律提案的讨论铺平道路。

公民结合契约的成果及局限性

公民结合契约提案的内容实在不同凡响，议会讨论长达 120 个小时之久。最初的草案已经发生了变化：所以，我们应该在这里只对这项提案的主要创新之点进行回顾。

公民结合契约的定义

这项法律的第一条开宗明义："公民结合契约是为了组织共同生活，在两个异性或同性的成年人之间所签订的合同。"这个"合同"的概念，从签约当事人来说，含有更多的自愿成分，因而更被人们认同。同时，立法人除了公民结合合同之外，决定选择同居的定义，今后，同居一词将清楚地写入民法法典："两个同性或异性结成伴侣，在一起的生活具有稳定性和连续性，构成以共同生活为特征的事实上的结合。"(法律第 3 条)

公民结合契约的主要法律效应

因公民结合契约而结合在一起的人，"相互给予物质上的帮助"，这对伴侣只纳一份共同税(签约三年后开始交税)，在变更财产所有权时，可一次性减免 375 000 法郎的课税基数(第四条和第五条)。在特殊情况下，未参加社保的一方可享受其伙伴的社保待遇(第 7 条)。另一方面，双方签约之后，社会补贴和社会最低收入按照已婚人或同居人的"相同"比率进行计算，不再按"单个"计算。住房方面，公民结合契约被纳入法律认同范围。任何签订过公民结合契约，但没有在住房租约上签字的一方，可以自动取得租约的转让权(第 14 条)。劳动法典中关于假期权和因家庭重大事情需缺勤的特准措施被延伸到签订公民结合契约的双方(第 8 条)。公务员的工作调动也应对签订公民结合契约的人加以照顾(第 13 条)。最后，如果一方伴侣是外国人，在获取居住身份时，签订公民结合契约是"鉴别签约人在法国有否伴侣关系的因素之一"(第 12 条)。对于这些不同的权利和义务，我们还应该更进一步明确它们的准确范围和意义，但可以肯定，这项法律标志着法国民法一个意义深远的变化。诚然，其中还包含着一些社会团体所批评的局限性。

公民结合契约的局限性

自从建立了这个具体而实在的法律框架，为了纠正法律条文中某些机能障碍，已经提出了很多建议。目前，人们正在为这项法律具有持久效力而努力。关于确定纳共同税的期限和继承遗产的减免税率问题引起了争论，居住权和国籍问题也掀起了一场讨论。总而言之，舆论要求把不可分割财产的规定更加明确化。人们可以想象，这个公民结合契约将为签约人确立一个真正的继承人地位，但目前的情况还不是如此。

公民结合契约和家庭权

如果说,公民结合契约为非婚伴侣提供了有实际意义的权利,同时也包含某些限制,但它却丝毫没有改变家庭的权利。从这一角度看,这项契约是一个中立的文件。它既没有改变亲子关系、收养关系方面的法律规定,也没有改变关于医学辅助生育和亲属权利方面的规定。公民结合契约在亲子关系方面不具任何法律效力。在收养权方面,也是同样禁止签约双方收养孩子,就像禁止两个同居者进行收养一样(但是,对单身生活的人有专门的收养法律程序)。

公民结合契约是具体的法国式的普救说

在法律正式投票生效后近两年时间里,人们可以饶有兴趣地观察到公民结合契约产生的初步效果。大约七万五千人签订了这项合同。这项新的法律措施似乎获得了绝大多数法国人的理解和认同。根据2000年法国所作的一次民意测验(见表2),70%的人对这项法律表示支持。

表2　公民结合契约的舆论支持

很支持或比较支持公民结合契约的被调查者的比例

1998年9月(IFOP调查)	49%
2000年6月(IFOP调查)	64%
2000年9月(IFOP调查)	70%

资料来源:法国民意测验调查所,《舆论状况》(色伊出版社,2001年)。

公民结合契约满足了我国社会的一个实际需要,甚至在国外,法国公民结合契约亦成了效仿的样板。目前,德国议会正在讨论一项和我国法律相仿的立法提案。美国的佛蒙特州也决定给予同性恋伴侣一些权利,依据的是一个特别的模式,一种美式的公民结合契约。他们对同性恋结婚问题进行多次公民投票失败之后,这个模式很可能在其他州推广开来。

除了这些颇具说服力的数字和一些国外的例子,我国的公民结合契约从它被通过之日起就产生了一系列效应,这是这项法律的反对者和支持者都始料不及的。当然,第一个效应是给了这些伴侣以前不曾有过的权利。从此以后,它的社会效应成倍地增长:地方医疗保险金管理处、法国航空公司、法国电力公司的互助会……加上各级地方行政单位、企业、工会和各类管理机构,全部先后正式地把签约伴侣接纳进来。在公民结合契约的影响下,在劳动权方面,政府又通过了一项反歧视法律(劳动法典第122第45小节,禁止一切性别歧视)。

公民结合契约和共和国

公民结合契约的另一个效应是在共和国和它的社会属性关系之间动摇了共和国的传统,使它不能再像已往那样,对不同事物一概拒之门外了。如同在选举中男女人数对等那样。然而,公民结合契约更具有自己的独特性,它含有明显的主观意志论:对于同性恋者，在这个至今不容不同事物的共和国中，不仅容忍，而且，更主要的是给予了他们权利。公民结合契约象征性地标志着一种精神，这就是对差别要加以否定，而不是漠不关心(简单地容忍)，而是一种无区别的承认(等同于对异性伴侣的承认)。

归根结底，公民结合契约是法兰西式普救说具体化的一种独特诠释。这个具体的普救说和长期在法国占优势的“抽象的普救说”完全不同。公民结合契约可能标志着我国法律和社会历史一个意义深远的变化。

LEÇON 18

La lutte contre les inégalités économiques

par Lucile Olier

En France, la question des inégalités est depuis de longues années au cœur du débat politique. À la lecture des travaux des économistes, on ne peut qu'être frappé par le divorce croissant entre leurs constats et les perceptions les plus communes. Plus exactement, ces travaux ne relèvent de signes tangibles d'accroissement des inégalités, ni en bas, ni en haut de l'échelle des revenus disponibles, ces vingt dernières années. Ils montrent qu'en dépit d'un environnement économique beaucoup plus heurté, la France de 2001 est sensiblement moins inégalitaire que celle des années soixante et soixante-dix. Pour ne retenir qu'une mesure simple de l'inégalité des niveaux de vie après impôt, le "rapport interdécile"①, mesuré par les enquêtes sur les revenus fiscaux de l'INSEE est passé de 4,8 en 1970 à 3,4 en 1990 et s'est stabilisé à cette valeur depuis. Ce résultat n'allait pas de soi : au cours de la même période, les inégalités se sont considérablement creusées dans d'autres pays, comme le Royaume-Uni ou les États-Unis.

Ce constat est troublant, parce qu'il ne correspond pas aux perceptions communes. D'où vient le divorce ? On peut d'abord incriminer le thermomètre. Il existe différents types d'inégalités économiques – de revenu, de patrimoine, de consommation, etc. – et il existe plus d'une manière de les mesurer. Au contraire de ce qui se passe pour la croissance, l'emploi, l'inflation, nous ne disposons d'aucune mesure unique et générale de l'inégalité économique. Chaque indicateur se définit par ce qu'il ignore autant que par ce qu'il évalue. Qui plus est, les travaux des économistes négligent le plus souvent la dimension sociale des inégalités – inégalités devant l'accès à l'éducation et à la formation, l'accès à la santé, la sécurité, etc. Le constat énoncé en introduction ne concerne que la forme monétaire des

① *Voir définition à la fin du texte.*

inégalités.

Ce résultat, pour être partiel, ne doit cependant pas être négligé. Comment a-t-il été obtenu ? Quels instruments ont été mobilisés en France dans la lutte contre les inégalités ? Quels sont les succès obtenus et les difficultés rencontrées depuis vingt ans ? On verra que la réduction puis la stabilisation des inégalités ont été obtenues au prix d'une redéfinition importante des instruments d'action.

Succès de notre système de retraite par répartition

Si l'on considère l'ensemble des ménages français, l'éventail des niveaux de vie, avant comme après transferts et prélèvements, s'est refermé régulièrement au cours des deux décennies précédentes puis s'est stabilisé depuis 1990. Ce constat masque en fait des évolutions très contrastées entre les ménages de retraités d'une part et les ménages d'âge actif d'autre part (*voir graphique*). Les inégalités se sont très fortement réduites dans les années soixante-dix au sein des ménages de retraités et sont remarquablement stables dans les années quatre-vingt et quatre-vingt-dix. Le taux de pauvreté a reculé de façon spectaculaire au sein des ménages âgés, passant de 28 % en 1970 à moins de 5 % aujourd'hui. Le remplacement progressif des générations anciennes de retraités par des générations d'hommes et – surtout – de femmes ayant plus souvent des droits complets y a largement contribué, ainsi que la revalorisation substantielle du minimum vieillesse.

En revanche, au sein des ménages de chômeurs ou de salariés②, les inégalités de niveaux de vie avant transferts et prélèvements ont cessé de baisser dans les années quatre-vingt et se sont légèrement creusées entre les plus pauvres (les 10 % les moins riches, soit le 1er décile) et les autres sur la période 1990–1997. Augmentation du chômage, durcissement de son indemnisation et montée du temps partiel sont sans

---

② *Les ménages considérés ici correspondent aux ménages dont le chef est actif salarié ou chômeur; ils représentent 95 % des ménages dont le chef est actif et 54 % de l'ensemble des ménages.*

conteste à l'origine de cette dégradation. Les politiques publiques ont cependant endigué en partie cette montée des inégalités des revenus de marché (revenus d'activité et revenus de remplacement), en particulier en mobilisant de nouveaux instruments. Entre 1997 et 2000, les inégalités auraient cessé d'augmenter au sein des actifs, à la faveur, notamment, de la baisse du chômage.

Le SMIC et les inégalités de salaires

Les inégalités de salaires horaires nets sont beaucoup plus faibles aujourd'hui que dans la France prospère du début des années soixante. Après avoir fortement baissé dans les années soixante-dix, elles sont restées relativement stables depuis. Cette stabilité contraste fortement avec l'ouverture de l'éventail des rémunérations qui a caractérisé les États-Unis et le Royaume-Uni au cours de la même période. Le salaire minimun interprofessionnel de croissance (SMIC) a joué un rôle majeur dans ces évolutions : les augmentations du salaire minimum, qui se propagent jusqu'à une fois et demie le SMIC, contribuent à resserrer l'éventail des salaires. Les inégalités salariales sont plutôt contra-cycliques : elles diminuent lorsque la croissance s'accélère. Le ralentissement marqué de la croissance des années quatre-vingt et quatre-vingt-dix aurait donc dû se traduire par un creusement des inégalités de salaires à temps plein. Le SMIC a permis que les écarts ne se creusent pas. Cette stabilité des inégalités a pourtant un prix : les hausses du SMIC, si elles ne sont pas financées par des gains de productivité, sont susceptibles de fragiliser la situation des "smicards", qui voient leur probabilité de se retrouver au chômage augmenter.

De nouvelles inégalités

De fait, les inégalités d'accès à l'emploi stable à temps plein se sont creusées dans les années quatre-vingt et quatre-vingt-dix. La proportion des salariés percevant un bas salaire – moins de 1,1 SMIC est passée d'environ 13 % au début des années quatre-vingt à 18,4 % au milieu des années quatre-vingt-dix, en lien avec le développement du temps partiel subi. Près de 10 % des salariés (contre moins de 3 % début 1980) sont employés aujourd'hui sous une forme particulière d'emploi (contrat à durée déterminée, intérim, stages et contrats aidés). Ces emplois sont bien un tremplin vers l'emploi stable pour les jeunes et les adultes diplômés, mais pas pour les plus de cinquante ans et les non-diplômés. Enfin, la montée du chômage, alors même que ses conditions d'indemnisation se durcissaient, a contribué à l'aug mentation de l'inégalité des revenus de marché.

Les évolutions sociologiques ont également joué un rôle important. On observe ainsi une polarisation croissante de l'emploi au sein des couples : les proportions respectives de couples où les deux conjoints sont en emploi et de couples sans emploi augmentent. Par ailleurs, les actifs vivant seuls ou chefs de famille monoparentale sont de plus en plus nombreux : ils représentent aujourd'hui plus du tiers des ménages actifs contre un quart au début des années quatre-vingt. Or ces "isolés" sont particulièrement exposés au chômage et au sous-emploi. Cette polarisation de l'emploi contribue à renforcer les inégalités de revenus au sein de la population des ménages d'âge actif.

Prévenir la formation des inégalités sur le marché du travail, c'est le rôle traditionnel du SMIC. Mais les nouvelles formes d'inégalités qui se sont développées en bas de la distribution des revenus ne peuvent, par nature, être combattues au stade de la formation des revenus primaires à l'aide de cet instrument. Par définition, il ne peut lutter contre les inégalités qui tiennent à l'accès à l'emploi ou à l'évolution des structures familiales. En revanche, toutes les mesures qui visent à favoriser la création d'emplois sont susceptibles de contribuer à la réduction des inégalités. De ce point de vue, beaucoup a été fait au cours de la dernière décennie. En particulier, les allégements de charges sociales sur les bas salaires auraient permis la création de 230 000 emplois entre 1995 et 1996 *(cf. infra)*.

Le rôle central du RMI et des allocations logement dans la lutte contre les inégalités

Tout au long des décennies soixante-dix et quatre-vingt, le système redistributif a accompagné, en l'amplifiant, le mouvement de réduction des inégalités de revenus initiaux. La redistribution opérée par les impôts directs et les différentes prestations a permis d'accroître le niveau de vie des ménages salariés les plus modestes (1er décile) de près de 50 % dans les années soixante-dix, de 70 % en 1990 et de 9 % en 1996. Bien sûr, ces chiffres reflètent pour partie la dégradation progressive du revenu initial des salariés du 1er.

Décile dans un contexte de chômage élevé (les prestations prenant une place de plus en plus grande dans la formation du revenu des ménages de salariés les plus pauvres au détriment des revenus d'activité).

Mais notre système socio-fiscal a aussi gagné en efficacité, notamment grâce à des prestations de plus en plus ciblées (famille, logement, minima sociaux). Le couple impôt-prestation réduit aujourd'hui l'inégalité (mesurée par le rapport des revenus initiaux entre déciles extrêmes) de moitié en 1996 contre à peine un tiers en 1975. Mais alors que c'était les prestations familiales ① qui contribuaient le plus fortement à cette redistribution en 1975, elles sont maintenant "dépassées" par les allocations logement, mieux ciblées (elles sont attribuées sous condition de ressources). La contribution de ces dernières à la réduction des inégalités est passée de 10 % en 1975 à 30 % en 1996 *(voir tableau)*.

De même, les minima sociaux avec la création de l'allocation de parent isolé (API) en 1976 et surtout du revenu minimum d'insertion (RMI) en 1988 contribuent de plus en plus à la réduction des inégalités (pour 4 % seulement en 1975 contre 21 % en 1996) ②. Notons toutefois que ces évaluations de l'impact redistributif de tel ou tel transfert recouvrent à la fois des effets de barèmes (de chaque prestation) et des modifications dans la structure de la population des bénéficiaires (diminution des familles nombreuses, développement des familles monoparentales...).

Évolution de la contribution des transferts à la réduction des écarts de revenu par unité de consommation entre déciles extrêmes des ménages salariés (ou chômeurs) entre 1975 et 1996 *

	1975	1996
Prestations familiales	–25 %	–27 %
Allocations logement	–10 %	–30 %
Minima sociaux	–4 %	–21 %
Impôt sur le revenu	–15 %	–14 %
Taxe d'habitation	+1 %	+2 %
Total des transferts	– 42 %	– 58 %

** Les ménages dont le chef est salarié sont classés en fonction de leur revenu initial par unité de consommation (revenu d'activité et de remplacement hors revenus du patrimoine)*

① *Allocations familiales, complément familial, allocation pour salaire unique, pour jeune enfant, de rentrée scolaire, allocation parentale d'éducation (APE), allocation de soutien familial (ASF), allocation d'éducation spécialisée (AES) selon leur existence à différentes périodes.*

② *Sont pris en compte le RMI, l'API, le minimum vieillesse et l'allocation d'adulte handicapé (AAH) (pour 1996). L'allocation de solidarité spécifique (ASS) versée à certains chômeurs étant imposable, fait partie du revenu initial mais aurait dû en toute logique être analysée avec les minima sociaux.*

L'impôt sur le revenu moins redistributif

Même si l'impôt sur le revenu est fortement progressif (comparé à certains de nos partenaires européens), le fait qu'il soit très concentré (la moitié seulement des foyers français sont imposables) et pèse relativement peu en masse, nuit à son efficacité redistributive. Les réformes successives ont progressivement réduit son poids depuis le milieu des années quatre-vingt, alors que dans les années 1970–1984, les revenus imposables croissaient plus vite que les tranches d'imposition. Son effet redistributif est ainsi passé de 13 % en 1970 à 18 % en 1984 pour revenir à 14 % en 1996 (suite également à la réforme du barème de 1994 dont le dernier décile des ménages salariés a amplement bénéficié).

Une réforme profonde du système socio-fiscal

Toutefois, s'en tenir à l'analyse du couple impôt-prestation ne rend pas entièrement justice au système socio-fiscal français qui a subi depuis une dizaine d'années des évolutions tout à fait sensibles et lourdes de conséquences en termes de lutte contre les inégalités et d'efficacité.

Entre 1990 et 1998, le système de prélèvements sociaux s'est alourdi pour financer des dépenses sociales en expansion : relèvement des taux de cotisation ; création et extension de la Contribution sociale généralisée (CSG) puis création de la Contribution pour le remboursement de la dette sociale (CRDS), qui ont permis de financer les dépenses de solidarité générale et d'assurance maladie par un prélèvement proportionnel assis sur l'ensemble des revenus.

Mais s'il s'est alourdi, le système cotisations + contributions sociales a, dans le même temps, gagné en redistributivité : la hausse des prélèvements nets a touché fortement les ménages riches, tandis que les ménages les plus pauvres voyaient le taux de prélèvements sociaux sur leurs revenus diminuer. Entre 1990 et 1998, les taux de prélèvements nets (prélèvements moins prestations) ont décru de 5.2 % pour les ménages les plus pauvres et se sont alourdis de 4 % pour les plus riches. évalués par catégories de ménages les prélèvements nets se sont alourdis pour les ménages de retraités (+ 4,1 %) et allégés pour les ménages dont le chef est au chômage (– 0,9 point).

Les mesures d'allégement de cotisations sociales sur les bas salaires, en particulier, ont largement contribué à rendre le système socio-fiscal plus redistributif et plus efficace : les dernières estimations disponibles indiquent qu'ils auraient entraîné la création de 230 000 emplois en 1995 et 1996. En favorisant l'accès à l'emploi des moins qualifiés, ces mesures contribuent donc aussi à la réduction des inégalités de long terme.

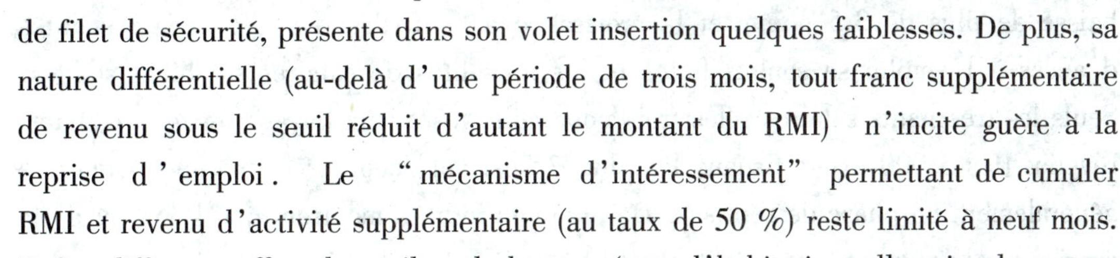

Résoudre le dilemme équité/efficacité

Le RMI, s'il a bien rempli son rôle de filet de sécurité, présente dans son volet insertion quelques faiblesses. De plus, sa nature différentielle (au-delà d'une période de trois mois, tout franc supplémentaire de revenu sous le seuil réduit d'autant le montant du RMI) n'incite guère à la reprise d'emploi. Le "mécanisme d'intéressement" permettant de cumuler RMI et revenu d'activité supplémentaire (au taux de 50 %) reste limité à neuf mois. Enfin, différents effets de seuil et de barème (taxe d'habitation, allocation logement, etc.) conduisaient à des taux marginaux de prélèvements supérieurs à 100 % lors de la reprise d'une activité, créant de véritables "trappes à inactivité". La réforme du barème des allocations logement et la création de la Prime pour l'emploi (PPE), engagées par le Gouvernement en 2001 et qui devraient progressivement monter en charge jusqu'en 2003, visent à résoudre un certain nombre de ces dysfonctionnements du système socio-fiscal.

La prime pour l'emploi[①], proportionnelle au revenu d'activité, est croissante de 0,3 SMIC jusqu'à un SMIC, puis décroissante au-delà et s'annule à 1,4 SMIC. Elle tient compte de la situation familiale (majoration pour conjoint inactif et enfants) et est versée sous condition de ressources totales (du foyer). Sa montée en charge se fera progressivement sur trois ans. Les deux dernières conditions en font bien une prime incitative à l'offre de travail pour des isolés et au sein de couples de faibles revenus. Son barème, centré autour du SMIC, n'en fait pas une forte incitation au

---

① *La prime ne concerne que les foyers fiscaux dans lesquels une personne au moins exerce une activité. L'exercice de cette activité doit avoir été suffisant, le revenu annuel d'activité doit être supérieur à 0,3 SMIC. L'aide maximale accordée au niveau du SMIC s'élève à 1 500 F en 2001 (3 000 F en 2002 et 4 500 F en 2003 au terme de la montée en charge de la mesure) pour une personne isolée sans enfant. Elle diminue ensuite pour s'éteindre à 1,4 SMIC annuel à temps plein. Le revenu fiscal du foyer dont fait partie la personne considérée doit être inférieur à un plafond variable selon la taille du foyer.*

développement du temps partiel.

Au total, ces mesures, ainsi que les allégements d'impôt programmés jusqu'en 2003, devraient renforcer la redistributivité du système socio-fiscal, tout en corrigeant ses dysfonctionnements majeurs. Ce sont les ménages du premier décile qui devraient en tirer le plus grand bénéfice (leur revenu de référence croîtrait de plus de 8 % en moyenne d'après les simulations).

Favoriser l'emploi et la formation

Depuis 1997, plus de 1,6 million d'emplois ont été créés, le taux de chômage a baissé de plus de 3,5 points et la croissance a battu des records. Les inégalités d'accès à l'emploi se sont réduites et les inégalités de salaires semblent stables. Seuls les très hauts salaires (les trois pour mille les mieux payés) et les très hauts revenus (les 3 000 foyers fiscaux les plus riches) ont décollé, comme cela s'observe généralement en phase de reprise. De premiers indices montrent que l'impact de la reprise sur la pauvreté est positif. Pour la première fois depuis sa création, le nombre de bénéficiaires du RMI en métropole a baissé au cours de l'année 2000 (de plus de 5 %) ; les conditions de vie des plus pauvres s'améliorent. Pourtant, la reprise économique ne réglera pas "naturellement" le problème de la pauvreté. Des simulations montrent que 3,5 points de chômage en moins n'auraient permis de sortir de la pauvreté que 150 000 personnes. Trois raisons essentielles à cela : bien que le chômage soit la principale cause de pauvreté (40 % des cas), ce n'est pas la seule. Ensuite, les gains monétaires associés à la reprise d'emploi pour un chômeur non qualifié ne sont souvent pas considérables. Enfin, l'amélioration de la situation de l'emploi profite à l'ensemble des actifs et tire vers le haut tout l'éventail des revenus.

La croissance et la baisse du chômage ne garantissent donc pas à elles seules le recul ou la baisse des inégalités et de la pauvreté. La création d'emplois est un vecteur essentiel de réduction des inégalités de marché. Les efforts en ce sens doivent donc être poursuivis. Les efforts de formation initiale, de développement de la formation permanente et d'accompagnement individualisé doivent également être amplifiés, afin de favoriser l'accès à l'emploi des personnes les plus exposées au risque de pauvreté.

Définitions

Le niveau de vie d'un ménage est mesuré par son revenu corrigé de sa taille au moyen d'une échelle d'équivalence qui attribue un poids de 1 au chef de ménage, un poids de 0,5 aux autres adultes et enfants de plus de 14 ans et de 0,3 aux jeunes enfants.

Indicateurs d'inégalités : ils prennent une valeur d'autant plus élevée que les inégalités sont importantes.

Le rapport interdécile est le ratio du revenu au-dessus duquel se situent les 10 % de ménages (ou individus) les plus riches et du revenu en dessous duquel se situent les 10 % les plus pauvres.

L'indice de Gini vise à résumer la courbe de Lorenz, qui se définit en abscisse par le pourcentage de ménages percevant les revenus les plus faibles et en ordonnée par la masse de revenu que totalisent ces ménages.

Pour en savoir plus

Atkinson (T.), Glaude (M.) et Olier (L.): *Inégalités économiques, Rapport du Conseil d'analyse économique*, La documentation française, 2001.

Hourriez (J.-M.) et Roux (V.) : "Vue d'ensemble des inégalités de revenu et de patrimoine", in : *Inégalités économiques, Rapport du Conseil d'analyse économique*, La documentation française, 2001.

Lire aussi le feuillet Images de la France : Seys (B.), "Revenus et patrimoine des ménages de France", août 2001.

Vocabulaire

inflation	*n.f.*	通货膨胀
indicateur	*n.m.*	指示器，指数
endiguer	*v.t.*	阻止，制止
tremplin	*n.m.*	跳板
polarisation	*n.f.*	集中
décile	*n.m.*	[统计学] 十分值，十分位数
barème	*n.m.*	计算表，费率表
vecteur	*n.m.*	矢量；媒体

Questions

1. *Quelle est la définition de niveau de vie?*
2. *Quels instruments ont été mobilisés en France dans la lutte contre les inégalités?*
3. *Quels sont les succès obtenus et les difficultés rencontrées dans la lutte contre les inégalités depuis vingt ans?*

第十八课　反对经济上的不平等的斗争

露西尔·奥列尔

多年来，不平等问题一直是法国政治讨论的焦点。人们在阅读经济学家的著作时，不禁会感到惊奇，在他们作出的总结与普通人的感觉之间，差距竟然如此之大！更准确地说，这些著作认为，近二十年中没有不平等增大的可靠证据，无论在可支配收入的低层还是高层群体中都是如此。经济学家们指出：2001 年的法国，尽管经济环境更加跌宕起伏，但与六七十年代相比，不平等状况明显得到改善。我们仅用税后生活水平不平等的简单尺度——"贫富两极比"[①] ——全国统计与经济研究所根据税收报告测算出的比率，已从 1970 年的 4.8 倍下降到 1990 年的 3.4 倍，此后一直保持在这个水平上。这个结果不是自发产生的；同一时期，美国或德国等其他国家的不平等差距明显扩大了。

经济学家的结论令人感到迷惘，因为它与一般人的感觉大相径庭。分歧从何而来呢？人们首先可能会怪罪统计标准。存在着不同类型的不平等——收入、财产、消费等—— 计算它们的方法也不止一个。与统计增长、就业和通货膨胀的情况完全不同，我们没有一个普遍和统一的测量不平等的标准。每个指标都用同样多的未知数和估计来表示。另外，经济学家的著作常常忽视表现在社会方面的不平等：受教育和培训、健康医疗保证、安全等方面的不平等。前面提到的结论只涉及不平等的货币形式。

然而，这个结果，即使不太全面，也不应该受到忽视。它是怎么取得的？ 法国在反对不平等的斗争中动用了哪些手段？近二十年来，取得了哪些成绩，遇到了什么困难？我们将会看到，缩小不平等又使之保持在稳定的水平上是通过对各类指标重新定义的方法取得的。

---

①见本文结尾的定义。

我国分摊退休制度取得的成果

如果我们研究一下全部法国家庭便会发现近二十年来在纳税和再分配之前和纳税再分配之后,生活水平的差别逐步缩小,1990 年以来,保持了稳定。这个结论掩盖了退休家庭和职工家庭之间的明显变化(见图)。70 年代,退休家庭之间的不平等大为缩小,八九十年代,出色地保持在这一水平上。老年家庭的贫困率从 1970 年的 28 % 下降至今天的 5 %以下,幅度之大令人惊羡。这是由于前几代退休人员已经被几代男人,尤其是被拥有全部权利的女人逐步取代,加上老人最低年龄实质性的提高造成了上述的情况。

相反,纳税前失业或工薪家庭[②] 之间生活水平的不平等在 80 年代略有下降,最贫困家庭(占最不富裕家庭的 10 % ,即第一个十分位数)和其他家庭之间的不平等在 1990 年到 1997 年之间又有所加深。失业增加、补贴紧缩和部分时间工作的人数剧增都无疑是这种恶化的形势造成的。国家政策,尤其是动用了新的手段,在一定程度上阻止了市场收入(职业收入和替班收入)不平等的扩大。1997 年到 2000 年之间,在职业人口中的不平等可能会停止扩大,从而有利于降低失业率。

跨行业最低增长工资和工资的不平等

今天与 60 年代初的法国繁荣时期相比,纯小时工资的不平等大大缩小了。70 年代大幅度缩小之后,保持着长期的相对稳定。法国的稳定与同期美国和英国工资差距的扩大形成了鲜明对比。跨行业最低增长工资(SMIC)在变革中起了重大作用:最低工资的增长(跨行业最低增长工资提高了 50 %)缩小了工资差距。很多工资不平等情况是反循环的:经济发展加快时,不平等缩小。八九十年代经济增长的明显放缓也可以通过全日制工资增大的不平等反映出来。跨行业最低增长工资使贫富差距没有继续扩大。但是,要使不平等稳定在一定水平上,就必须付出一定代价:增加跨行业最低增长工资。假如不是依靠提高生产力来增加工资,领取最低工资的人就会看到自己再次失业的机会大增,处境变得风雨飘摇。

新的不平等

八九十年代,在全日制稳定工作就业机会方面,不平等的差距确实增大了。领取低工资——即低于跨行业最低增长工资加上 10 % 的职工比例,从 80 年代初期的 13% 增加到九十年代中期的 18.4 % ,这与部分时间工作制的发展密切相关。今天有将近 10 % 的职工(1980 年初不足 3 %)被雇佣于一种特殊的就业方式(定期合同、临时合同、实习和资助合同)之中。对于年轻人和高学历的成年人来说,这类工作可以是通向稳定工作的跳板,但对于 50 岁以上和没有学历的人来说,就前途未卜了。失业率增加,失业补助条件变得更加严格,加剧了市场收入的不平等现象。

社会学的发展也起了重要作用。人们注意到,不同夫妇之间的就业集中化现象正

② 这里研究的家庭,家长是在职受薪者或失业者,它们占家长在职家庭的 95 % 和全部家庭的 54 % 。

在增长：夫妻双方同时就业和同时失业的比例与日俱增。另外，独身生活和单亲家庭的就业人数越来越多：今天占就业家庭的三分之一以上，而80年代初期只占四分之一。可是，这些"孤独人"特别容易失业或处于低就业状态。这种就业集中化现象加大了就业年龄家庭人口中的收入不平等。

跨行业增长最低工资的传统角色就是防止形成劳动市场上的不平等。但是，在收入分配下面发展起来的新式不平等，从其本质上，不能依靠跨行业最低增长工资这件工具在形成最初收入阶段去战胜它。从其定义来说，它不能和就业或家庭结构变化方面出现的不平等进行斗争。相反，一切有利于创造就业机会的措施都能有助于缩小不平等。从这个观点看问题，近十年中，我们已经做了很多工作。尤其是在减轻低工资社会负担方面，从1995年到1996年之间，就已经创造了23万个就业机会。

最低接轨收入和住房补贴在反对不平等斗争中的核心作用

再分配制度在整个七八十年代中发展壮大成一场缩小初始收入不平等的运动。通过直接税和各种国家拨付补助金进行运作的再分配制度使最贫困工薪家庭（第一个百分之十)的生活水平，在70年代提高了近50％，1990年提高了70％，1996年提高了9％。当然，这些数字也部分反映出，在高失业形势中(最贫困职工家庭，在损害职业收入情况下形成的收入中，补助金所占的位置越来越重要)，第一个百分之十职工的初始收入逐步下降。

此外，由于补助目标(家庭、住房、社会最低保障)越来越明确，我们社会税收制度的成效也越来越突出。今天，税收—补助金这对组合使不平等(按两个极端的百分之十家庭之间初始收入之比进行计算)，1975年减少不足三分之一，1996年降低了50％。虽然家庭补助金[①] 在实现1975年的再分配中发挥了非常大的作用，但是，目标更为明确的住房补助金在数额上已经"超过"了家庭补助金（以收入为条件进行发放)。住房补助金对于缩小不平等的分担额，从1975年的10％增加到1996年的30％（见下表）。

同样地，社会最低生活保证金和1976设立的单亲补助金，尤其是1988年设立的最低接轨收入，对于缩小不平等的分担额越来越大(1975年仅有4％，而1996年已经增加到21％)[②]。然而，我们应该注意到，对这种或那种社会保障再分配影响的这些估计，同时包括计算表(每种补助金的)效应，和受益居民结构的变化(人口多的家庭减少，单亲家庭增多……)。

---

① 不同时期存在的各种补助金：家庭补贴、家庭补助金、单工资补贴、幼儿津贴、开学津贴、家长教育津贴(APE)、家庭支持补助金(ASF)、特种教育津贴(AES)。

② 最低接轨收入包括：残疾人补助(API)、最低养老金、成年残疾人补贴(AAH)(1996年)。由于发给一些失业者的特种互助津贴(ASS)需要纳税，所以属于初始收入，但从逻辑上，应和社会最低收入一起进行研究。

1975年到1996年间，用于缩小按消费单位计算的工薪（或失业）家庭在两个百分之十之间收入差距的社会保障各类分摊额的变化*：		
	1975	1996
家庭补助金	–25 %	–27 %
住房补助金	–10 %	–30 %
社会最低收入保障金	–4 %	–21 %

* 主要成员为工薪阶层的家庭根据他们的按消费单位计算的初始收入（资产收入以外的工作收入和再投资收入）来分类。

所得税的再分配能力不足

即使所得税发展很快（与我们的欧洲伙伴相比），但由于它异常集中（仅有一半法国家庭属于纳税范畴），而且总量上压力相对不大，因而削弱了它的再分配效力。80年代中期以来，接二连三的改革逐渐降低了它的分量，然而，在1970年到1984年之间，应课税的收入比税率分档增加得更快。它的再分配作用从1970年的13%增加到1984年的18%，1996年又回到14%（1994年的计算表改革，使最后百分之十的工薪家庭广泛受益，也是原因之一）。

社会税收制度的深刻变革

然而，仅仅满足于对税收–补贴这对组合的分析不能对法国的社会税收制度作出公正的评价。近十年来，这项制度在反对不平等的斗争和提高效率方面经历了十分显著和意义深远的变化。1990年到1998年间，为给发展中的社会支出提供资金，社会税收制度状况恶化：提高税率、设立和发展社会普遍分摊制度，后来又设立了偿还社会债务分摊制度，通过对各类收入按比例征税，资助全部互助开支和医疗保险。

如果说这段时期社会税收制度发生恶化，保险金+社会分摊制度却提高了再分配能力：纯提取率的提高大大触及了富人家庭，然而，最贫困家庭却看到他们收入的社会提取率下降了。1990年到1998年间，对最贫困家庭的纯提取率（税收减去补贴）下降了5.2 %，对最富裕家庭提高了4 %。如果按家庭类别进行评估，纯提取增加了退休家庭的负担（+4.1 %），减轻了家长处于失业状态家庭的负担（–0.9 %）。

减轻低工资社会分摊额的措施使社会税收制度极大地提高了再分配能力和效率：最新的可掌握的统计数据表明，1995年到1996年间，这些措施创造了23万个就业机会，由于它们有利于低学历就业，所以有助于缩小长期的不平等。

解决公平/效率之间进退维谷的问题

如果说最低接轨收入制度很好地起了安全网作用，它在接轨方面却表现出某些不足。另外，它的时间延迟特性（超过三个月期限，在临界日之后收入的任何一个额外法郎都要从最低接轨收入总额中扣除)丝毫也不能刺激再就业。兼领最低接轨收入和额外职业收入(按50%比率计算)的"利润分配机制"限制在九个月之内。临界日和计算表(居住税、住房补贴,等)的效应,在重新就业时,会导致超过100 % 的边缘提取税率,制造了真正的"无所事事陷阱"。2001年,政府进行了住房补贴计算表改革,在2003年以前,新设立的就业奖金制度(PPE)将要逐步提高实施力度,以便解决一些社会税收体制机能障碍的问题。

与职业收入成正比的就业奖金①,从等于跨行业最低增长工资的0.3算起,一直增加到跨行业最低增长工资的100%,然后比例开始下降,增长到等于1.4个跨行业最低增长工资时,奖金停止发放。这项奖金考虑到家庭状况(配偶失业和孩子,均可提高奖金数额),以(家庭的)全部收入作为发放条件。三年中奖金数量会逐渐提高。它针对单身人口和低收入夫妇的后两项条件,使它变成了一项真正鼓励就业的奖金。它以跨行业最低增长工资为中心的计算表对发展部分时间工作制实在没有什么激励作用。

总而言之,这些措施以及那些规划到2003年的减税措施,既能纠正它主要的机能障碍,也一定会加强社会税收制度的再分配功能。第一个百分之十的家庭将是最大的收益者(模拟计算出的数据,他们的参考收入将平均增加8 % 以上)。

促进教育与培训工作

1997年以来,增加了一百六十多万个就业机会,失业率降低了3.5个百分点,经济增长打破了它的所有记录。就业的不平等缩小,工资的不平等不再继续扩大。只有最高的工资(占千分之三的工资最高者)和最高收入(三千户最富有的纳税家庭)落伍了,正如人们注意到的,经济回升阶段,一般都会发生这种情况。最初的迹象表明,经济回升对贫困的影响是正面的。

2000年,从设立最低接轨收入制度以来,法国本土上受益者的数目首次出现下降(5 % 以上)。最贫困家庭的生活水平有所改善。然而,经济的回升并不能"自然而然地"解决贫困问题。一些模拟试验表明,减少失业率3.5个百分点只能使15万人脱离贫困。这有三个主要原因:虽然失业是贫困的主要原因(40 % 的情况都是如此),但不是唯一的原因。其次,对于一位低学历失业者,与恢复就业相关的货币收益往往不高。最后,改善就业形势,有利于全体就业人员,会使收入幅度整体上升。

经济增长和失业率下降不能保证减少不平等和解决贫困问题。创造就业是缩小市场不平等的主要媒介。所以,这方面的努力应该继续下去。初始教育、发展继续教育和个性化陪伴教育的工作应该加大力度,以便使面临贫困风险最大的人实现就业。

---

① 这项奖金只涉及那些纳税家庭,在这些家庭中,至少应该有一个人从事职业活动。这项活动的年收入,应高于跨行业最低增长工资的30 %。2001年,按照跨行业最低增长工资水平,发给单身无子女的人最多补助金额为1500法郎(2002年是3000法郎,2003年在这项措施全面实施时,将达到4500法郎)。该奖金升至1.4倍于全日制跨行业最低增长的年工资时,即告停发。此人所属家庭的纳税收入,应低于按人口多少而定的一个上限。

定义

一个家庭的生活水平，是根据它的收入，按其家庭人口数进行修正之后计算出来的。修正的加权原则如下：家长的权数是 1，其他成年人和 14 岁以上孩子的权数是 0.5，小孩是 0.3。

不平等指数：不平等的差距越大，指数值越大。

“十分点贫富两极比”是收入的指数，指数的上方是占 10 % 的最富裕家庭（或个人）的收入总和；指数的下方是占 10 % 的最贫困家庭的收入总和。

基尼指数用来概括劳伦茨曲线，它的横坐标是最低收入家庭的百分比，纵坐标是这些家庭的收入总量。

LEÇON 19

La France et la construction européenne

par Jean-Louis Quermonne

Sortie victorieuse mais épuisée de la Première Guerre mondiale, vaincue en 1940 par l'Allemagne hitlérienne, mais rétablie dans sa souveraineté en 1945 par son association à la victoire des Alliés, la France a pris conscience, avec d'autres états, qu'il fallait définitivement mettre un terme aux affrontements tragiques nés des nationalismes. Elle a aussi compris qu'elle n'aurait plus vocation, dans la seconde moitié du XXe siècle, à jouer isolément le rôle de grande puissance. Et, s'ajoutant aux déconvenues de la décolonisation, le veto américain et soviétique qui a conclu en 1956 l'expédition franco-britannique de Suez en a signé la fin. Or, tandis que le Royaume-Uni tentait de pallier ce déclin en renforçant sa "relation spéciale" avec les États-Unis, la France n'a cessé, sous différentes formes, de projeter dans la construction européenne, fondée sur sa réconciliation avec l'Allemagne, son ambition d'agir sur le monde. Tantôt par conviction et tantôt par raison, les cinq présidents et les vingt-sept gouvernements qui se sont succédé sous la Ve République en ont fait l'axe de leur politique, tenant ainsi les engagements pris par le régime précédent. Aussi, n'est-il pas étonnant que la Présidence française de l'Union européenne, au second semestre 2000, ait suscité beaucoup d'attentes et qu'après le traité de Nice, les regards se portent à nouveau vers la France pour savoir quelle sera, à l'échéance de 2004, sa contribution à l'édification de l'Europe politique.

L'invention de l'Europe Communautaire

Interpellée par le discours prononcé le 19 septembre 1946 par Winston Churchill à Zurich, appelant à la création des États-Unis d'Europe et impliquée par la présence d'une partie de ses élites au congrès de La Haye, la France a participé, au lendemain de la Seconde Guerre mondiale, à la création du Conseil de l'Europe,

comme elle contribuera à celle de l'Organisation européenne de coopération économique (OECE), de l'Union de l'Europe occidentale (UEO), de l'Organisation du traité de l'Atlantique Nord (OTAN) et plus tard de l'Organisation pour la sécurité et la coopération en Europe (OSCE). Mais, déçue par le manque d'audace des organisations interétatiques et pressée par les Américains, au seuil de la guerre froide, de réindustrialiser puis de réarmer l'Allemagne, elle rompra définitivement avec l'esprit du traité de Versailles pour inventer, sous l'inspiration de Jean Monnet, l'Europe communautaire. La Déclaration de Robert Schuman, ministre français des Affaires étrangères à l'époque, en constituera le 9 mai 1950 le véritable manifeste ; et la Communauté européenne du charbon et de l'acier (CECA) en sera le premier laboratoire. Mais, transposé prématurément dans le domaine militaire du fait de l'urgence créée par la guerre de Corée, cet alliage de supranationalité et d'intergouvernementalité appliqué au projet de Communauté européenne de défense (CED) échouera en 1954 devant le Parlement français. De telle sorte que le processus d'intégration se concentrera d'abord sur la matière économique avec la signature, en 1957, des traités de Rome instituant la Communauté économique européenne (CEE) et la Communauté européenne de l'énergie atomique (CEEA ou Euratom).

Ainsi, a surgi, dans le cadre du Marché commun, l'invention de la méthode communautaire, synthèse inédite de la supranationalité et de l'intergouverne mentalité. À travers deux types d'institutions appelées à développer entre elles une synergie : la Commission, héritière de la Haute Autorité de la CECA, et la Cour de justice, d'une part ; le Conseil des ministres, assisté du Comité des représentants permanents (COREPER) chargé de préparer ses travaux, d'autre part, ce système sera plus tard politiquement complété par la montée en puissance du Parlement de Strasbourg et par l'adjonction du Conseil européen. Ces institutions élaboreront, à l'aide du droit communautaire, des politiques communes en matière d'union douanière, d'agriculture, de transports et de commerce extérieur. Et il en résultera jusqu'au premier élargissement de 1972, l'Europe des Six États fondateurs, qualifiée parfois de technocratique, mais génératrice du socle qui forme encore aujourd'hui l'acquis communautaire. L'ouverture des Communautés au Danemark, à l'Irlande et au Roy aume-Uni n'ayant été accompagnée d'aucune réforme des institutions, celles-ci connaîtront ensuite une longue période d'immobilisme jusqu'à ce que l'Acte unique européen donne à la méthode communautaire, en 1986, une nouvelle impulsion fondée sur la fixation d'un objectif assorti des moyens pour l'atteindre.

À l'initiative du président de la Commission, Jacques Delors, cautionnée par le président de la République française François Mitterrand et par le chancelier allemand Helmut Kohl, un degré supplémentaire d'intégration sera alors franchi, avec la réalisation, à l'échéance de 1992, du grand marché intérieur. La poursuite de cet objectif sera accompagnée d'une réforme du processus de décision offrant une plus grande place au vote à la majorité qualifiée au sein du Conseil ainsi qu'au rôle du Parlement, tandis que le nouveau Traité officialisera, avec la reconnaissance du Conseil européen réunissant les chefs d'État et de gouvernement, ainsi que le président de la Commission, la coopération des états en matière de politique extérieure et leur implication dans la recherche à terme d'une union politique.

La longue marche vers l'Europe politique

En s'opposant à l'initiative britannique visant à transformer le Marché commun en zone de libre-échange, le général de Gaulle avait confirmé en 1958 l'adhésion de la France aux traités de Rome. Mais il chercha en même temps à en réduire la supranationalité en rejetant les propositions relatives au règlement financier de la politique agricole commune (PAC) présentées par la Commission. Ainsi est survenue, en 1965, la crise de la "chaise vide", qui s'est conclue l'année suivante par l'adoption du "compromis de Luxembourg". Sans modifier les traités, celui-ci permet à un état membre d'invoquer des intérêts très importants, pour que la décision en cause soit prise à l'unanimité. Parallèlement, et sur une base exclusivement intergouvernementale, le général de Gaulle voulut promouvoir une union politique. Mais son opposition à la candidature britannique et à l'OTAN, malgré la formation du premier "couple franco-allemand" avec le chancelier Adenauer, a empêché qu'une suite favorable soit donnée aux divers "plans Fouchet" visant à institutionnaliser cette union. Plus tard, en 1969 au sommet de La Haye, le veto opposé au Royaume-Uni ayant été levé par Georges Pompidou, une relance de la construction européenne s'est avérée possible. Mais le flottement du dollar et la crise du pétrole ont retardé considérablement les projets d'union monétaire et d'union politique qui avaient été programmés pour 1980. Néanmoins, le nouveau couple franco-allemand, composé de Valéry Giscard d'Estaing et d'Helmut Schmidt, est parvenu à mettre en place, au-delà de cette date, un système monétaire européen, à instaurer l'élection au suffrage universel du Parlement de Strasbourg et à transformer les sommets sporadiques des chefs d'état et de gouvernement en un Conseil européen, appelé à se réunir au moins une fois par semestre. Parallèlement, la France a donné à l'Europe plusieurs commissaires prestigieux (Marjolin, Barre, Ortoli, Pisani, Cheysson...) et de nombreux hauts fonctionnaires de renom au premier rang desquels Émile Noël, qui fut, pendant de longues années, secrétaire général de la Commission.

Il aura fallu cependant attendre la chute du Mur de Berlin et du Rideau de fer pour qu'à l'initiative conjointe de François Mitterrand et d'Helmut Kohl, et sur la suggestion de Jacques Delors, un pas décisif soit franchi en direction de l'Europe politique. Le traité de Maastricht, signé en 1992, y est doublement parvenu en instituant, dans le cadre communautaire rebaptisé "premier pilier", l'Union économique et monétaire préparée par un comité présidé par Jacques Delors lui-même, et en en créant deux autres fondés sur la méthode intergouvernementale : le "deuxième pilier" consacré à la promotion d'une politique étrangère et de sécurité commune (PESC), et le "troisième pilier" instituant la coopération des États en matière de sécurité intérieure et de justice. L'oeuvre restera cependant inachevée et devra être complétée par une nouvelle conférence intergouvernementale (CIG) convoquée dès 1996. Cette CIG, conclue à Amsterdam en juin 1997, a réalisé d'importantes avancées, notamment sous l'influence de la France, en matière sociale, avec la coordination des politiques de l'emploi, ainsi qu'en matière de libre circulation et de sécurité des citoyens, de santé publique et d'environnement, et même dans le domaine de la politique étrangère avec l'institution d'un haut représentant pour la PESC. En revanche, elle s'est soldée par un échec sur la réforme des institutions nécessaire au futur élargissement de l'Union aux pays d'Europe centrale et orientale. D'où la convocation ultérieure d'une nouvelle Conférence intergouvernementale conclue en décembre 2000 sous Présidence française, qui a donné naissance au traité de Nice, signé le 26 février 2001.

L'objet initial de celui-ci était de mettre en oeuvre les réformes institutionnelles indispensables au bon fonctionnement d'une Europe élargie. Or, même obtenue a minima, par rapport aux propositions françaises, cette remise à niveau lève enfin le dernier préalable à l'élargissement. Mais d'autres avancées d'une grande importance politique ont été enregistrées, en particulier pour promouvoir, après l'accord franco-britannique de Saint-Malo, l'Europe de la défense, avec la création d'un Comité politique et de sécurité (COPS) appelé à assurer, sous l'autorité du Conseil, le contrôle et la direction stratégique de la gestion des crises et avec la réappropriation par l'Union européenne des missions de Petersberg, antérieurement sous-traitées à l'UEO. Certes, le traité de Nice n'a pas réglé tous les problèmes en suspens. Mais la Déclaration sur l'avenir de l'Union annexée au Traité fixe un programme de travail et un calendrier pour la suite des travaux. Celui-ci prévoit qu'en 2004 une nouvelle Conférence intergouvernementale prendra les décisions nécessaires à l'approfondissement de l'Union politique. Ainsi va se poursuivre et s'enrichir le débat revivifié par Joschka Fischer, le ministre allemand des Affaires étrangères, qui a proposé, en mai 2000, la transformation de l'Union confédérale de l'Europe en véritable Fédération et le 27 juin suivant, par le président français Jacques Chirac, favorable à l'élaboration d'une Constitution. Ce débat va prendre en France une ampleur nouvelle. Les interrogations qu'il porte y rencontreront nécessairement un large écho, tant en raison d'une longue histoire, fondée sur l'héritage culturel de l'État-nation, qu'en raison de la force de l'engagement européen pris sous les IVe et Ve Républiques par une succession de Gouvernements enclins à promouvoir, sur la scène internationale, une Europe-puissance.

Vers une Fédération d'états-nations

D'où l'émergence, en réaction et en réponse à l'euroscepticisme latent qui fut exploité par l'extrême droite lors du référendum sur la ratification du traité de Maastricht et au courant "national républicain" apparu récemment, du concept forgé par Jacques Delors de "Fédération d'États-nations". États-nations : car ces derniers demeurent le cadre où se manifeste le plus intensément la solidarité citoyenne et où s'est implantée depuis longtemps la pratique démocratique. Mais Fédération : si l'on entend donner à l'Union européenne la cohésion politique indispensable et lui permettre de s'exprimer d'une seule voix. Or, cette recherche d'une démarche spécifique à l'Europe vers le fédéralisme semble recueillir aujourd'hui, outre la faveur du pouvoir exécutif, l'appréciation favorable des Français et rencontrer l'adhésion des principaux partis de gouvernement, dont le clivage droite gauche est lui-même traversé par l'engagement européen. Le débat ouvert par la Déclaration sur l'avenir de l'Union annexée au traité de Nice permettra de dire si cette orientation inspirera la position qu'adopteront en 2004 le chef de l'État et le gouvernement et sera susceptible d'être ratifiée par référendum ou par le Parlement en vue de parachever un processus engagé dans les années 1950.

Reste à savoir ce que la France sera prête à mettre derrière ce concept. Car sa vaste ambition pour l'Europe a été souvent freinée par la timidité de ses choix institutionnels. Dans "*C'était de Gaulle*", Alain Peyrefitte raconte, au tome III, qu'à l'époque de la candidature britannique à la Communauté économique européenne, Georges Pompidou, alors Premier ministre, avait fait observer que l'entrée de la Grande-Bretagne risquait d'être suivie par celle des pays de l'Association européenne de libre-échange, ce qui obligerait d'accroître considérablement les pouvoirs de la Commission pour empêcher la dilution, ajoutant : "*ce que d'ailleurs nous ne voulons pas !* ". Or il n'est pas sûr qu'une telle réserve ait totalement disparu, encore aujourd'hui, au sein des administrations nationales, même si l'alliance objective de la France et de la Commission, en faisant progresser l'Europe, a souvent servi les intérêts du pays.

Quoi qu'il en soit, en un demi-siècle, l'intégration de la France dans l'Europe s'est considérablement affirmée. Et, sans être devenue pour autant un État fédéré de l'Union, elle a subi à travers ses institutions et sa vie politique, l'impact de son appartenance à celle-ci. Les citoyens s'en rendront mieux compte à partir du 1er janvier 2002 avec l'introduction matérielle des pièces et des billets en euros. Mais déjà, l'on peut en souligner quelques traits inscrits dans la Constitution.

La République comme État membre de l'Union

Paradoxalement, pendant quarante ans, la Constitution française est restée muette à l'égard de l'Europe. Et il aura fallu qu'à la faveur du traité de

Maastricht le Conseil constitutionnel conditionne sa ratification à l'adoption d'une révision pour que la loi constitutionnelle du 25 juin 1992 insère dans la Charte fondamentale un nouveau Titre XV. Désormais, en vertu de celui-ci, l'article 88-1 précise que *"La République participe aux Communautés européennes et à l'Union européenne, constituées d'États qui ont choisi librement, en vertu des Traités qui les ont instituées, d'exercer en commun certaines de leurs compétences"*. En outre, par référendum populaire, le peuple français a ratifié, le 20 septembre 1992, le traité de Maastricht. Et ce choix stratégique, anticipé dès 1983 par les options économiques et monétaires de François Mitterrand, n'a pas été remis en question.

Le Titre XV de la Constitution fixe également les conditions dans lesquelles doit fonctionner au profit des Assemblées la réserve d'exception parlementaire devant le Conseil de l'Union européenne et pose les principes selon lesquels peut s'exercer le droit de vote et d'éligibilité des ressortissants communautaires aux élections municipales. Une deuxième révision constitutionnelle, intervenue le 25 janvier 1999, a ajouté les autorisations de transfert de compétences prévues par le traité d'Amsterdam. Mais, dans les faits, l'organisation des pouvoirs publics n'avait pas attendu ces révisions pour subir les effets de l'intégration européenne. Sans entrer dans les détails, observons que le développement du droit communautaire a réduit le champ du pouvoir législatif du Parlement et qu'en revanche la participation du président de la République au Conseil européen contribue, y compris en période de cohabitation, à étendre sa capacité d'intervention dans la conduite de la politique de la Nation. Cela est lié au fait que la matière européenne concerne de plus en plus les domaines relevant de la politique intérieure. Parallèlement, elle imprègne de manière croissante l'activité des administrations et des juridictions nationales, chargées d'assurer l'exécution et le respect des règlements et directives communautaires. En revanche, le mode d'élection des députés français au Parlement européen ne leur a pas encore permis d'occuper, aux yeux de l'opinion publique, la place qui devrait leur revenir – bien que la présidence de l'Assemblée de Strasbourg ait été successivement illustrée par un Français, Pierre Pflimlin et deux Françaises : Simone Veil et Nicole Fontaine.

La France confrontée à la perspective de la Grande Europe

Face à la réunification de l'Allemagne et à l'élargissement de l'Europe, la politique étrangère de la France a parfois paru faire preuve de frilosité. La première l'a incitée à accélérer le processus de la monnaie unique et à défendre au sein des institutions européennes la parité de représentation avec sa principale partenaire, principe agréé au début des années 50 par les pères fondateurs de l'Europe, notamment Robert Schuman, Konrad Adenauer et Alcide de Gasperi. La seconde l'a conduite à donner la priorité à l'approfondissement sur l'élargissement de l'Union. Et, aujourd'hui, la question essentielle est de savoir si une Europe réunissant trente états, voire davantage, pourra se constituer en Fédération d'États-nations, tandis que certains d'entre eux peinent à intégrer l'acquis communautaire existant, ou si l'institution d'un centre de gravité politique s'avérera nécessaire dans une Europe à géométrie variable, pour empêcher sa désagrégation.

La perspective de l'émergence d'une Union plus hétérogène, ajoutée aux réticences, notamment britanniques, vis-à-vis d'une intégration plus poussée, a déjà conduit la France et l'Allemagne, lors de la négociation du traité d'Amsterdam, à faire insérer dans le Traité sur l'Union un dispositif de coopérations renforcées, permettant à ceux qui le souhaitent de faire progresser l'intégration dans certains domaines, sans être freinés par les autres. Mais, même assoupli par le traité de Nice, ce dispositif pourra-t-il promouvoir autre chose que des coopérations sectorielles? L'inquiétude des Français porte sur le risque de dilution que pourrait faire courir à l'Union un processus de différenciation qui réduirait sa cohésion. C'est pour conjurer ce risque que Jacques Delors a avancé l'idée d'une avant-garde et le président de la République, dans son discours au Bundestag en juin 2000, celle d'un groupe pionnier. En bref, la question qui se pose est de savoir si l'Europe à trente pourra favoriser l'émergence sur la scène internationale d'une puissance politique sans que se constitue en son sein un groupe d'états voulant et pouvant aller plus vite et plus loin dans l'intégration. Jacques Delors a suggéré, dans l'hypothèse où les coopérations renforcées ne permettraient pas de résoudre cette question, que l'on s'interroge sur l'opportunité de promouvoir, au sein même de l'Union, "un traité dans le traité". D'autres personnalités estiment que ce centre de gravité pourrait se contenter de fonctionner sur une base intergouvernementale.

Quatre interrogations pour l'avenir

Plusieurs questions restent donc ouvertes, pour la France comme pour les autres États membres de l'Union, auxquelles il faudra tenter de répondre d'ici à 2004. Le processus engagé par la Déclaration sur l'avenir de l'Union annexée au traité de Nice pose déjà les jalons du débat en énonçant quatre sujets de réflexion : la clarification des compétences entre les différents niveaux d'intervention au sein de l'Union ; le statut juridique de la Charte des droits fondamentaux, pour mieux affirmer les valeurs européennes ; la simplification et la clarification des traités, avec, en filigrane, la question de l'élaboration d'une Constitution ; enfin, le rôle des parlements nationaux. Ces quatre interrogations contribuent à éclairer la future architecture institutionnelle de l'Union, mais elles n'épuisent pas le débat sur l'avenir de celle-ci. D'autres pistes devront être explorées pour déboucher sur un éventuel pacte refondateur. L'idée d'une "Constitution européenne" en elle-même n'est plus récusée par la France. Reste à voir quel contenu lui sera donné, en d'autres termes si elle aura pour effet de borner les compétences de l'Europe ou de les étendre. L'histoire dira si cette Constitution parachèvera ou non l'espace public auquel, de manière irréversible, la France est désormais partie prenante, à la formation duquel elle a pris dès l'origine une part qui la situe au premier rang des pays fondateurs, et à l'illustration duquel elle a encore récemment contribué en promouvant, en conformité avec ses traditions, la Déclaration européenne des droits fondamentaux.

> *La construction européenne : une aventure de portée historique qui n'en est qu'à sa cinquantième année. Et pourtant que de chemin parcouru, à travers des périodes d'enthousiasme et de dynamisme, mais aussi au prix d'inévitables soubresauts et de crises. N'ayons pas peur de dire que la France a souvent inspiré et conduit cette entreprise, sans pour autant mériter les sarcasmes de ceux qui nous reprochent de vouloir reproduire, au niveau de l'Europe, les traditions et les conceptions propres à notre pays. Bien au contraire, jamais la France n'a été autant au service de l'Europe que lorsqu'elle s'est ouverte aux aspirations des autres pays membres et s'est montrée porteuse des valeurs universelles de l'esprit européen. Cette vision d'un avenir commun, sans laquelle le grain meurt, fut et est partagée par tous ceux qui, dans la grande Europe, entretiennent le trésor de la culture européenne.*
>
> *—Jacques Delors, ancien président de la Commission européenne*

Vocabulaire

déconvenue	*n.f.*	失望,沮丧
veto	*n.m.*	否决(权);反对
pallier	*v.t.*	暂时减轻,暂时缓和
interpeller	*v.t.*	招呼;质问
supranationalité	*n.f.*	超国家性
immobilisme	*n.m.*	墨守成规
cautionner	*v.t.*	担保,为……作保
compromis	*n.m.*	妥协,和解;仲裁协议
flottement	*n.m.*	[经] (货币的)浮动
Maastricht		马斯特里赫特,荷兰城市
pilier	*n.m.*	支柱,砥柱
se solder (par)		以……告终
préalable	*n.m.*	(谈判的)先决条件
en suspens	*loc.adv.*	悬而未决中,悬念中
euroscepticisme	*n.m.*	欧洲怀疑论
latent, e	*adj.*	潜在的,潜伏的
ratification	*n.f.*	批准,认可
forger	*v.t.*	缔造,建立
fédéralisme	*n.m.*	联邦制
éligibilité	*n.f.*	被选资格
imprégner	*v.t.*	注入,浸润
frilosité	*n.f.*	胆小怕事,谨小慎微
désagrégation	*n.f.*	瓦解,解体
sectoriel, le	*adj.*	部门的,行业的,地区的
dilution	*n.f.*	稀释;渐渐地减弱,无力化
différenciation	*n.f.*	区分,鉴别
jalon	*n.m.*	路标;步骤
filigrane	*n.m.*	[印] (纸张中的)水印
irréversible	*adj.*	不可逆转的
soubresaut	*n.m.*	颠簸
sarcasme	*n.m.*	讽刺,嘲笑

Questions

1. *Comment la France cherche à réaliser son ambition d'agir sur le monde aujourd'hui?*
2. *D'où vient la naissance de l'Europe Communautaire?*
3. *Quelles sont les quatre interrogations qui sont ouvertes pour la France et les autres Etats membres de l'Union Européenne?*

第十九课　法国和欧洲建设

让-路易·凯尔莫纳

法国虽然是第一次世界大战的胜利方，但已元气大伤，1940年被希特勒德国打败。由于与盟军协同作战，1945年法国又恢复了主权，法国和其他国家都意识到，必须彻底结束由民族主义滋生出来的悲剧性冲突。法国也知道，20世纪后半叶，她已不再负有单独扮演列强角色的使命，加上非殖民化的沮丧，1956年在美国和苏联的反对下，法英的苏伊士远征被迫中止，为非殖民化画上了句号。然而，当英国通过加强和美国的"特殊关系"试图挽救自己日薄西山的颓势时，法国以不同方式不断地把自己要在世界上有所作为的雄心投入到欧洲建设中去，欧洲建设的基础是法国与德国之间的和解。第五共和国时期，五任总统和二十七届政府，有的是出自信念，有的是出自理性，都恪守上届制度订下的诺言，始终把欧洲建设作为他们实施政策的核心。正是出于这样的原因，2000年第二季度，轮到法国担任欧盟主席这件事引起了人们那么多的期待，而且在尼斯条约签订之后，人们的目光都转向了法国，殷切地希望知道，在2004年法国轮值主席期限内，法国对欧盟的政治建设将会作出什么贡献。

欧洲共同体的创建

1946年9月19日，丘吉尔曾经在苏黎世发表过一个演讲，他号召建立一个欧洲的合众国；第二次世界大战刚刚结束，法国的部分精英参加了海牙大会，这两点都对法国参加创立欧洲委员会起了推动作用。此后，法国又对成立欧洲经济合作组织(OECE)、西欧同盟(UEO)、北大西洋公约组织(OTAN)以及后来的欧洲安全与合作组织(OSCE)作出了贡献。然而，法国对这些跨国组织的胆小怕事深感失望。在冷战前夕，美国恢复德国工业化之后，又使之军事化，法国对此深感压力，因此在让·莫内的启发下，发明了共同体的欧洲，从而彻底背离凡尔赛协定的精神。1950年5月9日，当时的外交部长罗贝尔·舒曼发表的声明就是法国立场名副其实的宣言。欧洲煤铁共同体(CECA)就是法国建设欧洲共同体的一个实验室。但是，朝鲜战争的紧急形势使得这个跨国政府间组织过早地卷入军事领域,要去为防卫欧洲共同体的计划服务,所以1954年遭到了法国国民议会的否决。鉴于以上原因,欧洲一体化建设首先集中在经济方面,1957年,根据罗马条约,成立了欧洲经济共同体(CEE)和欧洲原子能共同体(CEEA或简称EURATOM)。

这样,在共同市场的框架里,发明了共同体的方法,这是超国家性和跨政府的前所未有的综合法。通过两种类型的机构,这两种机构要在它们之间发挥协同作用:一方面是从欧洲煤铁共同体的高级职权继承来的委员会和法院,另一方面是各国部长联席会议,会议得到常务代表委员会的协助,而代表委员会则负责准备会议文件。这个体系后来被实力日增的斯特拉斯堡议会和增加的欧洲委员会取代,从而在政治上得到了完善。这些机构借助共同体法,起草海关、农业、运输和外贸同盟方面的共同政策。这样,在1972年,就诞生了六个发起国的欧洲,虽然这些机构有时被人说成是专家治国的组织,但它们确实是今天取得共同体成果基础上的发动机。在欧共体对丹麦、爱尔兰和英国开放之后,这些机构也没有进行任何改革,长期处于墨守成规的状态,直到1986年,欧洲统一议定书的出台才推进了共同体的活动方式,这就是,要根据现有的能力来确定要达到的目标。

欧盟委员会主席雅克·德洛尔发出了一项倡议,该倡议得到了法兰西共和国总统弗朗索瓦·密特朗和德国总理海尔穆特·科尔的全力支持,要在1992年内实现欧洲内部大市场,这是向欧洲一体化迈进的重要一步。这一目标的实现将伴随着一项决定程序的改革,改革将为欧盟委员会选举有资格的多数和欧洲议会的角色提供更大的空间。同时,新的公约将承认由各国元首和政府首脑以及欧盟委员会主席组成的欧洲委员会,并将使各国在对外政策的合作取得合法化地位,共同寻求一个统一的对外政策。

通向欧洲政治一体化的长征

1958年,戴高乐将军在反对英国倡议把共同市场变成自由贸易区的时候,确认了法国加入罗马条约的立场。可是,他同时又拒绝了委员会提出的关于共同农业政策(PAC)的投资规划,其目的在于缩小罗马条约的超国家性。因而出现了1965年的"空椅子"危机,直到次年通过了"卢森堡妥协",危机才算过去。这项妥协在不修改罗马条约的情况下允许一个成员国援引重大的利益为理由,达到有关决议一致通过的目的。同时,戴高乐将军希望仅仅在政府之间推进一个政治联合体。可是,尽管法国和阿登纳总理已经形成了"法德情侣"的关系,但是,来自英国和北大西洋公约组织的反对使得旨在使这个共同体制度化的几个"富什计划"均遭失败。1969年,在海牙高峰会议上,蓬皮杜撤销了对英国的反对,建设欧洲计划才又重新出现了生机。可是,美元的浮动政策和石油危机又大大推迟了定于1980年实现统一货币和政治一体化的计划。瓦莱里·吉斯卡尔·德斯坦和海尔穆纳·施密特组成的新的"法德情侣"成功地设立了欧洲货币系统,建立了斯特拉斯堡议会的普选制度,并且,把时有时无的国家和政府首脑高峰会变成了欧洲委员会,每季度至少要召开一次会议。除此之外,法国还为欧盟派出了多名德高望重的专员(马若兰、巴尔·皮萨尼、谢松……)和著名的高级行政人员,如埃米尔·

诺埃尔,此人长期担任欧盟委员会秘书长职务。

直到柏林墙和铁幕倒塌之后,在雅克·洛德尔提议下,弗朗索瓦·密特朗才和海尔穆特·科尔联合在一起,朝着欧洲政治一体化的方向迈进了决定性的一步。1992年签字的马斯特里赫特条约,在重新被称为"第一平台"的欧共体框架中,雅克·德洛尔亲自主持一个委员会,筹备成立经济与货币同盟,并且按照跨政府的活动方式建立了"第二平台",这是为了推动对外政策和共同安全的机构,"第三平台"设立了各国内部安全和法律方面的合作组织。事业尚未全部完成,需要等待1996年召开一次新的各国政府间大会。1997年6月,在阿姆斯特丹召开的政府间大会取得了重大进展。在法国的影响下,在社会方面,和就业政策相协调,在自由过境和公民安全、公共卫生和环境保护以及对外政策方面,设立了一个对外政策和共同安全高级代表结构。可是,在机构改革问题上,未能达成一致协议。为使欧盟在未来向中欧和东欧国家扩展,对现有机构进行改革是完全必要的。鉴于这种原因,决定在2000年12月,再召开一次欧盟成员国诸政府间大会。这次大会在法国的主持下诞生了《尼斯条约》,2001年2月26日,《尼斯条约》签字生效。

《尼斯条约》的最初目的是进行机构改革,这对扩大的欧盟之良好运转是十分必要的。尽管与法国提出的建议相比,条约仅采纳了其中极少的内容,但是这一进步已经为欧盟东扩排除了最后一个障碍。尼斯大会在其他方面同样取得了具有重大政治意义的成就。特别是在法英签订《圣马洛协议》之后,为了推进欧洲防务,成立了一个政治与安全委员会(COPS),它要在欧盟委员会领导下,确保管理危机的战略控制和领导,把过去交付给北大西洋公约组织代管的彼得斯贝尔特种部队重新置于欧盟直接领导之下。确实,《尼斯条约》并没有解决全部悬而未决的问题。但是,在条约附件中的欧盟前景宣言确定了今后的工作计划和工作日程表。按照这个日程表,2004年将召开一次新的诸政府间大会。会上将对加深欧盟政治一体化作出必要的决定。德国外交部长约什卡·菲舍尔在2000年5月,建议把欧洲联盟变成一个真正的欧洲联邦。同年6月27日,法国总统雅克·希拉克对这项建议表示了支持。围绕这个问题的辩论还将继续和深化。这场辩论将以全新的规模在法国展开,它所带来的疑问必然会遇到广泛的回响,这既是因为建立在民族国家文化遗产上有着漫长的历史,也因为在第四和第五共和国时期,历届政府都赞成在国际舞台上推进一个强大欧洲所作出承诺的力量。

走向民族国家大联合

在对批准《马斯特里赫特条约》进行公民投票的时候,极右势力利用潜在的欧洲怀疑论作为对"民族共和"思潮的反应和回答。最近,雅克·德洛尔提出了民族联邦概念。因为民族国家始终是表现公民联合最坚强的框架,在这个框架中,民主实践很早就扎了根。可是,如果打算让欧盟实现必要的政治联合,使它能够用一个声音向世人讲话,那就要实行联邦制。这个使欧洲走向联邦主义的探索在今天似乎既得到法国政府的支持,又受到法国人民的赞赏,而且还取得了政府中主要党派的拥护。政府中左派右派的划分就与对欧洲的承诺有着千丝万缕的关系。《尼斯条约》的附件中关于欧盟前途的声明所引发的讨论,可以说,将会左右2004年国家元首级政府将采取的立场以及是否通过公民投票或者议会批准来实现欧洲统一,以完成50年代开始的这一进程。

现在,我们应该知道在这个概念中法国准备放进去一些什么内容。法国对欧洲的雄心,过去,经常被选择制度的胆怯心理拉住后腿。阿兰·佩尔菲特在他的论著《戴高乐其人》第三卷中说,在考虑英国加入欧洲经济共同体资格时,当时的总理乔治·蓬皮杜指出:英国的加盟可能会导致欧洲自由贸易协会成员国接踵而来,这样会迫使欧盟委员会极大地扩大自己的权力以避免被削弱,"这正是我们所反对的!"然而,在国家管理机关中,这种保留态度,不敢说今天已经完全不复存在。但是,至少法国和欧盟委员会客观上的联盟在推进欧洲向一体化过渡的同时,也经常为法国的利益服务,这是不容置疑的。

无论如何,法国用了半个世纪的时间把自己融进了建设欧洲的事业中。虽然还没有因此成为欧洲的一个联邦成员国,但通过它的机构和它的政治生活,法国深深受到自己附着在欧盟上的实际影响。从2002年元月一日起,随着欧元硬币和纸币的流通,法国公民对这一切将会有更好的理解。现在,我们已经可以注意到写入宪法中的几个特点了。

作为欧盟成员国的法兰西共和国

40年中,法兰西宪法对欧洲建设始终只字未提,这是有悖常理的。直到签订《马斯特里赫特条约》以后,宪法委员会才批准在修改的宪法中,把1992年6月25日的宪法在基本宪章中加入一个新的第十五条。从此以后,根据这个新标题,第八十八条第一节明确写道:"共和国参加欧共体和欧盟,欧盟系根据条约由各个国家组成的,这些国家自由地选择了共同行使它们的某些职权。"此外,1992年9月20日,法国人民通过公民投票,批准了《马斯特里赫特条约》。这个战略选择没有受到置疑。弗朗索瓦·密特朗早在1983年已经作出了经济与货币方面的选择。

宪法第十五条还规定了在欧盟委员会面前,法国应该保留有利于国民代表大会运转的条件,并且提出了共同体侨民在市镇选举中行使选举权和被选举权的原则。1999年1月25日,进行了第二次宪法修改,增加了《阿姆斯特丹条约》规定的准许转移管辖权的内容。可是,事实上,国家权力机构并没有等待这些修改就已经受到了欧洲一体化的影响。让我们粗略地观察一下,共同体权力的发展缩小了议会立法权的范围,此外,共和国总统加入欧洲委员会,包括共治时期,有利于扩大他在国家政治行动中的干预能力。这和欧洲问题越来越涉及国内政策领域的现实是密切联系在一起的。同时,法国越来越遵照欧共体的规章和法令进行国内管理活动和司法活动也与此不无干系。然而,按照公众舆论的目光,在欧洲议会中,选举方式还未能使法国议员占据应该属于他们的地位，尽管斯特拉斯堡议会主席一职连续由法国人担任,如:皮埃尔·弗林姆兰、西蒙娜·韦伊和妮科尔·封丹。

法国面临大欧洲的前景

面对德国统一和欧盟东扩问题,法国的外交政策有时会表现出一种规避态度。德国统一使法国加快了统一货币的进程，并在欧盟的机构内维持了和德国代表人数保持对等,这是50年代初期为欧盟奠基的父辈们定下的原则,主要是罗贝尔·舒曼、康纳德·阿登纳和阿尔希德·德·卡斯贝利。欧盟东扩问题使法国把欧盟深化的问题放在首位进行探究。今天,最根本的问题是要知道,一个聚集三十个甚至更多国家的欧盟能否组成一个民族国家联邦。目前,一些国家在接受共同体成果的过程中表现得相当吃力,在一个版图变化的欧洲中,是否应该设立一个政治重心,一个必不可少的机构用以防止这个联邦的解体。

避免出现一个不均衡同盟的前景是一个亟待重视的问题。英国对进一步扩大的欧盟表现出的矜持尤其是在讨论阿姆斯特丹条约的时候,促进了法国和德国在欧盟条约中加入了一个强化合作的机制,以使那些希望在某些领域中使一体化更进一步的国家不会受到其他国家的制约。可是,即使《尼斯条约》已经把这个机制变得更加灵活,除去部门合作之外,它还能推动其他事物向前发展吗?法国人担心欧盟会受到区别程序的干扰,会产生削弱它凝聚力的风险。为了排除这种风险,雅克·德洛尔提出了一个前瞻性的建议,2000年6月,法兰西共和国总统在德国联邦议院的讲话中再次确认了这个创始者的建议。简而言之,现在提出来的问题是要知道三十国的欧盟能否促进一个强大的政治集团出现在国际舞台上,而不要在这个集团中形成一组国家,它们打算也能够在一体化的道路上走得更快、更远。雅克·德洛尔建议,假如加强合作不能够解决这个问题,那是否可以在欧盟内部找一个适当的机会,促成一个“条约中的条约”。其他人士认为,这个中心可以在跨政府的基础上进行运作。

对未来的四点疑问

对于法国和其他欧盟成员国,很多问题已经提了出来,从现在到2004年,应该设法找到答案。在《尼斯条约》附件中“欧盟前景宣言”所启动的程序已经为辩论作好了准备,提出了四个思考的主题:欧盟内部在不同的干预水平之间明确责任的问题;为了更好地肯定欧洲的价值观,基本权利宪章的法律地位问题;使条约简单化和清晰化的问题,言外之意是要起草一部宪法的问题;最后,是国家议会的作用问题。这四个问题对明确欧盟未来的机构设置十分有利。当然,对欧洲前途的讨论不会只限于这四点疑问,应该开辟其他渠道,以便达成一个重新奠定基础的公约。法国不再回避“欧洲宪法”的主张。最后还要看一看宪法的内容究竟是什么，换句话说，要看一看宪法将来的效果是限制欧盟的职权，还是扩大它的职权范围。历史将会告诉人们，这部宪法是不是会使公共空间尽善尽美。法国从今以后，将以不可逆转的方式全力以赴地去构筑这个公共空间。法国从一开始就参加了欧共体的构建工作，是这个公共空间的第一批缔造者。最近，法国又为促进基本权利的欧洲宣言作出了重要贡献，这是完全符合法国的民主传统的。

> 欧洲建设这件有历史意义的尝试，只有五十年的历史。然而，走过的道路既有充满热情和朝气蓬勃的时期，也经历了难以避免的动荡和危机。我们不要怕说法国确实经常启发和引导这项事业，但并不会因此而同意那些谴责我们要把我国特有的传统和观念再现在整个欧洲的讽喻。恰恰相反，法国从来没有像今天这样为欧洲效力，法国对其他成员国的憧憬始终敞开着胸怀，表现出了法国具有欧洲精神的普遍价值观。这是一种有着共同前途的理念，如果没有这种理念，种子就会枯死，那些在大欧洲中维护着欧洲文化瑰宝的人们，过去和现在都恪守着这一理念。
>
> ——雅克·德洛尔，欧洲委员会前主席

LEÇON 20

La gastronomie et les terroirs en France

par Philippe Gillet

La naissance du mot gastronomie est plus facile à dater que celle de l'activité qu'il désigne. Il a été employé pour la première fois en 1801 par un auteur aujourd'hui oublié, Joseph Berchoux. Il signifiait dès cette date "l'art de faire bonne chère". Les humains, qui ont inventé la cuisine avant l'agriculture et l'élevage, n'avaient certes pas attendu cette date pour s'intéresser de près à ce qu'ils mangeaient. Il n'en demeure pas moins que l'apparition d'un tel mot à l'aube du XIXe siècle n'était pas fortuite : une part croissante des Français prenait alors conscience de l'originalité de leur patrimoine en ce domaine.

Une renommée établie de longue date

Depuis le milieu du XVIIe siècle, en France, la noblesse et ses cuisiniers renouvelaient les goûts et manières de table. Ils étaient les seuls en Europe à avoir choisi aussi nettement la recherche systématique de l'innovation. Leur singularité s'était vite révélée productive. Ce qui frappe l'historien, c'est l'abondance et la concordance des sources qui attestent de cette originalité française. Des livres de recettes témoignent de modifications importantes des pratiques culinaires. Quelques manuels de bienséance montrent des changements profonds intervenus dans la manière de se tenir à table.

Enfin, des témoignages littéraires, mémoires ou récits de voyages, font apparaître qu'en moins de cinquante ans, entre 1650 et 1700, les Français appartenant aux couches sociales privilégiées avaient acquis la certitude que leur façon de manger, était

supérieure à celles des autres peuples d'Europe. Ce qui autorise à ne pas voir là qu'une regrettable preuve de chauvinisme, c'est qu'un grand nombre d'autres témoignages, écrits par des visiteurs étrangers venus en France, prouvent que ces derniers reconnaissaient volontiers une supériorité française en ce domaine.

Un siècle plus tard, au XIXe, les sources écrites font apparaître que la Révolution française n'avait pas changé grand-chose en matière de gastronomie, au contraire. Les Français étaient alors toujours plus nombreux à être persuadés de leur supériorité à table. Les visiteurs étrangers, de leur côté, se montraient toujours enclins à reconnaître le plaisir exceptionnel qu'ils prenaient à manger *français*. Le nombre de ces derniers s'était en plus singulièrement accru, car les défaites militaires récurrentes de nos armées avaient conduit un grand nombre de soldats européens à visiter la France en vainqueurs. Ils en fréquentaient assidûment les tables, qu'ils vantaient ensuite sans réserve. C'était tout particulièrement le cas pour ce qui concernait celles des premiers grands restaurants.

Les grands restaurants ! Cette invention française de la fin du XVIIIe siècle prenait son essor au XIXe.

Une nouvelle clientèle les fréquentait se faisant une idée d'un luxe alimentaire réservé jusque-là aux tables privées de riches privilégiés. Dans le même temps, les mots gastronomie et gastronomes faisaient beaucoup pour la réputation de ce qu'ils désignaient, grace, notamment, à des auteurs comme Grimod de la Reynière et Brillat-Savarin.

À l'origine, la gastronomie n'est rien d'autre que cette diffusion, au XIXe siècle vers un public toujours plus large, d'un art de vivre àtable qui avait été renouvelé au XVIIe siècle, dans le cercle étroit de la noblesse française.

Saveurs naturelles, fraîcheur des produits et élégance à table

Mais quel fut donc ce renouvellement, survenu au cours du XVIIe siècle, qui conféra une réputation aussi durable à la gastronomie française?

L'esprit d'innovation était alors stimulé par la noblesse. à l'imitation de son roi, Louis XIV, elle n'avait de cesse que de se distinguer de l'ensemble du peuple, mais également des autres noblesses européennes. Ce désir élitiste de raffinement engendra un vaste mouvement de rénovation des moeurs en France, à cette époque.

L'abandon par les cuisiniers français des saveurs héritées de la cuisine du Moyen Âge se situe dans ce contexte. Ils ont alors fortement réduit l'usage des épices, de moins en moins considérées comme des produits de luxe. Ils ont cessé de rechercher les mélanges sucré-salé et les saveurs aigres-douces (au Moyen Âge le sucre, produit importé, était considéré comme une épice). Les cuisines d'autres pays d'Europe, en particulier ceux de l'Est et du Nord, qui n'ont pas connu un tel renouvellement, conservent encore aujourd'hui intactes ces saveurs anciennes.

Les cuisiniers français des XVIIe et XVIIIe siècles ont aussi privilégié les cuissons laissant aux viandes le maximum de leur saveur, ce qui eut pour effet de stimuler le développement d'une boucherie de qualité. Ils ont exigé des jardiniers des légumes frais et précoces, des poissonniers un approvisionnement irréprochable.

Beaucoup d'exemples encore visibles attestent de ces nouvelles exigences d'alors : c'est autour de l'année 1680 que le nouveau Potager Royal à Versailles, œuvre de La Quintinie, est entré en exploitation. Grâce aux attelages qui apportaient les pêcheries de la Manche à grand galop, les poissonniers parisiens étaient en mesure d'offrir des poissons aussi frais que possible : la rue Poissonnière, qui reliait les portes nord de Paris à son centre, rappelle par son nom encore aujourd'hui cet approvisionnement particulier.

Bref, s'il fallait résumer en une phrase la grande nouveauté de cette cuisine nouvelle du XVIIe siècle, on pourrait dire qu'elle privilégiait les saveurs naturelles des produits et non celles des apprêts.

La noblesse s'employait aussi à affiner ses mœurs de table. La fin du XVIIe siècle et le début du XVIIIe ont vu ainsi se généraliser l'individualisation du couvert : à chaque mangeur ses couverts. Certains, comme la fourchette, étaient d'un usage récent, d'autres réservés au service des plats. Là encore, il s'agissait d'une rupture avec les habitudes héritées du repas

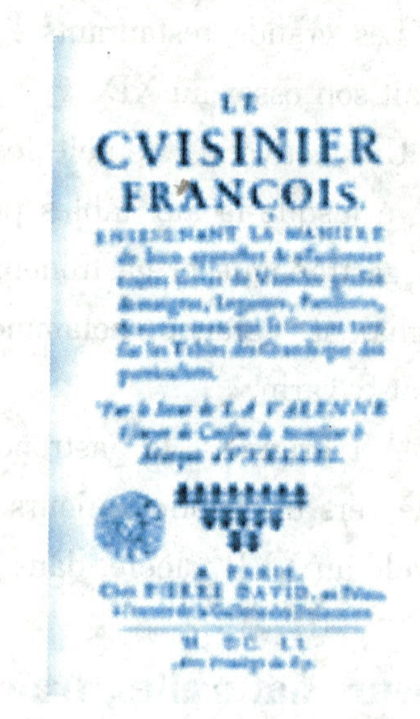
LE
CVISINIER
FRANCOIS.
A PARIS,
M. DC. LI.

Première page du "Cuisinier François", de François Pierre dit La Varenne, cuisinier du Marquis d'Uxelles. C'est le premier livre de cuisine à mettre en pratique les innovations culinaires françaises apparues au XVIIe siècle.

médiéval, au cours duquel les convives se servaient en plongeant leurs mains dans le plat commun et où chacun partageait son tranchoir (petite planche de bois servant d'assiette) avec son voisin immédiat.

Au cours du XVIIIe siècle, cette nouvelle convivialité a favorisé l'émergence de l'idée moderne du repas idéal. D'une part, celui-ci se prend avant tout avec celles et ceux dont on apprécie la compagnie. D'autre part, on y privilégie l'élégance à table et on y goûte des mets et des vins recherchés pour la finesse de leur élaboration. Cet idéal de convivialité est encore aujourd'hui le nôtre.

Les atouts de l'histoire et de la géographie

Pourquoi la gastronomie s'est-elle ainsi épanouie en France ? Il y a d'abord l'histoire : le pays est, aux XVIIe et XVIIIe siècles, l'une des premières puissances européennes par sa population, sa richesse et sa politique extérieure. Une telle position est propice aux ambitions culturelles. Elle encourage aussi de fortes tendances hégémoniques, en cuisine comme ailleurs. Les débats actuels provoqués par l'extension en Europe des moeurs alimentaires nord-américaines montrent que le problème est éternel !

Il y a ensuite la géographie de la France. C'est le plus étendu des territoires européens : il offre des terroirs très variés, plusieurs types de climats et quatre façades maritimes. Un empire colonial étendu a enrichi, un siècle durant, ce cadre naturel déjàfavorisé. Un tel capital géographique offre d'excellentes possibilités agricoles et des ressources généreuses. Le renouvellement de la cuisine décrit plus haut privilégiait le goût naturel des produits et, par là même, la valorisation de leurs qualités. La rencontre de ce mouvement novateur avec cette géographie féconde initia un processus durable de stimulations réciproques entre produits des terroirs et savoir-faire culinaires.

Ce trait durable de la culture française produit d'ailleurs des effets contradictoires. Il engendre souvent une défense jalouse par les Français de leurs traditions culinaires mais il encourage aussi leur enthousiasme pour intégrer des nouveautés alimentaires venues d'autres pays. Il explique également leur tendance à rechercher, parfois de manière maniaque, les produits les meilleurs, mais caractérise tout autant leur goût pour valoriser les savoir-faire qui permettent de magnifier les denrées les plus ordinaires.

Les cartes et menus des grands chefs de cuisine français d'aujourd'hui reflètent explicitement ces contradictions. Alain Passard, par exemple, abandonnant presque complètement la cuisine des viandes, se concentre sur une haute gastronomie des légumes, denrées jusque-là considérées comme secondaires. Il offre ainsi un "artichaut de Bretagne grillé, au parfum de tilleul" ou des "carottes de sable à l'orange et épinards au beurre salé". À l'inverse, maintenant très haut dressé l'étendard des produits nobles, Alain Senderens et Pierre Gagnaire présentent, pour le premier un "homard de Bretagne à la vanille Bourbon de Madagascar" et pour le second de "grosses langoustines au beurre de noix, avec une royale de foie gras". À mi-chemin de ces deux extrêmes, Alain Dutournier défend un classique "perdreau rouge en feuille de chou tendre" ou un goûteux "gigot de brebis clouté aux anchois"...

La gastronomie française aujourd'hui

En ce début de XXIe siècle, la gastronomie est-elle en France, la chose la mieux partagée ? Les Français attachent toujours une grande importance à leur alimentation. Ils formalisent plus que d'autres leurs repas (horaires, rituels, etc.) et, surtout, ils y consacrent plus de temps chaque jour. Certes, un certain nombre de visiteurs étrangers en France connaissent mieux la culture gastronomique que beaucoup de Français, mais il est significatif de constater qu'un Français a toujours du mal à avouer ses lacunes en ce domaine. On aurait tort de voir dans ces aveux difficiles autre chose qu'un remords d'héritier vis-à-vis d'un legs mal valorisé. Il est aussi très significatif d'entendre beaucoup de Français déclarer que la gastronomie est affaire de repas pris hors de chez soi, dans un restaurant réputé par exemple, et que la nourriture domestique, si elle est bonne et rassurante, se situe en général à un niveau inférieur.

En France, les phénomènes de mode jouent un rôle considérable en gastronomie. On voit ainsi alterner les replis frileux sur les valeurs dites "sûres" des produits et savoir-faire issus des terroirs français, avec des engouements aussi violents que spontanés pour les saveurs les plus exotiques possibles. Bref, les Français fantasment leur gastronomie autant qu'ils la vivent. Cette attitude est un moteur puissant pour la production d'un discours gastronomique très fourni. Livres, guides, revues et sites internet abondent, mais le bouche à oreille joue un rôle considérable. Il arrive ainsi que l'essentiel de la conversation d'un repas fin soit consacré à évoquer les mets goûtés la veille ou ceux qui seront dégustés le lendemain...

Productions traditionnelles : un patrimoine vivant

Les Français ont une conscience particulièrement aiguë de la valeur économique et surtout culturelle de leurs produits de terroir. En France, les pouvoirs publics conduisent depuis quelques années une réflexion approfondie à leur sujet. Elle a permis d'établir des critères qui les qualifient clairement.

Apprentissage et innovation

La transmission des savoirs et des savoir-faire est indispensable au maintien et au développement de la gastronomie française. Mais la valeur des chefs formés en France (parmi lesquels beaucoup d'étrangers) ne se mesure pas à leur habileté à reproduire un répertoire français figé pour l'éternité : c'est leur capacité à innover qui maintient leur réputation. Tel est le credo d'Alain Ducasse, l'un des cuisiniers français les plus connus hors des frontières de l'Hexagone qui considère le renouvellement de la pédagogie comme un objectif prioritaire pour ce qui concerne l'ensemble des arts du goût. Une conviction qui a trouvé son application : il préside, en effet, aux destinées de l'Institut français de formation et de recherche sur les arts culinaires, la gastronomie et les terroirs (IFRAC). Conçu par ses promoteurs comme "*une passerelle jetée entre le monde de l'éducation et celui de la gastronomie, entre les professionnels des métiers de bouche et les jeunes qui étudient*", cet institut collecte et diffuse de multiples informations aussi bien en matière de formation professionnelle, de recettes et de savoir-faire que d'études historiques et de recherches scientifiques sur le goût et les saveurs.

Si un tel produit ne peut être transposable d'un terroir dans un autre, il est clair que ses qualités ne peuvent pas être ramenées aux seules conditions naturelles du milieu qui l'a vu naître. Ce milieu n'est un terroir que parce que les hommes qui y vivent y ont patiemment "fabriqué leur territoire" au cours des siècles passés et continuent à le faire aujourd'hui.

Terroirs et produits de terroir

Vieux mot français, souvent sans équivalent dans d'autres langues, le terroir désigne classiquement *une étendue limitée de terre considérée du point de vue de ses aptitudes agricoles* (Dictionnaire Robert). Des géographes comme Pierre George en ont proposé une définition plus précise encore, en parlant d'un ensemble de terres travaillées par une collectivité sociale unie par des liens familiaux, culturels, par des traditions plus ou moins vivantes de défense commune et de solidarité de l'exploitation. Devenu, avec les mutations vécues par la société française au cours du XXe siècle, une valeur refuge authentique et le lieu commun de nostalgies diverses, le terroir est avant tout identifié aux produits qui en sont issus, pour lesquels il devient un signe tangible de qualité, voire même un véritable label.

Ces produits traditionnels, dits de terroir, dépendent donc au moins autant des conditions naturelles que des savoir-faire humains. Nous en prendrons pour preuve le fait que les recettes de terroir, emblématiques des régions où elles sont nées, sont d'abord ct avant tout affaire de savoir-faire, tel le fameux *cassoulet de Castelnaudary* dont la réalisation dépend à la fois de produits très élaborés préparés à l'avance, comme les viandes confites, et d'un tour de main très particulier, qui demande un apprentissage long et minutieux. De même, il serait tout aussi erroné de faire des produits de terroir les créations de sociétés rurales confinées, repliées sur elles-mêmes. Certes les traditions agricoles reposent sur des patrimoines culturels locaux, mais elles se sont nourries aussi d'ouvertures répétées sur le vaste monde. L'innovation "bien tempérée" est un élément protecteur de la ruralité, pas une menace. Ainsi, le *Piquenchagne* de l'Allier, pain brioché garni de poires, de pommes ou de coings pochés dans un léger sirop, qui est parfumé àla cannelle, une épice venue d'Orient.

Cassoulet de Castelnaudary

Ingrédients : haricots lingots du Lauragais cuisinés dans une eau assaisonnée où ont déjà cuit des couennes (détaillées en carrés) et pieds de porc, bouquet et gousses d'ail. Après avoir été

égouttés en gardant la cuisson, les haricots, ail, couennes et pieds désossés et détaillés en morceaux, sont mélangés et disposés dans un poëlon en terre en couches alternées avec les viandes suivantes préparées à part : épaule, longe ou échine de porc confites ou rôties, en tranches épaisses, voire bas de côtes de porc ("coustellous") dorés à la poêle ; confit d'oie ou de canard ; saucisse fraçche rissolée à la poêle, détaillée en parts et disposée en dernier. La cuisson réservée est versée sur le tout qui est remis à cuire au four moyen le temps nécessaire pour la réduction du liquide au point voulu d'onctuosité, en cassant périodiquement la croûte qui se forme à la surface afin d'en vérifier son état.

Enfin, et c'est un paradoxe, un produit de terroir ne le devient véritablement que par le fait d'être connu et recherché hors de la région qui l'a vu naître. Cette dernière condition est à la fois un bienfait et une source de risques graves. Un bienfait, car la célébrité devient vite une garantie de pérennité pour un produit traditionnel de qualité. Une source de risques graves aussi, car le succès fait naître souvent la volonté d'accroître les rythmes de production et les quantités produites. Cette intensification risque de se traduire par l'affadissement des qualités fondamentales qui faisaient justement la valeur de la production traditionnelle, par définition assez malthusienne. La recherche de l'équilibre dans un tel contexte s'avère délicate. On le voit, terroirs et produits de terroir ne sont pas des sortes de pièces de musée, au statut figé par le sens commun. Il convient au contraire d'insister sur leur nature dynamique et leur appartenance aux espèces vivantes. Ainsi, la défense des terroirs et de leurs productions est autant une affaire de vigilance pour en préserver l'authenticité que de capacité d'adaptation aux évolutions du monde.

Le restaurant "le Grand Véfour", installé dans les galeries du Palais-Royal depuis le XVIIIe siècle et encore considéré aujourd'hui comme l'une des meilleures tables de Paris, est le plus ancien grand restaurant de la capitale française (in : *Les Français à la table, Atlas historique de la gastronomie française*, Hachette, 1997).

Pour en savoir plus

Site de l'Institut français de formation et de recherche sur les arts culinaires, la gastronomie et les terroirs : www.ifrac.org

Sites de quelques chefs :

www.alain-ducasse.com

www.michel-bras.com

www.pierregagnaire.com

Sites portail pour les amateurs :

www.isaveurs.com

www.gourmetsvillage.com

www.cuisinons.com

www.meilleurduchef.com

www.magnumvinum.fr

Site Base de données "recettes" :

www.marmiton.org

Lire également les feuillets Images de la France Les Français et leur alimentation et Les vins de France.

Vocabulaire

gastronomie	*n.f.*	美食学,烹饪法
gastronomique	*adj.*	味美的
gastronome	*n.m.*	美食家
terroir	*n.m.*	产地
fortuit, e	*adj.*	偶然的,出乎意料的
un événement fortuit		一起意外事故
concordance	*n.f.*	一致,和谐
culinaire	*adj.*	烹调的,烹饪的
l'art culinaire		烹调术
bienséance	*n.f.*	礼仪,礼节,规矩
connaître les règles de la bienséance		遵守社交礼仪规则
manquer à la bienséance		丧失礼仪
chauvinisme	*n.m*	沙文主义,极端民族主义
être enclin à		倾向于……
récurrent, e	*adj.*	循环的,反复的
sans réserve		毫无保留地
élitiste	*n.*	精英主义者
cuisson	*n.f.*	烧,煮
boucherie	*n.f.*	屠宰业
apprêts	*n.m. pl.*	食物,烹调
individualisation	*n.f.*	个体化,个人化
convivialité	*n.f.*	友善;乐于设宴聚会
hégémonique	*adj.*	霸权主义的
hégémonie	*n.f.*	霸权
maniaque	*adj.*	过分注重细节的;成癖的
denrées	*n.f.pl.*	食品,食物
étendard	*n.m.*	旗帜
lacune	*n.f.*	缺点,缺陷
legs	*n.m.*	遗产
frileux, se	*adj.*	胆小怕事的,谨小慎微的
fantasmer	*v.t.*	想象,幻想
	v.i.	想入非非
passerelle	*n.f.*	步行桥,天桥;[转] 连接关系
confit, e	*adj.*	糖渍的,醋泡的,浸在油里的
assaisonner	*v.t.*	调味,加作料

Questions

1. *Quelle est la signification du mot "gastronomie"?*
2. *Quel est le renouvellement, survenu au cours du XVIIe siècle, qui a conféré une réputation aussi durable à la gastronomie française?*
3. *Pourquoi la gastronomie s'est-elle ainsi épanouie en France?*
4. *Pouvez-vous énumérer quelques spécialités régionales françaises?*

第二十课　法国的美食与产地

菲利普·吉莱

确定美食这个词产生的年代要比确定它所指活动开始的年代容易得多。1801年,这个词首次被一位今天人们已经遗忘了的作家——约瑟夫·贝尔舒——所使用。从那时起,它的含义就是:"制作美味佳肴的艺术"。人类在发明农业和畜牧业之前就发明了烹饪,他们肯定不会等到这个年代才对吃的东西感兴趣。当然,这样一个词出现在19世纪初也绝非偶然:那时候,越来越多的法国人已经意识到,他们在这方面享有一笔独一无二的财富。

久负盛名

从17世纪中叶起,法国贵族和他们的厨师对饭菜味道和就餐方式开始进行革新。如此明确地决定要系统研究创新厨艺,这在欧洲是独一无二的。他们标新立异的烹饪艺术很快就收到了丰硕的成果。使历史学家惊叹的是,那些证实法国人标新立异的资料竟然如此丰富和一致。一些菜谱可以佐证烹饪活动的重大变革,一些社会礼仪教科书可以说明在就餐礼仪方面的深刻变化。

此外,不少文学作品、回忆录和游记之类的资料反映出在不到50年的时间里,即从1650年到1700年,上层社会的法国人已经坚信,他们的就餐方法比欧洲其他民族优越。这种说法绝对不是沙文主义的表现,因为大量到法国来的游客都心甘情愿地承认法国在这方面确实具有优越性。

一个世纪之后,无数书面资料表明,法国大革命在美食方面并没有改变什么东西,相反,越来越多的法国人相信,他们在吃的方面比别人强。另外,来法国的外国游客总是众口一词地承认他们吃法国菜时的特殊乐趣。这些人的数目陡然增加了,因为我国军队的屡战屡败引来了大量欧洲将士,他们以胜利者的姿态来法国观光。他们乐此不疲地光顾法国餐厅,然后毫无保留地进行宣传。第一批闻名遐迩的法国大酒店就是这样出名的。

大酒店！法国 18 世纪末的这项发明在 19 世纪雨后春笋般发展起来。光顾大酒店的新顾客群认为，直到那个时候，豪华的餐饮也只有在权贵们的私人餐桌上才能见到。同时，得益于像格里莫·德·拉雷尼涅尔和布里亚·萨瓦兰之类的作家，美食学和美食家这两个词对其所指对象的赞誉实属推波助澜。

追根溯源，美食一词反映了 17 世纪被法国贵族在小圈子中革新的就餐生活艺术，它在 19 世纪向着越来越广的公众传播开来。

味自天成、食物鲜美、优雅就餐

17 世纪发生了怎样的革新，能使法国美食的声誉如此长久不衰呢？

当时，创新意识受到了贵族鼓励。他们模仿国王路易十四，永不停歇地显示自己高于全国百姓，也高于欧洲其他贵族。当时，这种对精美考究的不断追求引发了一场革新法国风俗的运动。

正是在这种形势下，法国厨师放弃了承袭中世纪的烹调味道，他们大大减少了使用香料的习惯，越来越不认为香料是高级奢侈品，他们不再追求咸甜混合和酸甜味道（中世纪时，糖是进口产品，被视为一种香料）。没有经历过这一变革的其他欧洲国家的厨师，尤其是北欧和东欧的厨师，至今仍然原封不动地保留着古老的风味。

17 和 18 世纪的法国厨师提倡最大限度地保留肉类原汁原味的烧煮方法，结果促进了高质量屠宰业的发展。他们要求菜农供应最新鲜的时令菜，要鱼类供应商提供无可挑剔的海鲜。

直到今天，当时这些新要求的例证仍然依稀可见：1680 年前后，拉·坎迪尼在凡尔赛开始了新皇家菜园的经营。从英吉利海峡飞驰而来的运鱼马车使巴黎的鱼商能够供应最为鲜美的鱼虾。今天，连接巴黎北门和市中心的那条鲜鱼街街名也能唤起我们对当时这种特殊供应方式的回忆。

简而言之，假如必须用一句话来概括 17 世纪这个新烹调术的新特点，那么，我们可以说，它崇尚食物的原汁原味，而不是烹调出的味道。

LE
CVISINIER
FRANÇOIS.

《厨师弗朗索瓦》的第一页，裕克赛尔侯爵的厨师，绰号“瓦海那”的弗朗索瓦·彼埃尔。这是第一部把法国 17 世纪革新成果用于实践的烹调书。

贵族千方百计地使他们的进餐习俗变得高雅化。17 世纪末和 18 世纪初，餐具个体化的风气席卷全国：每个进餐者都有了自己的餐具。一些叉子之类的餐具，此前不久才开始使用，而其他一些餐具仅用于上菜。在进食方法上，他们和中世纪沿袭下来的习惯彻底决裂了。此前，客人们都把手伸进一个共用的大盘子里去抓，与邻座共用一块小木板当碟子来进餐。

18 世纪，这种新的相互亲和同饮共餐之风推动了理想进餐现代观点的产生。一方面，人们可以和自己喜欢的男人和女人共度良辰美景，另一方面，人们崇尚着装高雅去参加宴会，一起品尝制作精良的美味佳肴和琼浆玉液。这种同饮共餐的理想与今天人们的理想何其相似！

历史地理得天独厚

美食烹饪何以能够在法国如此大放光彩呢？首先有历史原因：17 世纪和 18 世纪，法国的人口、财富和外交政策使她变成了一个欧洲强国。这种地位有利于发展它的文化抱负，国家也鼓励在美食和其他方面的霸权倾向。今天，北美饮食习惯在欧洲发展所引发的争论显示出这是一个永恒的主题！

其次是地理方面的原因。法国领土的面积在欧洲位居第一：提供了各种各样的产地，多种类型的气候和四面临海的地理环境。一个世纪中拓展的殖民帝国把这个已经足以称得上得天独厚的自然环境变得更加丰富多彩。这样的地理资本提供了极佳的农业前景和取之不尽的资源。前面讲的烹饪革新崇尚食物的天然风味。正是依仗食品的原汁原味，使其质量增值。这场革新运动与这样富饶的地理环境会合之后，在产地风味食品与烹调技艺之间启动了一个持续不断的互相推动程序。

另外，法国文化这个持续不断的特点造成了一些矛盾的结果，它经常使法国人对他们的美食传统产生出一种唯恐失去的保护心理，但同时它又鼓励把来自其他国家的新食品吸收进来。这个特点也能解释，他们有成怪癖地寻求最佳产品的倾向，同样，也有通过把最平常食物变为精品的方式来显示他们高超厨技的嗜好。

今天，法国高级厨师的菜单和菜谱可以清楚地反映出这种矛盾。例如，阿兰·帕萨尔几乎完全放弃了烹调肉类而专门烹制美味蔬菜，此前，蔬菜一直被视为次要食品。他推出了“椴花香烤布列塔尼洋姜”和“橙子沙地胡萝卜加咸黄油菠菜”。与他相反的是两位高举名贵菜肴大旗的高级厨师：阿兰·桑德朗和皮埃尔·加涅尔。前者的“马达加斯加波旁香草布列塔尼龙虾”与后者的“核桃油大海螯虾配皇家肥鹅肝”是美食极品。在这两种极端之间，阿兰·迪图尔尼耶以其传统的“嫩白菜叶红山鹑”和味美异常的“雌羊腿嵌风尾鱼”享誉四方……

法国美食之现状

在这21世纪之初,在法国是否人人都非常关心美食呢?法国人一向十分关注他们吃的东西。他们比其他人更加注重一日三餐的形式化(时刻、礼仪等),而且每天在这方面比别人花的时间多。为数不少的外国游客可能比很多法国人更了解美食文化,但意味深长的是,一个法国人从来不会心甘情愿地承认这方面的不足。人们如果把这种难言之隐理解为一个对遗产没有很好增值的继承人之悔恨,那恐怕就大错而特错了。有意思的事还有,我们经常听到很多法国人说,美食是指不在家里而在著名餐馆进餐,家里的饭菜虽好也吃着放心,但一般说来要低一个档次。

在法国,时尚在美食中的作用极大。我们经常看到,在对最为独特的异国风味突然强烈迷恋之后,轮流交替地迂回退却到法国特产和工艺所谓的"可靠"价值上来。总而言之,法国人使他们对美食产生的幻觉和他们对它的感受同等强烈。这种态度对于创造极其丰富的美食理论是一部强有力的发动机。书籍、指南、杂志和互联网站不计其数,口耳相传也作用匪浅。往往一顿美餐的谈话主题,不是前夜品尝的山珍海味,就是第二天将要享受的美味佳肴……

传统风味食品:活的遗产

法国人对他们风味特产的经济价值,尤其是文化价值,有着极其清醒的认识。近几年来,政府当局引导人们对这个问题进行了深刻的思考,从而制定了十分明确的标准。

学习与创新

传播知识和技能是保持和发展法国美食必不可少的条件。但是,在法国培养出来的著名厨师(其中有很多外国厨师)的价值并不以复制已经定型的法国名菜的本领来衡量,而是靠创新的能力来保持他们的声誉。蜚声海外的法国名厨阿兰·迪卡斯就坚持这个信条。他主张餐饮业的优先目标是更新教学方法。他的信念找到了用武之地:事实上,法国烹调艺术美食和地方风味培训研究院(IFRAC)的命运就由他来主宰。按照发起人的设想,这家研究院是"教育界和美食界之间,餐饮业和学习餐饮的年轻人之间,架起的一座天桥"。研究院收集和传播专业培训、菜谱、技能以及有关口味和味道方面的历史文献和科学研究资料。

如果一种地方风味特产不能从一个产地移植到另一个产地,很明显,它的优良品质不能和原产地独一无二的自然条件一起被带走。这个地方之所以能被称为产地,是因为在该地生活的人,在过去几百年中,耐心地"制作了他们的领土",今天,那些当地人依然做着这样的工作。

产地和土特产品

法语中,产地这个词由来已久,而在其他语言里,往往很难找到意义完全对等的词。产地是从其农业天然性能衡量,范围有限的土地(《罗贝尔词典》)。一些像皮埃尔·乔治那样的地理学家,给产地提出了一个更为准确的定义:由家族和文化联系在一起的社会集体进行耕作,并且由或多或少共同维护和联合经营传统所维系的全部土地。随着20世纪法国社会经历的各种变革,产地变成了一种名副其实的保值地区以及各种各样依恋之情的交汇之所。产地首先与当地出产的特色产品是等同的,产地变成了一个确保质量的标志,甚至可以说是一种真正的品牌。

这些当地传统食品,既要依靠自然条件,又要依靠人的技能。此类例子不胜枚举。作为这类产品地区象征的产地烹饪术,最最首要的问题是诀窍。闻名遐迩的猪肉白芸豆什锦砂锅就是一个极好的例子。它的制作成功既要有事先非常讲究地配置好的材料,如:焖制好的油浸猪肉,又要有一手长期精心练就的绝活。此外,如果认为这些特色风味是与外界隔绝的一些农村社会发明,也同样与事实不符。农业传统依靠地方文化遗产,这是毫无疑问的,可是这些传统也从不断向外面广阔世界开放中汲取了大量营养。"温和的"革新,是乡村风味的一种保护因素,而不是一种威胁。比如,拉利叶出产的奶油圆形蛋糕味面包,配有在淡糖汁中用文火煮过的梨、苹果和木瓜,但它的香味却来自肉桂——一种东方调味品。

猪肉白芸豆什锦砂锅

用料:把洛拉垓出产的白芸豆放在已经用猪皮(切成方块)、猪脚、大蒜和月桂、百里香等调味香料煮好的汤里,文火炖一定时间之后,把白芸豆、大蒜、猪皮和去骨切成块状的猪脚从汤里捞出空干,然后,将以上材料与另外炖或焖好的下述各部位猪肉放在油里煎成金黄色,切成宽条的肩肉、腰肉或里脊肉,甚至可以用排骨下面的"五花肉",加上鹅肝或鸭肝,轮流交替地一层一层码在一个砂锅里,最后,把烘烤成黄色切成段的鲜香肠,放在最上一层。这时候,再把原来留着的汤,倒在砂锅里,继续炖一段足够收汤的时间,汤变稠腻后,表面上会结成皮,必须隔一段时间打破皮来观察一下锅内状况。

最后说一句,一种地方特色产品,只有当它被出产它的地区以外的人所了解、认可和寻求的时候,才能成为当地的特色风味食品,天下的事就是这样似是而非。这种情况既是一件好事,也潜存着严重的风险。好处在于,声誉可以很快使一种传统产品具有长久的质量保障;而严重的风险在于,成功往往会让人产生加快生产节奏、提高产品数量的愿望。按照马尔萨斯理论,这种强化生产的方式,会使正是构成传统产品价值的基本质量造成下降。在这种情况中寻找平衡绝非易事。我们知道,产地和地方特产,不是按公共良知确定的成文法所规定的博物馆藏品。正好相反,应该强调它的活力特性及其生命品种的属性。所以,保护产地及其产品,既要注意保持它正宗的本地特色,又要具备适应世界潮流变化的大趋势的能力。

位于皇宫内的"大威福"饭店,自18世纪起直到今天,始终被认为是巴黎最高档的饭店之一,是法国首都最古老的大饭店。(摘自1997年阿歇特出版的法国美食历史地图集:《餐桌上的法国人》)